JN061481

平藤喜久子❖編

ファシズムと聖なるもの／古代的なるもの

北海道大学出版会

はじめに

一九二〇年代以降、ファシズム運動はヨーロッパ、日本を中心に世界を席巻した。一般には、イタリア、ドイツ、日本の三国がファシズム国家の典型とされる。しかしファシズムは、これらの地域に固有なものではなく、グローバルな時代のムードでもあり、その時代を特徴付けるような運動だったのではないだろうか。急進的なナショナリズム、民族の聖化、全体主義を希求するような傾向、反共主義的態度。これらファシズムの特徴とされるものは、ルーマニア、フランスといったヨーロッパや南米諸国の一部にもみられ、三カ国に限ったものではなかった。

もちろん国や地域によりそのファシズム的傾向の現れ方はさまざまだ。またファシズムそのものの定義も、狭義、広義あり、人によって異なるだろう。本書はあえて執筆者間でファシズムの定義を共有することは行わなかった。われわれが一つ、共有していたことは、ファシズム運動の時代、いわゆるファシズム期とは「聖なるもの」と「古代的なるもの」が人々を魅了した時代であり、人々によって称揚された時代であったということだ。近代化が進む地域では、あまりに急激な時代の流れに抗して、民族／俗を重視するような反近代主義やロマン主義が十八世紀から起こる。そのなかでそれぞれの地域文化で「聖なるもの」と「古代的なるもの」が再発見され、創造されていく。ファシズム期には、その指向がさらに顕著になった。

ファシズムは急進的なナショナリズムや全体主義的傾向を伴う。そのための国民統合には、民族の歴史を聖化し、政治体制を正当化していくことが必要となる。日本についていえば、そもそも明治政府の樹立を宣言する一八六七年の王政復古の大号令では、「諸事神武創業の始に原つき」と述べられ、初代天皇である神武天皇のときの姿に「戻る」ことが理想に掲げられた。日本の近代は「古代的なるもの」を「聖なるもの」とし、そこへの回帰からはじまったのだ。そして一八七二年には政府は神武天皇即位の日を紀元前六六〇年二月十一日と定める。この神武天皇即位が国家的に祝われることになるのは、まさにファシズム期の一九四〇年（昭和一五）、「紀元二千六百年」のことであった。一九三七年の盧溝橋事件にはじまる日中戦争の終結がまったく見えないなかで、人々は国の始まりに思いを馳せ、国家的な奉祝行事が行われた。神武天皇はビジュアル化され、安田靫彦ら当代を代表する日本画家たちが描いた『肇国創業絵巻』（一九三九年）では、古墳時代の埴輪を参照してホノニニギや神武天皇が描かれた。神武天皇の出生地とされた宮崎県のゆかりの地では、さまざまなモニュメントが建立される。なかでも宮崎市に建立された八紘一宇の塔と呼ばれる「八紘之基柱」は印象的である（表紙写真参照）。御幣をかたどった本体の四隅に埴輪の武人像が配された巨大なモニュメントは、見る者を圧倒する。「聖なるもの」と「古代的なるもの」の具現化がそこにある。

　イタリアでもこの時期注目されていたのは古代ローマであった。一九一九年にムッソリーニは、「戦闘者ファッシ」を結成する。このFascisは、ラテン語で「束」とか「包み」を意味する語だが、そもそもは古代ローマの政務官が使用した権威のシンボルであるファスケス（束桿斧）に由来するという。そしてファシスタ党は、このファスケスを党の標章に使用した。また、制服などには鷲が使われる。ローマ神話の主神ユピテルの象徴であることはいうまでもなく、古代ローマ帝国の象徴である。ほかにも、古代ローマ建国の神話エピソードを表した「カピトリーノの牝狼」の像（カピトリーニ美術館蔵）を好んだムッソリーニが、海外にもレプリカを作って寄贈したこともよく知られている。

キリスト教以前の古代に国の始原を求めたのはナチス・ドイツも同じである。ファシズム期における古代的なるもの、神話的な表象の利用については、ナチスによる「アーリア人」神話が創出されたことや、ゲルマン神話、ゲルマンの古代宗教が利用されたことが知られる。それだけではない。一九三六年のベルリンオリンピックでは、はじめてギリシャのオリンピアから聖火をとる聖火リレーが行われた。その聖火を迎え入れたベルリンには、まさに古代的な表象があふれていた。十八世紀に古代ギリシャ様式で作られたブランデンブルク門にはじまり、とくにムゼウムスインゼル(博物館島)と呼ばれる一角は、博物館の外観も内観も古代に満ちている。その古代はゲルマンに留まらず、ギリシャ、ローマから古代オリエントにまで拡大していく。その古代への情熱はヘレニズムを代表するペルガモンの大祭壇やバビロニアのイシュタル門の再現に凝縮されているといえよう。本書では、第7章でナチス・ドイツにおけるオリエント研究が取り上げられ、第9章、第10章からは、ファシズム期ドイツの古代イメージの拡がりを知ることができる。

聖なるものと古代的なるものがファシズム期にもたらしたものはなんであったのか。人々はファシズム期に聖なるもの、古代的なるものとどう向き合い、寄り添ったのだろうか。客観性や実証性を重んじてきた学問は、この時代潮流とどう関わったのだろうか。

日本では近年とくにポップカルチャーなどで国内外の神話的表象の利用が目立ち、若者からの関心が高まっているようだ。かつては有名な神、人気な神といえばギリシャ神話の神々であったが、いまはギルガメッシュもオーディンもロキもマウイも専門家の占有物ではなく、ビジュアル化されゲームで使役される存在である。また二〇〇〇年代後半からは古事記のヨーロッパ語への翻訳も相次いで刊行され、日本神話への関心が海外でも高まっていることを強く感じる。神話の一般における人気の高まりは、神話などの古代的表象が民族の歴史認識とも関わって政治性を帯びたことや、その研究が民族的ナショナリズムと不可分な時代があったことを見えづらくしてしまう。しかし多くの人が神話に関心を寄せる今であるからこそ、あらためてファシズム期における聖なるものと古代的なるものとの関係を問い直すことが必要であると考える。

本書はこうした問題意識の共有のもとに生み出されている。そして、本書の特徴としては、ファシズム期のみに焦点を当てるのではなく、ファシズム期を分水嶺としてとらえていることが挙げられる。先にみた日本やドイツの例にもあるように、民族や歴史の聖化に関わるような古代への関心は、ファシズム期以前に溯る。十八世紀、十九世紀の反近代主義やロマン主義の影響を受けた文化や学問がいかにファシズム期を準備したかという視点も意識される。そして、戦後も続けられた研究のなかには、ファシズム期に確立された定説や、その時期になされた調査を背景とするものも多い。現代のまなざしのなかに、ファシズム的なるものが埋め込まれている場合もある。そのことを批判し裁くのではなく、視界をクリアにしてあらためて理解し、再評価できることもあるだろう。

ここで本書の概略をごく簡単に述べておく。本書は三部構成となっている。第1部は「日本の自己像・世界像」とし、ファシズム期の日本でなされた研究、思想が取り上げられる。

第1章は、ファシズム期に盛んに使用されることとなった男性結社という概念が神話学にどのような影響を及ぼし、そして古代日本、さらには当時の日本に当てはめられたかが論じられる。

第2章は、「宗教」と「民族」が注目されたこの時代における、修験道研究と宗教民族学の学問的系譜が論じられ、現代への道程が明らかにされる。

第3章は大川周明の世界理解の時代性が詳論される。儒教的価値観とイスラームの思想が大川のなかで共鳴し、アジア論へと拡大していく過程が描き出される。

第2部は、本書の特徴の一つともいえよう。海外の日本研究者からの視点、そしてファシズム期の外国人における日本研究を「他者による日本像」としてまとめた。第4章を執筆したベルンハルト・シャイトは、オーストリア科学アカデミーで中世の神道を研究する。八幡信仰、吉田神道などの研究者であるが、神道研究とナショナリズムとの関わりについても刺激的な研究を送り出してきた。ドイツ圏の神道研究の状況に詳しいが、本書ではナチスと関わったことで批判もされたグンデルトを取り上げ、彼にとっての神道と禅を論じる。

第5章のクラウス・アントーニは、日本神話、神道を専門とし、二〇一二年に古事記のドイツ語訳も刊行している。ドイツ語圏における日本神話研究の代表的存在である。日本のナショナリズムの起源についての関心も高く、本書では日本的ファシズムの起源と国学、儒教との関わりを取り上げる。

第6章のシルヴィオ・ヴィータは、日本の宗教史、とくに中世期以降日本に来日した宣教師についての研究で知られる。一九二九年に来日したマレガ神父が大分で収集したキリシタン資料の調査、研究にも当たっているが、今回はそのマレガによる古事記のイタリア語訳について取り上げて論じる。

第3部は「ヨーロッパの表象」と題し、ファシズム期ヨーロッパにおける聖なるもの、古代的なるものの諸問題が論じられる。

第7章は、ナチス期におけるアッシリア研究が取り上げられる。この時期にどのような思いのもとにアッシリア研究が行われたのか。その解明を受けて、現代の日本のアッシリア観の問題点も指摘される。

第8章のテーマは、ローマ人が住む土地という国名を持ちながら、民族の歴史の浅いルーマニアである。そのルーマニアの知識人の古代へのまなざし、歴史、民族の認識とファシズムとの関わりが論じられる。

第9章で注目されるのは、プレファシズム期である。ドイツ民族主義、いわゆるフェルキッシュ運動における古代的なるものの視覚化が俎上にのる。聖なるもの、古代的なるものが、どう作り／創りあげられたのか、そしてそれはどのような運命をたどったのかが描かれる。

第10章は、古代的なるものの過去への拡大がテーマとなる。第9章のプレファシズム期から時代が降り、ナチズムとの関わりのなかから生まれた「超古代」の原宗教の姿が論じられる。ナチズムのなかで「超古代」がどのように扱われたかを知ることができる。

第11章は、各国におけるファシズム期の比較神話学の傾向が紹介される。当然のことながら地域によって学問状況は異なるが、研究者たちは閉じられた国で研究していたわけではない。影響を与えあい、この時代固有ともいうべき問題意識も生まれる。そして時代が変わり、意図とは異なった読まれ方をして批判をされることもある。ファシズム期後のそうした神話研究の動向と問題点も論じられる。

本書は、以上の構成となっているが、一つの流れを示しているわけではないので、第1章から読む必要はない。古い時代を扱っているところから、ということであれば「超古代」に言及する第10章からとなる。次にはアッシリアがテーマとなる第7章となるだろう。読者の方々には、執筆者が描き出す「聖なるもの」、「古代的なるもの」に自由に向き合っていただきたい。

二〇二〇年春

編者　平藤喜久子

目次

第2部　他者による日本像

第1部

日本の自己像・世界像

第1章　ファシズム期の神話学と〝青年結社〟

平藤喜久子

一　はじめに——ファシズム期における青年という表象

戊辰戦争の悲劇の一つとして知られる会津の白虎隊。彼らは十六、七歳の少年たちであった。迫り来る新政府軍と戦い、敗走して飯盛山にたどり着いた二十名の少年隊士たちは、街が戦火に包まれていく様子を鶴ヶ城の落城と誤解し、集団で自刃をした。後年生き残った一名が事の次第を証言し、彼らの悲劇は広く知られることとなった。

この悲劇の場所である飯盛山には、白虎隊を顕彰する碑や像が建つ。その一角に一見すると場違いにも見えるモニュメントが立つ（写真1-1）。先端にファシスタ党のシンボルである鷲を載くこのモニュメントは、一九二八年にイタリアのムッソリーニが贈ったものである。飯盛山にある公益財団法人会津弔霊義会による説明板には、次のように記されている。

昭和三年（一九二八年）白虎隊精神に感銘を受けたローマ市より贈られた記念碑です。碑の表面にはイタリア語で「文明の母たるローマは白虎隊勇士の遺烈に不朽の敬意を捧げんため、古代ローマの権威を表すファシスタ党章の鉞を飾り、永遠偉大の証たる千年の古石柱を贈る」（後略）

福家崇洋やレト・ホフマン（Reto Hofman）によれば、このモニュメントの建立の背後には、日本へのファシズムの紹介者であり、当時イタリアで文筆活動を行っていた下位春吉がいた。下位がムッソリーニと面会した際に白虎隊の話を紹介したところ、感動したという話が伝えられ、事の真偽は不明ながら日本国内でこの話題が盛り上がることとなり、最終的にムッソリーニの判断により贈られることとなったという(1)。

写真 1-1　飯盛山に立つムッソリーニが贈ったモニュメント（撮影筆者）

さらに一九三五年には、このムッソリーニ寄贈のモニュメントのそばに、在日ドイツ大使館員であったフォン・エッツドルフ（Hasso von Etzdorf）が「若き武士へ、ドイツ人より」と記した碑を贈っている（写真1-2）。

ファシズム期と称される時代、白虎隊の悲劇の物語は飯盛山をイタリア、ドイツ、日本が交錯する地にした。

写真 1-2　エッツドルフの碑文(撮影筆者)

なぜ白虎隊が関心を集めたのだろうか[2]。もちろん出来事の持つ圧倒的な悲劇性は、時代や地域を超えて人々の心を動かさずにはおかないものだ。しかし、そのことに加えてファシズム期に多くの人々の心をとらえた背景には、この時期を特徴づけるような意識が働いていたのではないだろうか。それは「男性結社」に向けられた関心というものである。そしてその「男性結社」というテーマは、ファシズム期の神話学が多大な関心を寄せて取り組んだものであった。

田中純は、『政治と美学』でナチズムをめぐる「美学」について論じる中で、「男性結社」が主権と結びつき、「さらに、この結社が美や芸術、そしてエロティシズム[3]」と関係を有することを二十世紀ドイツ文化圏の男性結社論を手がかりに論じている。ナチス・ドイツの突撃隊（SA）や親衛隊（SS）は、まさに男性結社的な性格をもっているが、田中は神話学や民俗学の分野でオットー・ヘフラーなどにより秘密結社、男性結社研究が進められ、それによって「ゲルマン民族固有の歴史的起源が与えられ、そこに連綿たる伝統の連続性が創り上げられた」と分析している[4]。田中も取り上げているが、こうした男性結社研究は、日本の神話学にも影響を与えている。

本章では、ファシズム期の神話学における男性結社という問題意識と日本の神話学の関連について、とくに三品彰英に注目しながら論じていくことにしたい。

二　ファシズム期神話学と男性結社

一九世紀末から二〇世紀にかけて、ドイツ・オーストリアでは歴史民族学的な研究が盛んになっていった。代表的な研究者としては、レオ・フロベニウス(Leo Viktor Frobenius, 1873-1938)やシュミット(Wilhelm Schmidt, 1868-1954)などがいる。彼らは、ウィーン大学を中心として活動していたため、「ウィーン学派」、あるいは研究の特徴から「歴史民族学派」と呼ばれるが、宗教や神話、物質文化、習俗、社会形態などを分析して、それらの文化複合がみられる地域、すなわち「文化圏」(Kulturkreis)を解明しようとしたため、「文化圏学派」(Kulturkreisschule)とも称されていた。

この歴史民族学派の中で、「男性結社」への関心が生まれていく。その研究に先鞭を付けたのは、ハインリヒ・シュルツ(Heinrich Schurtz, 1863-1903)の *Altersklassen und Männerbünde: Eine Darstellung der Grundformen der Gesellschaft*『年齢階梯制と男性結社：社会の基礎形態の研究』であろう。シュルツは年齢階梯制社会、男性結社、秘密結社について広く世界中の事例を分析し、その特徴を析出している(5)。同書に秘密結社の分布や年齢階梯制をとる地域、男性小屋のある地域などを示した図も掲載されている。

男性結社について、ゲルマンを主題に据えて研究を行ったのが、リリー・ヴァイザー(Lily Weiser-Aall, 1898-1987)である(6)。彼女は、*Altgermanische Jünglingsweihen und Männerbünde: Ein Beitrag zur deutschen und nordischen Altertums- und Volkskunde*『古ゲルマンの青年入社式と男性結社』で、タキトゥスの『ゲルマニア』にはじまり、サガや民俗資料などから古代ゲルマン社会に儀礼をともなう男性結社が存在していたことを示した。とくに北欧神話に登場するベルセルク(凶暴戦士)に注目する。ベルセルクは、狂乱状態となって戦うが、その際、熊やオオカミに姿を変えるという。このベルセルクは、もともと「死者の軍勢」を意味しており、彼らがオーディンに率いられて行くイメージがドイツの神話や儀礼にも受け継がれているとした。

彼女の研究をさらに展開し、神話学に大きな影響を与えたのがオットー・ヘフラー（Otto Höfler, 1901-1987）である。一九三四年に刊行されたヘフラーの *Kultische Geheimbünde der Germanen*『ゲルマン人の祭祀秘密結社』は、もともと三部構成で構想されたが、刊行されたのは第一部の Das germanische Totenheer—Mythos und Kult「ゲルマンの死者の軍勢――神話と信仰」のみであった。ここでヘフラーは、ゲルマンの神話や伝説、民話に登場する荒ぶる戦士たちのエクスタシーを伴う狂乱が、死者との交流によるものであることを論じ、古代ゲルマン社会には、こうした死者と交流する儀礼をともなう男性秘密結社が存在していたと論じた。[7]

ときに狂乱するような男性集団の古代的起源を論じたヘフラーだが、彼については、一九二〇年代からナチスの活動に関わり、ヒムラーに認められてナチのアーリヤ人種論を歴史や神話などから権威づけるための研究機関 Ahnenerbe（アーネエルベ、「祖国の遺産」は、本書第10章久保田論文の三節を参照）の活動にも関わったことが知られている。ヘフラーの研究が、ナチスのイデオロギーに資するような側面を持っていたことは、周知のことであった。

その彼の研究は、スウェーデンのスティグ・ウィカンデル（Stig Wikander, 1908-1983）やフランスのジョルジュ・デュメジル（Georges Dumézil, 1898-1986）らの研究に新たな展開をもたらす。インド・イランの比較神話学者であったスティグ・ウィカンデルは、一九三八年の『アーリヤの男性結社』で、ヘフラーの研究に導かれ、古代のインド・ヨーロッパ語族社会と男性結社の関係について論じた。インドの『リグ・ヴェーダ』には、風雨を神格化したマルト神群が登場するが、ウィカンデルは、ヘフラーの研究を参考に、「マルト神群はまさに、移住・征服時代のアーリヤ民族の男性結社がなによりも発達させてきた戦士的側面を反映している」と述べ、その

神話はアーリヤ民族に戦闘的集団としての男性結社があったことを示すものであるとしている。(8)

インド・ヨーロッパ語族の比較神話学で知られるデュメジルは、日本でも多くの著作が翻訳され、日本神話の研究にも影響を与えた。彼は、インド・ヨーロッパ語族の神話や儀礼、社会構造などを構造論的な方法によって比較し、それらに三機能体系(三区分神学、三機能構造、三区分イデオロギーとも)という世界観が反映していることを論じたことで知られる。

その三機能体系とは、階層化された次の三つの機能が補い合うことによって、人間を取り巻く宇宙空間や社会が成り立つととらえる世界観である。

第一機能…主権、祭祀、呪術、法律
第二機能…戦闘
第三機能…健康や好色さ、平和などを含む、広い意味での豊饒性

彼の『ゲルマン人の神話と神々』(一九三九)は、インド・ヨーロッパ語族であるゲルマン人の神話と三機能体系との関係を論じたもので、ゲルマン神話における「主権の神話」(第一機能)、「戦士の神話」(第二機能)、「生命力の神話」(第三機能)について個別に論じている。このうち「戦士の神話」は、ヘフラーの研究を参照したものであり、ここでデュメジルは、オーディンに支配されるベルセルクがインド・ヨーロッパ語族の共生期に起源を持つ、男性結社の性格を持つことを指摘した。そしてその男性結社とは、古代ローマでロムルスによって創始されたとされるルペルキや、ギリシアのケンタウロス、インド・イランのガンダルヴァなどにも見いだすことができるのだという。(9)その上でデュメジルはナチス・ドイツの突撃隊(SA)などを引きながらこう述べている

以上の考察は、ドイツにおいてごく近年見られるある種の社会現象を部分的に説明するものだろう。すな

わち、疑似軍隊的集団の発達と成功、突撃隊の「激しい意気」と権利、青春時代にある者にときに制服に身を包んで力を行使してみたい誘惑を起こさせる公安当局の特異な形態などである。(10)

この文章は、あたかも突撃隊のような集団が、「ゲルマン神話の青年集団の後継者(11)」とされているかのような印象を与える。また、結論ではドイツの指導者たちと民衆が「ごく自然に、そうとは知らないまま、ゲルマン人の最古の制度や神話と合致するような社会的・神秘的な行動様式に沿って、行動したり反応したりしているのである(12)」とも述べている。こうした記述から、イタリアの歴史学者カルロ・ギンズブルグ(Carlo Ginzburg)などは、のちに「ナチ文化への隠しきれない親近感が随所に顔を出しているのだ(13)」と批判を展開した。

デュメジルのゲルマン神話研究が親ナチ的であったかどうかという点については、判断は慎重を要する。松村一男は『ゲルマン人の神話と神々』の解説の中でギンズブルグらの批判を検討しつつ、デュメジルの学問の根幹にナチズムや人種差差別主義と関わりがあることを否定する。(14)ブルース・リンカーン(Bruce Lincoln)もデュメジルがナチに親近感を持っていたことについてはあまり同意していないとする一方で、(15)彼の研究には、「アーリヤ好き、ゲルマン嫌い、フランスナショナリスト」、「外国人嫌悪」、「ファシスト支持、反ナチ」などの政治的な意味があると指摘する。(16)ここではデュメジルのゲルマン神話研究とナチズムとの関わりについて議論する余裕はないが、ヘフラーやデュメジルのゲルマンの男性結社研究が、研究の内容以上にこの時代を象徴するような意味を持ち、政治との関わりが注目されてきたことを押さえておきたい。なお、比較神話学と男性結社の問題は、本書第11章松村論文の四、五節でも論じられる。

ヘフラーやウィカンデル、デュメジルが神話と男性結社の研究に取り組んでいたのと同じ頃、日本の神話学者の岡正雄(一八九八―一九八二)もまた、男性結社に関心を寄せていた。岡正雄は一九二九年からウィーン大学に留学し、シュミットのもとで「文化圏学派」の歴史民族学を学び、一九三〇年から三三年にかけ、シュミットの文化圏論をもとに学位論文となる「古日本の諸文化層」(“Kulturschichten in Alt-Japan”)を執筆した[17]。このうち六の社会の章には、「若者組と若者宿」や「祭祀結社と男性結社」、「秘密結社」などが含まれており、日本における若者組の事例や宮座、まれびとをともなう仮面仮装の儀礼のことが論じられている[18]。これらの制度や儀礼と神話の関係については、とくに論じられているわけではない。岡は、戦後この研究をもとにした論考を発表し、その中で古代日本には次に挙げる五種類の異なった文化複合が渡来したと想定した[19]。

(一)母系的・秘密結社的・芋栽培—狩猟民文化
(二)母系的・陸稲栽培—狩猟民文化
(三)父系的・「ハラ」氏族的・畑作—狩猟・飼畜民文化
(四)男性的・年齢階梯制的・水稲栽培—漁撈民文化
(五)父権的・「ウジ」氏族的・支配者文化

このうちの(一)の文化は、縄文中期には日本に存在していたとされる。特徴としては沖縄の新年祭などに代表されるような、秘密結社による仮面仮装の来訪者の儀礼をともなうことが挙げられている。文化的にはメラネシアときわめてよく似ているという。「古日本の諸文化層」で取り上げた男性結社、秘密結社研究は、この部分に位置づけられることになった。岡の「古日本の諸文化層」や、その後の戦後の一連の研究の中にシュルツやヴァイザー、ヘフラーへの言及はないが、彼の男性結社、秘密結社研究が同じ文化圏学派の中ではぐくまれた問題意識を日本に適用したものであることは明らかであろう。

ヘフラーのゲルマンにおける男性結社研究と岡の日本における男性結社研究の両者の影響を受けたのがアレクサンダー・スラヴィク(Alexander Slawik, 1900–1997)である。スラヴィクは、両者の研究に鼓舞されて日本とヨーロッパの比較研究を行い、一九三六年に論文"Kultische Geheimbünde der Japaner und Germanen"(「日本とゲルマンの祭祀秘密結社」)を執筆した[20]。奇しくも日独防共協定が結ばれた年である。この論文の中でスラヴィクは、岡との間では日本とヨーロッパの祭祀結社の類似について話し合われていたが、ヘフラーの研究によって自らの比較研究を本格化させることができたのだと述べている[21]。

そしてスサノオとオーディンの神話の比較や男性結社の儀礼の比較など、日本とゲルマンの男性秘密結社の比較が広く行われ、ゲルマンと同じようにマレビトをともなう男性秘密結社が古代日本にもあることが論じられている。

スラヴィクは一九三八年にナチスに入党し、深くその活動に関わっていたことが知られているが、スラヴィクがヘフラーのようにナチスのイデオローグの一人とみなされ、それとの関わりの中で批判されることは管見の限りはない。

ファシズム期に大きく展開した男性結社研究だが、戦後の展開としてはミルチャ・エリアーデ(Mircea Eliade, 1907-1986)の研究を挙げることができるだろう。エリアーデの『加入礼・儀式・秘密結社：神秘の誕生――加入礼の型についての試論』は、主にイニシエーションが主題となっているが、秘密結社、男性結社の問題も取り上げられている。とくに「第五章　軍事的加入礼とシャーマンの加入礼」では、ヘフラーやデュメジルのベルセルクの研究が参照され、ベルセルクの「狂気」の問題が、ゲルマン民族やインド・ヨーロッパ語族に固有のものではなく、シャーマニズムの問題としてより拡がりをもつものであることが指摘された[22]。

日本では、岡正雄の歴史民族学を引き継ぎながらデュメジルの研究も参照して研究を展開した大林太良が、神話と男性結社の関係について「葦原醜男と青年戦士集団」を執筆している。田中純は、日本のほうが男性結社研究がドイツよりも受容しやすかったのではないかということを次のように述べている。

大林太良の先駆的な論考が示すように、日本の民族学や神話学研究のほうが、ナチ・イデオローグとしての批判が先行するドイツよりも、ヘフラーによる祭祀秘密結社論の生産的需要にはよりふさわしい土壌であったと言えるかもしれない。ただし、（参照しうる限りでの）岡の博士論文やスラヴィクの比較研究には、ヘフラーが同時代の政治状況に触発されることで獲得しえていた政治史的な着眼点が欠けている。この着眼をデュメジルのゲルマン神話論と一括りにして「イデオロギー的偏向」と切って捨ててしまうことは、ヘフラーの周辺で展開された結社論の核心を取り逃がすことになろう。(23)

たしかに岡やスラヴィクの研究には、政治的な視点を見ることはできない。しかし、とくにゲルマン民族の男性結社を取り上げて、古代にまでさかのぼるとするその特徴が、日本の男性結社のあり方にも見られること、日本の神話に看取できることを述べる研究の背景に、時代性があることは明らかであろう。神話の比較を行うときに、意識的であれ無意識的であれ、対象となる地域にはその時代特有のまなざしが関わるのではないだろうか。次に取り上げる三品彰英は、日本と朝鮮の神話について比較研究を行っていた。彼の古代へのまなざしと男性結社の関係を考えてみたい。

三　三品彰英の神話学と男性結社論

三品はもともと朝鮮古代史を専門とする研究者であった。一九二八年より終戦まで海軍兵学校教授を務め、その間一九三七年よりエール大学に客員教授として赴任し、ローウィ（Robert Heinrich Lowie, 1883-1957）のもとでも学んでいる。歴史学を専攻していたこともあり史料を中心とした実証史学的研究方法が主であったが、ローウィに学んでからは、アメリカ人類学の文化領域研究の方法も用い、朝鮮とその隣接地域の文化領域について研究を進め、日本神話と朝鮮神話との関係を論じ、高く評価されてきている。

しかし、三品が主に日本神話と朝鮮神話の比較研究を行っていた時期、日本は朝鮮を植民地支配していた。筆者は、これまで三品の比較神話研究に、日本と朝鮮の間にある支配／被支配の関係が影響を及ぼしているのではないかという研究を行ってきている(24)。

たとえば一九四〇年に、三品は一般向けの朝鮮史の概説書として、『朝鮮史概説』を刊行している。そこで彼は朝鮮について「同胞」と呼び、最も信頼できる民族であるとする。だがその「同胞」である朝鮮の歴史の特徴は、「他律性」、「附随性」であるとする。それは、朝鮮の「半島」という地理的条件によるもので、つねに大陸に起こる変動の余波を受け続けてきた周辺であるがゆえのものだという(25)。

また、『古事記』の神話について朝鮮神話との比較の視点から考えるときも、支配／被支配という日本と朝鮮のあり方が透けて見える。彼は朝鮮建国の祖檀君の神話について、高麗時代の『三国遺事』という文献に記された神話の内容を紹介し、そして次のように述べた。

　この伝説が『三国遺事』に初見するところによりすれば、その成立は高麗時代、恐らくはその中期に属するであらうことは、今日学界の認めるところである(26)

加えて檀君神話中の仏教的要素を指摘し、この神話が仏教全盛時代の高麗中期のものである証拠とした。檀君神話をめぐっては朝鮮総督府による『朝鮮史』編纂の過程で、日本人学者と朝鮮人学者の間で論争になったことが知られている。この論争で朝鮮人学者側は、檀君を朝鮮民族の祖とし、その建国伝説を朝鮮史の冒頭に位置づけることを要求したが、歴史学者の黒板勝美を代表とする日本人学者側は、檀君が神話上の存在に過ぎないことを理由にその要求を斥けた。この対応について川村湊は、日本の歴史についてはイザナキ・イザナミの神話やアマテラスの神話などからはじめる学者が、他方で檀君神話を否定する姿勢に「支配民族による被支配民族の民族神話の圧迫というイデオロギー闘争的な要素」をみている(27)。

比較研究については、三品は『古事記』にある天孫降臨、三輪山説話などに言及し、朝鮮の神話との共通のモチーフを指摘するが、類似を指摘した上で朝鮮の神話を「未発達」な神話、日本の神話は「発展を遂げた」神話であるといい、日本の優位性を強調する(28)。こうした三品の日本神話と朝鮮神話の対比の視点に、研究対象となっている日本と朝鮮との間にある、支配する側、支配される側という現実の力関係の反映をみることができるだろう。

こうした日本と朝鮮の神話の比較研究を行っていた一九四三年に、三品は『朝鮮古代研究　第一部　新羅花郎の研究』を刊行している(29)。古代の朝鮮、新羅では、美しい少年を選び、着飾らせて花郎と呼んだ。そしてそれぞれの少年を奉戴する貴族の子弟たちからなる集団が作られ、対立しながら歌舞や武術を学んでいた。奉戴される美少年だけでなく、こうした集団も花郎と呼ぶようになっている。

三品はこの花郎を中心とする集団を男性結社として位置づけ、歴史をさかのぼり、その機能や展開を広く論じたものである。彼の代表的な朝鮮研究ではあるが、神話を主題とする研究ではなかったため、これまで筆者は、神話学の学説史研究の中でとくに注目することはなかった。しかし、前節で見たように、ファシズム期の神話学が多大な関心を寄せていたテーマの一つが男性結社であったことを考えると、三品のこの研究もファシズム期の神話学の枠組みの中に位置づけることができるだろう。

三品は、この研究では、これまでの文献学的な観点からの花郎研究を踏まえつつ、民族学、民俗学を参考とする立場を取るという。彼はみずからの研究視点を次のように述べている。

かゝる立場に立つて花郎なる古代習俗を眺める時、それは今日まで民族学界が取り上げて好問題としつゝある男子集会の一事例に外ならない。男子集会なるものは広く原始社会に見られる顕著な社会組織の一基本形態にして、且それは今日の文化社会も、曾てはこの組織を持つ時代を経てきたと想像されるところの組織である。(30)

「男子集会」つまり、男性結社は、古代社会に広くみられるものであったとし、その例として新羅の花郎の男性結社としての側面に注目するということである。そこで先行研究としてまず挙げられているのは、男性結社研究に先鞭を付けたウィーン学派のシュルツである。さらに秘密結社を研究した *Primitive Secret Societies: A Study in Early Politics and Religion*(31) で知られるハットン・ウェブスター(Hutton Webster, 1875-1955)の名も挙げられている。

「第一章　花郎集会の源流」では、花郎が新羅からさかのぼり原始の韓族でも組織されており、それは青年戦士団的機能をもっていただろうとし、アメリカ・インディアンの成年式などと比較をする。こうした研究から、原始韓族の文化要素の分布は、「日本本土・沖縄および台湾を経て南方海洋諸族」に至ると述べ、男性結社の集会を行う場(男子集会舎)も、同じように分布しているという。(32)

こうして近隣地域とも関連を持つ形ではじまった朝鮮の男性結社は、次第に韓民族のなかで独自に展開していく。そのことを三品は第五章の結論部の最後で次のような表現で説明した。

韓民族社会の特殊な条件のもとに多くの外来新文化の影響を受けつつその発展および堕落の途を歩んできたのであり、そこに多くの特異性が示されている。而して男子集会組織が最も反映し、且本来の機能を最も顕著に表した時代は古代であり、その機能中、最も面目を発揮したのは戦士団としてであった。(33)

三品は、新羅の花郎のような戦士機能を持つ男性結社は、古くは日本を含む南方の海洋民族に展開していたと想定している。『朝鮮古代研究』は「参考編」として四篇の論考を含んでいる。そのうち二篇は、「第一章　薩摩の兵児二才制度――主としてその民間伝承的性質について」と「第二章　対馬の盆踊り組合――主としてその年序階級的性質について」となっており、日本に関するものである。これらは花郎と比較しうるような男性結社が日本にも存在していたことを裏づけるためのものであろう。

薩摩の兵児二才(へこにせ)とは、かつて薩摩藩に存在した若者集団の習俗のことである。二才とは若者の意味で、地域によって呼称は変わるが、多くが年齢階梯制をとっており、武道の鍛錬が行われる。また座学のほかに歌舞も学ばれていた。三品は一九三四年に鹿児島で調査を行い、最後の経験者たちに聞き取りを行った。彼が兵児二才の特徴としてとくに注目しているのが「稚児様」、あるいは「執持稚児」と呼ばれる士族の少年の存在である。名門の十一、二歳の美少年を数名置き、彼らを藩主のように奉じることで、藩主に奉仕する訓練とするという。さらに稚児たちは着飾って化粧をし、接触を禁じられていた女性の役割をも担ったと考えられてきたという。(34)

三品は、この「執持稚児」を奉ずる兵児二才を新羅の花郎と比較する。花郎でも、貴族の美少年を着飾り、奉じていた。いずれも美少年を奉じる青年戦士団という特徴を持つのである。花郎の集会もまた、歌舞と密接な関係を持っていた。三品は古代にあった花郎と時代的にも異なっている兵児二才について、「歴史的な関係を考へようとする者では勿論ない[35]」と述べつつも、共通点を複数上げて比較を行った。三品は戦士的機能を持つ男性結社が古代日本にも存在していたことを想定していたのだろう。兵児二才について、花郎との類似を述べていくことで、その古代的起源、あるいは古代精神の残影を求めていたと考えられる。

参考編の第二章は盆踊りに焦点が当てられる。もともとは一九三五年に「盆踊私考――対馬の盆踊の報告に因んで」と題して発表されたものを改稿したものとなっている[36]。盆踊りというと、一般的には男性結社というイメージはない。しかし対馬では、かつて年齢別に男子集団（組合）が構成され、盆踊りはその集団によって実施されていたという。

三品はシュルツら男性結社についての先行研究のなかで、結社（組合）の変化に注目する。集団の分類は、まず年齢と性によるものが最も「原始的基本的」なものだが、次第に「各種の組合に変化」していき、「古代的戦士組合とか、宗教的秘密結社とか、呪師組合とか」に内容が変化していき、ついには年齢と性による分類も失われていくことになる。それが古い形態を残しているところでは、「（イ）部族の男子を年序的に包含せること、（ロ）性的類別意識の強いこと」が特徴としてみられるという[37]。

こうした流れを踏まえて対馬を見てみると、対馬の盆踊り組合は、男性からのみ構成される歌舞組合（Tanzengesellschaft）で、年序制であり、地域の男性たちの義務であった。盆踊りが中心的な行事ではあるが、組合の活動はその時期の一時的なものではなく、一年を通して存続している。こうした特徴に、三品は古代的な男性結社の姿を見いだしているのである。そして、さらに盆踊り組合に加入するときには、新入りが「（イ）年長に仕へ、（ロ）歌舞を修練し、（ハ）女性に対する禁忌に従ふ[38]」といった試練を受ける。盆踊りは、いうまでもなく精霊がやってくる盆行事に際して行われる。つまりここでの歌舞は精霊と関わるものといえる。三品はこうした試練に成年式としての意義を見いだし、次のように述べている。

この点、太平洋諸島土民の間に最も普通な成年式或は特殊結社へのinitiationに際して、肉体の試練と歌舞の習得及び死霊(ghost)との交融が実修されるのと比較すれば、その原始的意義を把握するに難くなからう[39]

そして対馬の例を参考にして全国の盆踊りを見ていくと、程度の差こそあれ男性結社の要素や成年式の要素が見受けられるものもあるのだとまとめている。

盆踊りという、あまり男性結社というイメージではとらえられることのないような民俗行事のなかに、古代にまでさかのぼる男性結社や成年式の残存を見いだしている点は興味深い。三品はこの研究を、当時の男性結社の一つともいえる海軍兵学校舞鶴分校の教官を務めていたときに行っていた。その研究活動のあり方を示す資料として、彼による民俗調査票が残されている。その資料は、生家である滋賀県守山市の古刹蓮生寺より現在立命館大学の田中聡教授に提供され、保管されている。本章の執筆にあたって、閲覧をさせていただいた。写真1-3は、三品が学生たちに出身地の盆行事について調査をさせたものである。質問事項は、次のとおりである。

「精霊迎ヒノ時日」
「精霊送リノ時日」
「盆踊稽古ノ遣リ方トソノ時日」
「盆踊リノ期日」
「盆踊リノ遣リ方　特ニ十六日以降トソレ以前トニ於テ差異アリヤ」

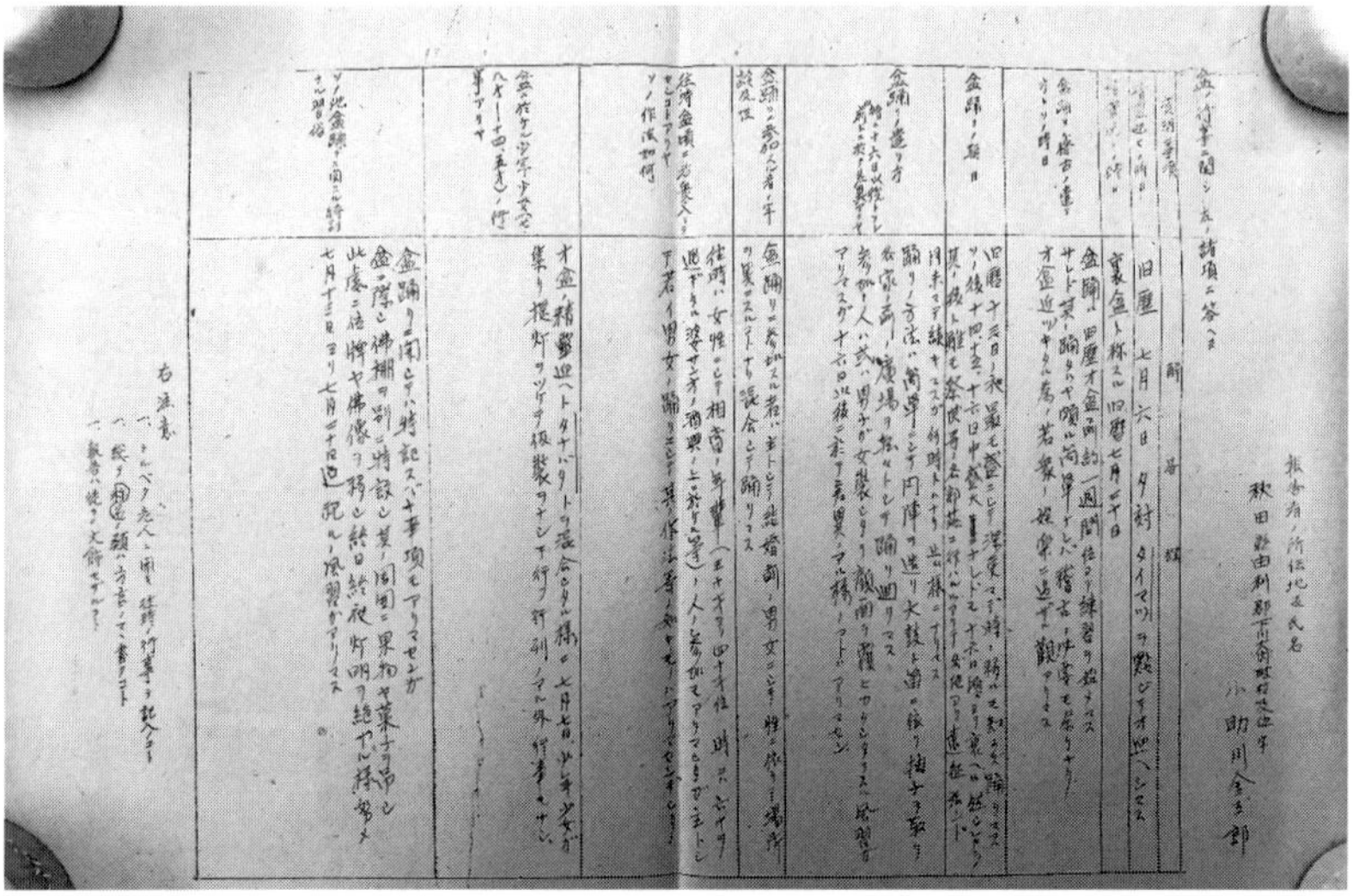

写真 1-3　資料提供：田中聡　撮影筆者

「盆踊リニ参加スル者ノ年齢及性」
「往時盆頃ニ若衆入リヲセンコトアリヤソノ作法如何」
「盆ニ於ケル少年少女（七、八才―十四、五才）ノ行事アリヤ」
「ソノ他盆踊リニ関スル特別ナル習俗」

田中聡は、この調査について一九二九年か三〇年の夏に休暇中の課題として課されたものと推定している。その上で調査の目的についてこう述べている。

三品がこうした地域調査を行わせた目的は、人類社会において広範にみられる部族内の年齢別・性別集団の痕跡を、盆踊りという祭礼を運営する歌舞組合のなかに認められるのではないかという仮説を証明することにあったようである。当時彼は新羅の戦士青年団組織である「花郎」についての論考を書いており、同様の問題関心から対馬や鹿児島で踏査を行い、若者集団に関する民俗の情報を集めていた。(40)

たしかにこの質問事項をみると、盆踊りに参加する人の年齢と性、「若衆入り」のことに焦点が当てられていることがわかる。こうした調査を背景にして「盆踊私考」（のちの『朝鮮研究』参考編「対馬の盆踊組合」）は構想され、盆踊り組合の年齢階梯制的なあり方と成年式と解される試練に、薩摩の兵児二才と同様に新羅の花郎にも通じる古代的な青年結社の遺風を見いだした。

写真1-4にあるように、彼の手で原稿用紙に記された仮のタイトルは、「対馬の盆踊組合とその意義——古代風のTanzengesellschaft の名残——」（タイトル中の「とその意義」には取り消し線）となっている。三品が盆踊りの調査、研究で描き出したかったのは、そこに残存する古代の歌舞を行う男性結社だったのだろう。

原稿用紙

對馬の盆踊組合とその意義

——古代風のTanzengesellschaft の名残

三品彰英

海軍機關學校

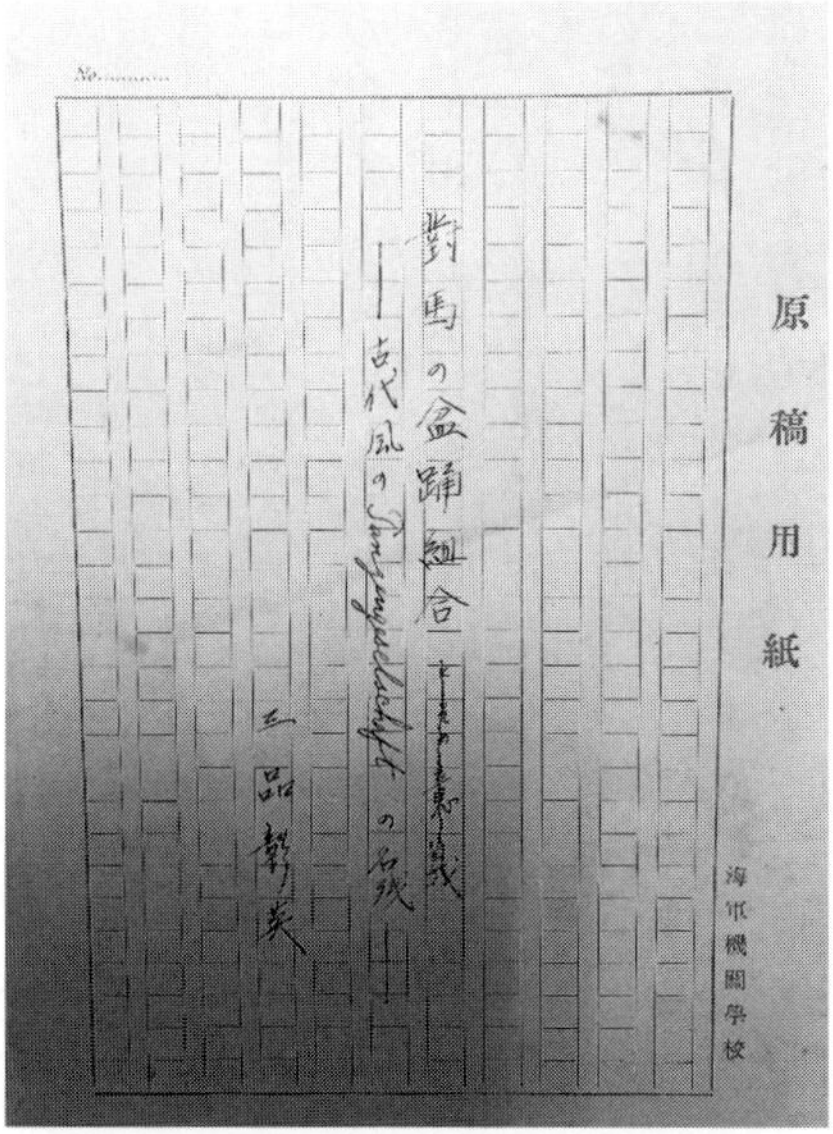

写真1-4　資料提供：田中聡　撮影筆者

四　おわりに

冒頭で触れた白虎隊は、まさに年齢階梯制的男性結社であり、戦闘集団である。会津藩では、藩の兵を玄武、青竜、朱雀、白虎と年齢別に四つに分けていた。最も若く十六、七歳の少年で構成されたのが白虎隊である。ファシズム期、その白虎隊に日本人だけでなく、ドイツやイタリアからも関心が寄せられた。それはその物語の悲劇性だけに還元できるものではない。当時の神話学、民族学も引きつけられていた「男性結社」の姿がそこにあったからではないだろうか。

ファシズム期は男性結社に魅せられていた時代といってもいいかもしれない。シュルツによって先鞭を付けられた男性結社研究は、ヘフラーによってゲルマンの神話や民俗のなかに展開され、「古代から受け継がれてきた男性結社」のイメージがさまざまな媒体の中に発見されていく。ウィカンデルやデュメジルは、その戦士機能を持つ男性結社の存在がゲルマンに留まらずギリシアやインド・イラン、つまり原インド・ヨーロッパ語族へと広がるものであることを論じた。そしてその古代的な男性結社は、現代の社会のなかにも見いだされることが示唆されたのである。

その男性結社研究の俎上に日本も載せられていく。男性結社研究の中心となっていたウィーンの歴史民族学派のなかで学んでいた岡正雄は、日本にみられる男性結社、秘密結社について論じ、そして、スラヴィクはゲルマンと日本の男性結社を比較し、その共通点を論じていた。同じ時期に日本では三品彰英が共通の問題意識を持ち、研究活動を行っていた。

三品は、古代朝鮮の新羅、花郎をめぐる男性結社のあり方を手がかりにしつつ、参考として日本の薩摩の兵児二才と対馬の盆踊りについて論じた。兵児二才も盆踊りも、古老への調査である。つまりつい最近まで行われていた日本の習俗のなかに、古代的な男性結社の残影をみたのである。その残影は『朝鮮古代研究』の文脈に置かれることで、日本を越えた広い「原始古代社会」の男性結社のそれとなる。ベルセルクのような神話的な男性結社的存在を、民俗や昔話のなかに発見し、ときに現代のナチス・ドイツの突撃隊（ＳＡ）まで想起しながら論じたヘフラーやデュメジルと同じ時代の空気をまとった研究であったということができるだろう。

（1）　福家崇洋『日本ファシズム論争』河出書房新社、二〇一二年、四六―五二頁。Reto Hofman, *The Fascist Effect: Japan and Italy, 1915-1952*, Cornell University Press, 2015, pp. 32-37.

（2）白虎隊と同じように、戊辰戦争で戦い、多くが悲劇的な最期を遂げた二本松藩の少年（一二歳～一七歳）部隊である「二本松少年隊」の顕彰碑が二本松城跡に建立されたのは一九四〇年である。

（3）田中純『政治の美学』東京大学出版会、二〇〇八年、iii頁。

（4）田中、前掲書、二六二頁。

（5）Heinrich Schurtz, *Altersklassen und Männerbünde: Eine Darstellung der Grundformen der Gesellschaft*, Druck und Verlag von Georg Reimer, Berlin, 1902.

（6）Lily Weiser-Aall, *Altgermanische Jünglingsweihen und Männerbünde: Ein Beitrag zur deutschen und nordischen Altertums- und Volkskunde*, Verlag der Konkordia, Bühl, 1927.

（7）Otto Höfler, *Kultische Geheimbünde der Germanen*, Diesterweg, Frankfurt, 1934.

（8）スティグ・ウィカンデル著、前田耕作編・監修『アーリヤの男性結社』言叢社、一九九七年、八七頁。

（9）ジョルジュ・デュメジル著、丸山静・前田耕作編『デュメジル・コレクション2』筑摩書房、二〇〇一年。

（10）デュメジル、前掲書、一〇五頁。

（11）カルロ・ギンズブルグ、竹山博英訳『神話・寓意・徴候』せりか書房、一九八八年、二三四頁。

（12）デュメジル、前掲書、一六七頁。

（13）ギンズブルク、前掲書、二五四頁。

（14）ギンズブルク、前掲書、松村一男「解題一――『ゲルマン人の神話と神々』」。前掲『デュメジル・コレクション2』。

（15）Bruce Lincoln, *Theorizing Myth: Narrative, Ideology, and Scholarship*, The University of Chicago Press, 1999, p. 125.

（16）Lincoln, 1999, p. 136.

（17）本論文は長い間未公刊であったが、二〇一二年に二巻本で刊行された。Masao Oka, *Kulturschichten in Alt-Japan I, II*, Bier'sche Verlagsanstalt, 2012. 論文の目次については、住谷一彦の訳がある。住谷一彦「『古日本の諸文化層』(Kulturschichten in Alt-Japan)目次」岡正雄『異人その他――日本民族＝文化の源流と日本国家の形成』言叢社、一九七九年。

（18）Masao Oka, *Kulturschichten in Alt-Japan II*, Bier'sche Verlagsanstalt, 2012, pp. 876–955.

（19）岡正雄「日本文化の基礎構造」岡正雄・前掲『異人その他――日本民族＝文化の源流と日本国家の形成』四五頁。

（20）Alexander Slawik, "Kultische Geheimbünde der Japaner und Germanen," *Wiener beiträge zur kulturgeschichte und lingu-*

istik, vol. 4, pp. 675-763, Wien. 翻訳は、アレクサンダー・スラヴィク著、住谷一彦、クライナー・ヨーゼフ訳『日本文化の古層』未来社、一九八四年、四三―一五八頁。

(21) スラヴィク、前掲書、四四頁。

(22) ミルチャ・エリアーデ著、前野佳彦訳『加入礼・儀式・秘密結社：神秘の誕生――加入礼の型についての試論』法政大学出版局、二〇一四年、一五九―二〇一頁。原著はMircea Eliade, *Initiation, rites, sociétés secrètes: naissances mystiques: essai sur quelques types d'initiation*, Edition Gallimard, 1959, Paris. なお、エリアーデは『永遠回帰の神話』未来社、一九六三年の「第二章　時間の再生」のなかで、デュメジルやヘフラーの研究を参照して、ゲルマン民族およびインド・ヨーロッパ語族の新年の儀礼が加入儀礼と関わることを論じ、その新年儀礼の古代性を論じるとともに、スラヴィクや岡の研究から、遠く離れた日本の来訪神の出現を伴う新年儀礼との類似にも注目している。エリアーデについては本書第8章新免論文の四節を参照。

(23) 田中、前掲書、三六七―三六八頁。

(24) 平藤喜久子「植民地帝国日本の神話学――昭和前期の日本神話研究を中心に」竹沢尚一郎編『宗教とファシズム』水声社、二〇一〇年、三一一―三四七頁。

(25) 三品彰英『朝鮮史概説』弘文堂書房、一九四〇年。

(26) 三品、前掲書、二四頁。

(27) 川村湊『大東亜民俗学』講談社メチエ、一九九六年、二七頁。

(28) 三品彰英「東洋神話学より観たる日本神話」『日鮮神話伝説の研究』柳原書店、一九四三年所収。

(29) 三品彰英『朝鮮古代研究　第一部　新羅花郎の研究』三省堂、一九四三年。のちに三品彰英論文集第六巻に収められ、『新羅花郎の研究』(平凡社、一九七四年)として若干の改変を加えられている。本論文では、ファシズム期の研究ということで一九四三年版をもとに引用をする。

(30) 三品、前掲『朝鮮古代研究』六頁。

(31) Hutton Webster, *Primitive Secret Societies: A Study in Early Politics and Religion*, Macmillan, New York, 1908.

(32) 三品、前掲『朝鮮古代研究』第一章参照。

(33) 三品、前掲『朝鮮古代研究』三二一頁。

(34) 三品、前掲『朝鮮古代研究』「参考編」「第一章　薩摩の兵児二才制度――主としてその民間伝承的性質について」参照。

（35）三品、前掲『朝鮮古代研究』、参考編三九頁。
（36）三品彰英「盆踊私考――対馬の盆踊の報告に因んで」『旅と伝説』第八年七号通巻九一号、三元社、一九三五年、一一―一二頁。
（37）三品、前掲『朝鮮古代研究』、参考編五九―六〇頁。
（38）三品、前掲『朝鮮古代研究』、参考編六五頁。
（39）三品、前掲『朝鮮古代研究』、参考編六六頁。
（40）田中聡「三品彰英の神話研究――その出発点」『近江の文化と伝統』編集委員会編『近江の文化と伝統』守山野洲市民交流プラザ「ライズヴィル都賀山」、二〇一〇年、四〇―四一頁。

第2章　日本型ファシズムと学問の系譜
――宇野圓空とその時代

鈴木　正崇

一　前提としてのファシズム

ファシズムは、第一次世界大戦終結の翌年の一九一九年から第二次世界大戦の終結の一九四五年までに西欧で展開した政治的な運動・思想・体制であり、当時の後発資本主義社会を舞台として登場し、反ベルサイユ＝ワシントン体制と反コミンテルンという基本的な二面性を特徴とした「世界性」を有する運動であるとされる。英米仏に代表される先進的帝国主義中心の平和主義、国際協調を建前とする世界秩序に対する、独伊日という後発的帝国主義の実力による挑戦という様相を帯びた（山口二〇〇六：七）。ファシズムはドイツでの一九三三年のヒトラー内閣の登場で急進的政治運動となり、独裁主義の傾向を強めて、先進国や他の後進国を含め急速に拡散・伝播した。その内容は多義的であるが、大衆運動、特に新中間層を基盤とする急進的なナショナリズムを特徴とし、運動としては、暴力の肯定、「指導者」原理の強調、「民族性」の強調と「民族共同体」の再建、戦争の肯定と賛美などを特徴とする。思想としては、心情・感性・直観・行動・暴力を理性に対して優位とする「生の哲学」を根幹に持ち、差別の合理化による「強者の権利」を説く「社会ダーウィン主義」による人生哲学と社会哲学を展開した。合理主義や啓蒙主義の対極に位置づけられるといえる（山口二〇〇六：二二―二九）。西欧で第一次世界大戦後に発生したファシズムが日本に伝播・影響して展開した運動・思想・体制を「日本型ファシズム」とすれば、その特徴は何でいつどのように成立し展開したのであろうか。決定的な差異は日本では西欧のファシズム成立の契機となった第一次世界大戦による損害は皆無に近く、軍需景気によって経済的には潤った。前提条件も発展形態も全く異なり、大陸と島国という立地条件の差も大きい。西欧のファシズムとは別の展開を遂げたのである。

日本は、近代化の過程で、国民国家体制の確立と東アジアでの勢力拡大を短期間になしとげた。「日本型ファシズム」の考察に先立って成立と展開の時期を見定める必要がある。植民地化の指標となる日本の海外進出は、明治七（一八七四）年の台湾出兵に始まったが、昭和一二（一九三七）年の日中戦争までは、「帝国」と「立憲」のせめぎ合いが継続した（坂野二〇一七）。しかし、昭和一二年以後は統御が失われて軍部の独裁が全面的となり終戦まで続いた。この時代を「日本型ファシズム」と呼ぶことは可能であろう。昭和一二年には『国体の本義』（文部省編一九三七）[1]が文部省から出版されて神話や古典を典拠とした思想的根拠を提供して国民を鼓舞し、同年八月には国民精神総動員運動が発令され、昭和一三（一九三八）年には国民総動員法[2]が施行されて軍事体制を支えた。

日本が近代国家の体制を整えた明治二二（一八八九）年の大日本帝国憲法の公布（翌年に施行）以後、戦争を通じてナショナリズムの生成と国民意識の生成が進行し「日本型ファシズム」への道筋がつくられていった。日清戦争（明治二七（一八九四）年―二八（一八九五）年）、日露戦争（明治三七（一九〇四）年―三八（一九〇五）年）を経てナショナリズムが高揚した[3]。明治四三（一九一〇）年の日韓併合が大きな転換点となり、第一次世界大戦（大正三（一九一四）年―大正七（一九一八）年）を間に挟んで、昭和六（一九三一）年の満州事変に至る。この時期に「帝国」の思想が全面的に深化し、「国民国家」を乗り越え、「民族的ナショナリズム」[5]がファシズム成立の土壌となっていった。昭和六年の満州事変から昭和二〇年まで一五年戦争が続き、昭和一二(一九三七)年以降は「立憲」の統御が無化された軍部独裁時代となり「日本型ファシズム」の極限形態が展開したといえる。

「日本型ファシズム」の生成に至る転機は一九三〇年代で、日本の学問の系譜はこの時代に大きく変質する。日本宗教学会(昭和五(一九三〇)年)、日本民族学会(昭和九(一九三四)年、後の日本文化人類学会)、「民間伝承の会」(昭和一〇年、後の日本民俗学会)が成立し、次第に政治的な利用が図られていくことになった。この時代の中心的な学者の一人で、「民族」と「宗教」をキーワードとし「宗教民族学」を提唱した宇野圓空を取り上げて、「日本型ファシズム」と学問の系譜の関係性を考察したい。

二　宇野圓空の評価と位置づけ

宗教民族学の開拓者、修験道研究の先駆者として知られる宇野圓空(一八八五―一九四九)の主な経歴は以下の通りである(表2-1)[6]。宇野の主要著作は『宗教民族学』(岡書院、一九二九年。三版、創文社、一九四九年)、『宗教学』(岩波書店、一九三一年)、『宗教史の史実と理論』(同文館、一九三一年)、『修験道』(東方書院、一九三四年)、『民族精神の宗教面』(佛教時報社、仏教新興叢書第三、一九三五年)、『マライシヤに於ける稲米儀礼』(東洋文庫、一九四一年。再刊・日光書院、一九四四年)、『大東亜の民族と文化』(文部省教学部、一九四二年)、『宗教學通論』(八洲書房、一九四三年。再版・彰考書院、一九四八年)などである。宇野は真宗の寺坊経営の学僧の出身であったが、東京帝国大学で姉崎正治に師事して、マリノフスキー、デュルケムの影響を受け、テクストから実態の研究へ向かった。東京帝国大学では、明治三八(一九〇五)年に宗教学講座が開設され、その最初期の卒業生であった。京都帝国大学大学院で学び、その後に欧

表 2-1　宇野圓空年譜

明治 18(1885)年	11 月 27 日，京都市の西本願寺派専徳寺に生まれる。
明治 40(1907)年	7 月，第三高等学校大学予科第一部卒業。
明治 43(1910)年	7 月，東京帝国大学文科大学哲学科(宗教学専攻)卒業。卒論「平安朝の修験道」。京都帝国大学大学院入学。
明治 45(1912)年	4 月，佛教専門学校(現・佛教大学)教授。
大正 2(1913)年	10 月，京都帝国大学大学院退学。
大正 9(1920)年	フランス・ドイツ・オランダ留学。M. モースや W. シュミットなどに師事。
大正 11(1922)年	5 月，龍谷大学教授。
大正 12(1923)年	ヨーロッパから帰国。
大正 14(1925)年	「宗教人類学の提唱」『宗教研究』 新 2 巻 2 号。東南アジア研究旅行(6～12 月)。
大正 15(1926)年	3 月，龍谷大学教授退職。4 月，東京帝国大学文学部講師。
昭和 2(1927)年	4 月，東京帝国大学助教授。
昭和 4(1929)年	『宗教民族学』(岡書院)刊行。
昭和 5(1930)年	5 月，日本宗教学会設立。創設メンバー。
昭和 8(1933)年	3 月，帝国学士院連合会会議事務嘱託。ベルギーへ学術研究で出張(9 月帰国)。
昭和 9(1934)年	4 月，文学博士学位取得。
昭和 14(1939)年	中国へ出張(7 月～9 月，11 月～12 月)。
昭和 16(1941)年	『マライシヤに於ける稲米儀礼』(東洋文庫)刊行。
昭和 17(1942)年	5 月，帝国学士院恩賜賞を受賞。11 月，東京帝国大学文学部教授。東洋文化研究所所員。
昭和 18(1943)年	3 月，東京大学東洋文化研究所所長(～1946 年)。
昭和 19(1944)年	2 月，帝国学士院解職。
昭和 21(1946)年	10 月，東京帝国大学文学部教授を定年退職。
昭和 22(1947)年	12 月，衆議院常任委員会専門員。
昭和 24(1949)年	1 月 1 日没。64 歳。

州に留学してマルセル・モースやウィルヘルム・シュミットに民族学を学んで大正一二(一九二三)年に帰国し、大正一四(一九二五)年には、「宗教人類学の提唱」(宇野一九二五)を発表した。[7]これはブロス(Bros, 1923)の本の紹介で、タイラーのアニミズム、デュルケムのトーテミズム、シュミットやグレープナーのウイーン学派の文化史の概説で、「宗教人類学」の日本への紹介であった。[8]ただし、ブロスの原文は「民族

学」（L'Ethnologie）で、これ以後は「宗教民族学」を使用し、「民族」に強調点を移して一九三〇年代以降に影響力を広げた。宇野の評価としては、姉崎正治（一八七三―一九四九）が確立した宗教学を、文献研究から現地調査へと展開して、海外との比較や、宗教学・民族学・民俗学の接合に尽力し、併せて宗教学の通論・概論を執筆して体系化に努めたとされる。大正一四（一九二五）年には、東南アジアでの現地調査を行い、後のモノグラフの基礎資料を収集した。

宇野は明治四五（一九一二）年に佛教専門学校（現・佛教大学）教授、大正一一（一九二二）年に龍谷大学教授となる。大正一五（一九二六）年に龍谷大学教授を辞職し、東京帝国大学講師、昭和二（一九二六）年に同助教授、昭和九（一九三四）年に文学博士、昭和一七（一九四二）年に同教授となり『マライシヤに於ける稲米儀礼』で帝国学士院恩賜賞を受け、同大東洋文化研究所教授、一九四三年に所長となる。

林淳は日本の宗教学の成立にあたって、姉崎正治の門下生が、「民族学、社会学、民俗学の理論と方法を宗教研究に導入し、宗教民族学（宇野圓空、赤松智城、古野清人、杉浦健一、棚瀬襄爾）、宗教社会学（小口偉一）、宗教民俗学（原田敏明）を形成した時に、宗教学は実質的なスタートを切った。……これらの学問に共通するのは、理論と調査を併せ持ち、宗教起源や宗教の原初形態への関心を伴っていた点である」（林二〇〇二：四五―四八）とした。そして、「学問の根底には、ナショナルなものへの希求を見てとることは困難ではなかろう。それは柳田民俗学と通底するような、常民の日常性を記述して、その奥にある原始的な宗教性を探究し、人間集団の基底にある共同性を発掘しようとする意識であった。筆者は、仮にこれを「民俗学的ナショナリズム」と呼ぶことにしたい」と述べた。しかし、「民俗学的ナショナリズム」という概念を帝国主義と植民地主義の時代という背景に照合させて検討するならば、それは、「民族的ナショナリズム」とでもいうべきものであったのではないか。これこそが「日本型ファシズム」を展開する基礎となった。宇野圓空や同時代の学者が持ち出した「民族」はナショナリズムと結びつくことで政治との関わりを強めた。宇野の場合は、宗教を通して「民族」を理解するという立場であるが、「大東亜共栄圏」や「アジア」という地域のまとまりが意識され、宗教を共通性の指標としたことで、植民地経営や戦争準備と結びつき、結果的に、軍部による「南進」の運動（矢野一九七五）と結びついた。

三　宇野圓空と同時代の学者たち

宇野圓空と同時代に「宗教人類学」を展開した学者に、赤松智城（一八八六―一九六〇）がいる。宇野は昭和二（一九二七）年に東京帝国大学助教授に就任したが、同年に赤松智城も京城帝国大学助教授に就任した[9]。赤松は京都帝国大学の出身で、インド哲学講座で宗教学と仏教学を講じていた松本文三郎の弟子である。二人は同世代で[10]、マリノフスキー、デュルケムなどの機能主義の人類学を基礎として、テクストから実態調査へと展開した。共に『原始文化叢書』[11]を主導し、共訳の翻訳もある[12]。ただし、赤松の主著『輓近（ばんきん）宗教学説の研究』（同文館、一九二九年）は『宗教民族学』（一九二九年）と同年の刊行であるが忘れ去られた。赤松は、秋葉隆と共に朝鮮や満蒙の宗教の現地調査報告を刊行して質の高い業績を上げたが[13]、昭和一六（一九四一）年に依願免官を申し出て京城から帰国し、郷里の山口に戻り植民地経営とは関わりを断つ。赤松は戦争協力には積極的には関わらず、一九三〇年代以降に展開した「日本型ファシズム」との接合は顕著でない。赤松と入れ替わるようにして、宇野は昭和一七（一九四二）年に東京帝国大学文学部教授となり、植民地研究を意図して設立された東洋文化研究所での仕事も開始した。一九三〇年代から約一〇年間にわたる宇野の「南方」での現地調査やアジアに関する研究書の翻訳は、軍部への知識提供となった。同世代で「大陸」で宗教学や人類学を展開した赤松智城の綿密な学術研究とは対照的で、政府主導の軍事体制や総力戦への協力という御用学問の性格を帯びた。昭和一三（一九三八）年には、企画院が管掌して国策決定の調査研究を行う東亜研究所が設立され、民族誌 ethnography の翻訳を推進して宇野も協力した(14)。昭和一五（一九四〇）年に帝国学士院に東亜諸民族調査室が設置されて宇野は調査主任となり（～一九四四）、東京帝国大学南方研究会会長を務めた。『大東亜の民族と文化』（一九四三年）の編集に関与して「東亜文化の民族学的系統」を寄稿している。太平洋や東南アジアの民族誌の翻訳を推進し、いくつかの訳書に前書を寄せた。現在でも評価が高い民族誌が次々と翻訳されたのは、学者としての目利きによるもので壮観である。

宇野圓空の宗教民族学が「日本型ファシズム」と結びつく契機は「民族」にあった。既に磯前順一が示唆したように（磯前二〇〇八：二八）、宇野は東亜諸民族は「稲作文化と祖先崇拝」という文化的類似性を持つと考え、「民族の類似性」を重視した。この発想の原点は、シュミットの「文化圏」説にあり、同一の文化圏に属する「民族」の同質性を説いたのである。東亜の人々は西欧の一神教とは異なる文化原理を持っており、「稲作文化と祖先崇拝」の現れとしての「日本精神」は各国々や各地域の連携や統合に大きく寄与することができるとした。「日本精神」とは昭和初期に登場した愛国主義・国民主義の言説で、日本社会の同一性を強制的に構築する試みであり（林二〇一〇）、中心的人物の紀平正美（きひらただよし）（一八七四―一九四九）が著した『日本精神』（紀平一九三〇）は大きな影響を与え、植民地主義を肯定し「日本型ファシズム」の言説となって「総力戦体制」を精神的に支えた。宇野は一九三〇年代以降、東亜諸民族には共通の「民族精神」があると説き、「大東亜共栄圏」での「日本精神」の指導的役割を説いた。宇野圓空は『民族精神の宗教面』（一九三五年）などで「宗教」を「民族」の理解の中核にする主張を展開し(15)、東京人類学会編『日本民族』（一九三五年）にも民族学者の松本信廣と共に寄稿している(16)。宇野は宗教学と民族学を結合して「民族的ナショナリズム」の展開に寄与し、結果的に民族政策学に関与して、軍事態勢下での日本の「南進」(18)に協力して「日本型ファシズム」の展開に加担することになった(17)。宇野は弟子の古野清人、杉浦健一、棚瀬襄爾などと共に「南方共栄圏」成立に知的な立場から関与し、植民地政策に協力したのである。

発想の根源は「民族」と「民族精神」、さらには「国民精神」にある。

戦後、宇野に繋がる学問の系譜は政治と分離されて、理論と調査を柱にした宗教民族学は杉浦健一・棚瀬襄爾に引き継がれ、古野清人や佐々木宏幹が宗教人類学を展開した。岡正雄の系譜は石田英一郎や泉靖一による東京大学文化人類学研究室の成立に繋がり、地域研究は岩田慶治の東南アジアのアニミズム論、綾部恒雄のタイ研究やエスニシティ論の成果を生み出した。柳田國男の晩年の稲作や農耕儀礼の研究には、宇野が大きな影響を与えた。

四 「民族的宗教」としての修験道——宇野圓空をめぐって

宇野の宗教民族学は、結果的に自分の学問研究の出発点であった修験道も「民族的宗教」としてとらえ直す道を切り開いた。宇野の東京帝国大学の卒業論文は、「平安朝の修験道」（一九一〇年）で、真言僧で修験道研究者の牛窪弘善の勧めで醍醐寺の教務雑誌『神変』に掲載され、後に増補して『修験道』（東方書院、一九三四年）として刊行された。学問的に修験道を取り上げた最初の仕事といえる。本書の出版社は『明治維新神仏分離史料』全五巻（一九二六―一九二九年）を刊行した出版社と同じく東方書院である。神仏分離の目の仇にされたのが神仏混淆の修験道で、明治五（一八七二）年に「修験宗廃止令」の太政官令が出されて解体された。神仏分離と修験道解体は表裏一体であった。しかし、宇野の一連の言説は一旦は崩壊した修験道が、明治末期から大正初め、一九一〇年代から一九二〇年代にかけて復興を遂げた時代にその動きを支えた。宇野は俗人としての修験者を評価し、修験道を日本古来の精神を伝える「民族化した宗教」「民族的な宗教」という新しい見方でとらえようとした。[19] 林淳は「宇野は、「民族」という視点を導入して、「国民的仏教」として修験道を語りなおした」（林二〇一五：三〇）と述べて、『大正大蔵経』に「修験道章疏」を収録した中野達慧（一八七一―一九三四）や、在俗の俗聖や修験を評価し直した柳田國男（一八七五―一九六二年）と共に、宇野は修験道の再構築に貢献したと評価する。

『修験道』（一九三四年）では「民族」の用語が多用される（以下、傍線筆者）。いくつかの節を以下に掲げる。「修験道の成立は佛教特に密教の観念を中心として頭陀練行の一門を形づくったのであったが、その中には当時の民間信仰となっていた支那思想も含まれて居り、ことにその根底には山岳や森林に関する民族的の信念と儀礼がはたらいていたのである。この意味に於て修験道は表面上全く佛教の一門流でありながら、いちじるしく民族化された佛教であり、その実質に於てはむしろ日本的な宗教的儀礼と認め得るのであって、それが民族的な宗教として自然的に成立したところにその生命があった」（五頁）、鎌倉佛教に先立ち、「これらの新宗派よりもさらに多く民族化されたもの」（六頁）、「修験道が民族的の宗教意識に立脚したことは、また平民的宗教としてひろく民間に普偏せしむる所以でもあった」（六頁）、「修験道は習合思想の結果としての一つの産物であるのみならず、これを実際上に徹底せしめたものでもあり、さらに遡つてはむしろ実修上の要求からこの思想を生み出した一つの運動とも見ることができるのであって、この点でそれは国民的宗教意識の発展の上にすこぶる重大な役目をはたらいたものと云はなければならない」（六頁）、「信仰の淵源となった民族的信仰は、何より山岳及び森林の崇拝であって、修験の自修的儀礼はこの信仰の産物といってもいい位である」（九―一〇頁）、「宗教的な浄穢の観念にもとづいて種々の禁忌祓除の儀礼を行ふことは、実に我が民族的宗教の最も著しい特徴」（九頁）などとある。

まとめると以下のようになろう。修験道は山と森の崇拝という「民族的信仰」を基盤として展開した「日本的な宗教儀礼」「民族化された仏教」で、密教の影響を受けた「習合思想」に基づいて、儀礼・実践を重視した「民族的宗教」である。修験道の中核には「民族精神」があり、それを通して「国民的宗教意識」の発展に大きな役目を果たしたと考えた。

五　「民族」概念の生成と展開

日本における「民族」の用語は翻訳語でナショナリズムの文脈で使われてきた。その用例の初見は、久米邦武編『米欧回覧実記』(一八七八年)で[20]、その後、徳富蘇峰『国民の友』(一八八七年)や三宅雪嶺『真善美日本人』(一八九一年)に「民族」の用語が登場するが、英語のnationの訳語で「政治的結合」の意味合いが強かった[21]。徳富も三宅も右派的な色彩が濃厚である。ナショナリズムの定義をゲルナーによる「政治的単位と文化的(民族的)単位が一致していなければならないとする思想」(ゲルナー二〇〇〇)であるとすれば、日本近代は強い「民族的ナショナリズム」を生み出したといえる。日本は急速な近代化と戦争の時代にあり、日清戦争(一八八四—一八八五年)での勝利後には国際的な「黄禍論」に巻き込まれて激動のさなかにあった。ヨーロッパでは一九世紀にゴビノーの人種不平等論の影響のもと、形質による優劣を論じる「人種論」が隆盛を極めて論議を巻き起こし、森鷗外は黄禍論への反論を行った[22]。日露戦争(一九〇四—一九〇五年)の後、世界情勢に対抗するかのように、「大和民族」の表現が徳富蘇峰『黄人の重荷』(一九〇六年)で使われてナショナリズムの強化や高揚に寄与した。「民族」概念は、日清戦争と日露戦争の間の危機の時代、対外意識が強化された時代にナショナリズムと結びついて普及し、啓蒙主義思想家の言説を通して、「人種」概念との拮抗と混淆の中で、「日本的ナショナリズム」を表わす用語となった。海外植民地は「諸民族」、本土では「単一民族」と認識されて国内の国民意識の高揚が見られ(小熊一九九五)、大日本帝国の版図の広がりによる「皇民化」の進行に伴い、植民地化地域を含めた「多民族」の意識も醸成された。

一方、宇野圓空の「民族」はEthnosが原語であり、「文化的結合」の意味合いが強く、シュミット(Wilhelm Schmidt, 1868-1954)をはじめとするウイーン学派の文化圏説の影響がある[23]。日本での「民族学」という学問領域の確立には、柳田國男と岡正雄（一八九八―一九八二）の編集の『民族』（一九二五―一九二九年）の創刊号に岡正雄がシュミットとコッパースの論文「民族学の目的」を掲載したことの意義が大きい。この場合の「民族」はドイツ語のエトノスEthnosに対応する。(24) 雑誌『民族』の寄稿者は「民族学」「民俗学」「人類学」が混淆し学際的であった。(25) 岡書院は岡正雄の兄の岡茂雄が経営しており当時の学問を支えた意義は大きかった（岡一九七四）。岡正雄は社会の動態への関心が強く、民族集団がその基礎をなすと考えて「民族学」を提唱し、後には「日本文化の基礎構造」の理解へと進む。宇野の『宗教民族学』（一九二九年）、『修験道』（一九三四年）、『民族精神の宗教面』（一九三五年）はこうした研究者相互の交流の中で刊行された。(26)『宗教民族学』は宇野の代表作で、未開民族の農耕儀礼、葬送儀礼、霊魂観などを相互に比較する視点が提示され、日本を外から見るという新しい見方が提示された。「民族的宗教」としての修験道という把握は『宗教民族学』の日本への適用という側面を持っていた。宇野の著作が刊行された一九二〇年代から一九三〇年代にかけて、各々の学問分野が定まり学会として発足する。日本宗教学会は昭和五（一九三〇）年、日本民族学会は昭和九（一九三四）年、民間伝承の会（現日本民俗学会）は昭和一〇（一九三五）年の創立で、民族学と民俗学はこれ以後、徐々に距離を置くようになる。(27) 宇野圓空はこれら総ての学会に関わり、橋渡し的な役割を演じた。「民族」をキーワードにした「修験道」研究は、先駆的業績に留まったが、一九四〇年代に至って本格的な研究が展開するようになる。

『民族』刊行の前後の時代には大きな動きがあった。それは「神仏分離」の概念の確立と「近代神道」の展開である。辻善之助は東京帝国大学の村上専精の指導の下で、大正九（一九二〇）年から大正一五（一九二六）年まで全国で神仏分離に関わる史料や聞書きを蒐集し、『明治維新神仏分離史料』全五巻〔村上・辻・鷲尾編一九二六―一九二九〕として出版し、これによって「神仏分離」の視点が一般的に確立した。(28) 時代思潮の転機は大正九（一九二〇）年の明治神宮創建で、東京に中心となる神社が出現したことで初詣の慣行が民衆の間に定着し、新聞などのメディアや鉄道の発達と連携して神社の大衆化を促して、ナショナリズムを強化した（平山二〇一五）。大きな文化運動の始まりでもあった。大正九年以後の神道界の新しい動きを「近代神道」と名付けてみたい。「近代神道」の確立という時代背景の上に、『宗教民族学』（一九二九年）が刊行され、紀平正美『日本精神』（岩波書店、一九三〇年）が大きな影響を及ぼして「民族的ナショナリズム」が確立し日本型ファシズムを支えることになった。「民族」はネーションとエトノスを混淆させて土着化し、「民族精神」の概念が生み出された。

六　日本型ファシズムと修験道研究——和歌森太郎をめぐって

「日本精神運動」は修験道にも大きな影響を与えた。その定義にあたって「民族」や「民族文化」が説明概念として使用されることが多かった。日本型ファシズムと修験道研究との関わりを、修験道に関する最初の本格的業績である和歌森太郎の『修験道史研究』（和歌森一九四三）で検討する。本書は昭和一八（一九四三）年に刊行され、歴史学の中に修験道を位置づけた先駆的業績として現在でも評価は高い（宮家一九八〇）。しかし、修験道研究で「民族」概念が多く用いられていることの指摘はこれまでなかった。また、なぜ戦時体制下で修験道研究が生まれたかについての考察は皆無である。和歌森の研究の中核には「民族」がありその使用例は以下のようである（以下、傍線筆者）。「表層文化・基層文化に跨るところの文化史は、とりわけてわが民族文化の特性を躍如として表現せしめるものではないかと思われる」（二九六頁）、「一般日本文化によって創成されたところの民族的文化の顕現なのである」「独自性の顕現発揮が中世社会において、最も著しかった」（二九九頁）「修験道のようないわば英雄をもたぬ民族宗教」（三〇〇頁）。「修験道の特色は、実に日本民族のもつ特色と互いに触発し得る関係において意義をもった」（三〇三頁）。「戦時下とみに昂まった日本主義、民族自覚運動の促進につれて、いわゆる登山の中に修験道のもった抖擻性、苦行性を加味させ、敬虔の宗教性を付せしめようとする主張も聞こえてきた」（三〇六頁）。本書は昭和一八（一九四三）年の戦時体制下の情勢を反映し、「日本主義」の高揚による「民族的覚醒」の影響を認めている。苦行性、抖擻（とそう）性、宗教性を三位一体とする修験道は、軍隊と同様に心身鍛錬が高く評価され、武士道に繋がる尚武の道とされた。修験道は「総力戦体制」を支える実践として評価されたが、ここには紀平正美が提唱した「日本精神」の影響が強く及んでいる。

「日本精神」とは紀平正美、高須芳次郎、伊藤証信、安岡正篤、鹿子木員信などによって説かれた。中心人物はヘーゲル研究で知られた哲学者の紀平で、『日本精神』（岩波書店、一九三〇年）、『知と行』（弘文堂書房、一九三六年）などを刊行し、「日本神話や日本に輸入された諸宗教の根底には「日本精神」なる日本人の魂の本質が存在する」と主張した（五来一九七六：五八九、碧海二〇一六：二三二）。その主張は「真に日本の国を愛し、国民主義と国際主義との一致の道によって個人的にも国家的にも益々日本を本当のよい国に生長発展せしめるために命懸けで努力する生きた精神である」とされ、日本社会の同一性を強制的に構築する試みでもあった（林三博二〇一〇）。一九三〇年代以後の「総力戦体制」の時代には、戦争に向けて国民を総動員し、国威発揚のために可能な全ての資源の利用が試みられた。戸坂潤は『日本イデオロギー論』（白揚社、一九三五年）で日本精神という言葉が満州事変（一九三一年）以後に広範に提唱・流行したが、首尾一貫した論理がなく定義できない感情的な論でファシズムの言説であると批判した（戸坂一九七九：二八九—二九〇）。満州事変以後は「ファシズムの急速な台頭」があり、日本主義もその中に位置づけられた。「日本精神主義」は知識人に大きな影響を及ぼしたのである。

戦時下での修験道の再評価には、日本の近代化の過程で学校教育に導入された集団登山の影響がある。昭和一二（一九三七）年に開始された国民精神総動員運動は、国民の心身鍛錬・日本精神涵養を目的とし、鉄道省・文部省・厚生省が徒歩旅行や登山を奨励したので[31]、ツーリズムやスポーツは総力戦体制の一環を構成することになり、修験道への着目もその流れであった。昭和一三(一九三八)年に国民総動員法が公布されると、登山は大日本体育会行軍山岳会の統括下に入り、「戦技」の一つに位置づけられ、行軍の訓練や心身の鍛錬を目的として利用された。登山の目的は身体の鍛錬や精神力の涵養となった(小泉二〇一五：二〇三)。精神面では昭和一二(一九三七)年に文部省から大部数で刊行された『国体の本義』(一九三七年)の影響が大きかった。

和歌森の修験道研究は宇野圓空の見解を踏襲したが、宇野が「民族精神」や「国民精神」など「精神」を強調したのに対して、「文化」をキーワードにしている。民族文化を「表層文化」と「基層文化」に二分するドイツの民俗学者ハンス・ナウマン(一八八六―一九五一)の説に基づき(Naumann, 1922)[32]、修験道を「表層文化」と「基層文化」の接点としての「民族宗教」として把握する。ただし、ナウマンはファシズムへの傾倒で知られており、その文化的影響が浸透している。

和歌森太郎『修験道史研究』と同年に出版された村上俊雄『修験道の発達』(村上一九四三)は、真言密教の枠組みに修験道を位置づけた先駆的業績である。村上俊雄(後に豊隆、一九〇六―)の師は宇野圓空であり、序文に「民族的宗教としての修験道」は「国産の宗教として、そこには日本人の民族的精神が豊かに働いている」(村上一九四三：四―五)と述べその流れを忠実に受け継いだ。村上は真言宗の僧侶で、昭和五(一九三〇)年に東京帝国大学を卒業、文学部副手を経て、文部省宗務局の事務嘱託と宗務行政を担当して宗教・文教行政にあたり、昭和一七(一九四二)年六月に陸軍司令官、ジャワ軍政監部で宗教行政を担当した(大澤二〇一五：三二四―三二五)[33]。宇野圓空の理論の現地での実践的展開を行ったのである[34]。こうした動きの中核にあったのが国際仏教協会(一九三四年成立)で、南方仏教の民族学的研究を戦略目的から考察して実践への応用を試みた(大澤二〇一五：七六―八七)。宇野圓空もその中核にいた。

七　日本精神主義と国民精神文化研究所

修験道関係の研究書の出版に関しては、時局との相関が注目される。戦時体制下の昭和一八（一九四三）年に、なぜ和歌森太郎や村上俊雄の学術書の同時出版が可能であったのか。[35] 前者は一五〇〇部、後者は二〇〇〇部印刷されている。戦後に修験道の歴史を考察した村山修一の処女作『神仏習合と日本文化』（弘文堂書房・教養文庫、一九四二年）の刊行も同時期であった。[36] 戦時下における紙の優先配給が修験道関連図書に対して行われた理由は、「日本精神」を鼓舞するのに修験道が最適と考えられたからであろう。修験道に限らず、民俗学の重要な著作である柳田國男『日本の祭』（弘文堂、一九四二年）[37]は五〇〇〇部、松平斉光『祭』（日光書院、一九四三年）二〇〇〇部が同時期に発刊されている。[38] この時期、松平斉光が主宰した祭礼研究会（東京帝国大学図書館研究室内）の雑誌『おまつり』一号—二一号（一九四一—一九四四年）の刊行が継続していた。他方、宇野は日本軍の南方進出地域の民族誌の翻訳と監修を続行し、昭和一九（一九四四）年には代表作の『宗教民族学』（八洲書房）と『マライシヤに於ける稲米儀礼』（日光書院）が再刊された。畝傍（うねび）書房、八洲（やしま）書房、日光書院などの出版社名には「日本精神」の影響が色濃く見られる。畝傍書房は棚瀬襄爾『民族宗教の研究』（一九四一年）、西角井正慶『神楽歌研究』（一九四一年）、河野省三『日本精神』（一九四二年）、山田孝雄『国学の本義』（一九四二年）、『修験道の発達』（一九四三年）など民族・民俗・神道関連の本を多く刊行した。畝傍書房は文部省直轄の国策で設立された国民精神文化研究所関係の紀要や図書を出版し、潤沢な資金があったと推定される。修験道研究や民間信仰研究は、「日本精神」を鼓舞し国民統合や民族意識の覚醒をもたらすとされた。宇野圓空が『宗教民族学』で展開した「宗教」による「民族」の理解は、戦時体制下では「日本民族」の「民族精神」「国民精神」の覚醒に利用され、[39]「総力戦体制」に相応しい学問とされたのである。「精神」がキーワードとして登場し、「日本精神」の言説はその展開であった。後に修験道研究に携わる五来重は、「日本精神」を説く紀平正美の大学での「ヘーゲル哲学講義」に魅了され大きな影響を受けた（五来一九七六：五八九。碧海二〇一六：二三二）。当時の同期の学生には、後に民間信仰研究で業績をあげて柳田國男の娘聟になった堀一郎（一九一〇―一九七四）がいた。(40)

国民精神文化研究所（一九三二―一九四五）は、文部省の管轄で、調査・研究・出版を通して、日本精神や国民精神の言説を生産する拠点であった。「日本精神」を説いた紀平正美も所員となって研究を続行した。本研究所は文部省が学者を動員して作成した『国体の本義』（文部省編一九三七）の編纂でも中核的役割を担った。(41)記紀神話から始まる日本の歴史の継続性の長さを誇り、国体維持の重要性を強調し「国民精神」の涵養を説いた。『国体の本義』の発行部数は桁違いに多く、昭和一六（一九四一）年の六刷で六三万部に達し、大衆宣伝に使われたことを物語っている。出版文化は政府中枢部の主義・主張を大衆に広くいきわたらせる点で効果的であった。堀一郎は一九三九年から国民精神文化研究所に入り、紀平の部下として働いて、(42)その影響で「国民精神」を高揚させる著書(43)や海外の民族論を書いている。(44)日中戦争（一九三七年）以後、国民精神総動員運動が発令され（一九三七年八月）、広く民衆の中に浸透する言説を生産する場として国民精神文化研究所の役割は重要であった。神社の祭りや寺院の法要にその影響が広く及んだ。

日本型ファシズムの出発点を日韓併合（一九一〇年）と考えれば、精神史の観点から見ると、一〇年ごとに段階的変化を遂げてきたと考えることができよう。①一九一〇年日韓併合、②一九二〇年明治神宮創建、③一九三〇年『日本精神』刊行、④一九四〇年紀元二六〇〇年祭である。(45)日本のナショナリズムは段階的に強化され急進的になった。修験道が政治的に利用されたのはその最終段階であり、日本型ファシズムの到達点において、民衆の精神を統合するために修験道の活用が試みられたと見るべきであろう。国家による心身の管理と規律化がその根幹であった。

修験道研究に関しては、「日本固有のもの」(変わらないもの)がその中で継続してきたという連続性を想定する言説が多く語られてきた。神仏分離によって解体された修験道をノスタルジックに見る視点があり、歴史的再構成による復元がこの傾向を助長した。そこには残存(survival)を救い出す(salvage)という関心が強い。「日本的なるもの」の言説の根拠はどこにあるのか。修験道研究に絡めて「民族宗教」「民族文化」「基層文化」の概念が使用されたことには、時代精神の影響が大きい。。

八　修験道研究の確立とナショナリズム――堀一郎・五来重・宮家準

戦後になって、国民精神文化研究所は解体されたが、その関係者から戦後の山岳信仰研究は始まった。山岳信仰研究会が組織され、活動の成果は山岳信仰叢書として、大場磐雄『日本における山岳信仰の考古学的考察』(一九五八年)、堀一郎『日本における山岳信仰の原初形態』(一九五九年)、宮地直一『山岳信仰と神社』(一九五九年)、肥後和男『日本における山岳信仰の歴史』(一九五九年)として神社新報社から出版された。戦前との連続性が維持されている。中心となった堀一郎は、『民間信仰』(一九五一年)や『我が国民間信仰史の研究』(一九五三年)で研究の集大成を行ったが、「民族宗教」は使用せず、「民間信仰」を多用して宗教民俗学を展開した。堀一郎はエリアーデ(Mircea Eliade)やベラー(Robert Neelly Bellah)などの見解を取り入れ宗教学による理解へと向かった。堀一郎の著作の英訳は folk religion であり(Hori, 1983)、「民俗宗教」概念を普及させた。

山岳信仰研究は、戦前に東京帝国大学宗教学研究室の岸本英夫の修行論に始まり、戦後は堀一郎の民間信仰論、柳川啓一の講集団研究、宮家準の修験道儀礼や民俗宗教論、櫻井徳太郎の講集団や巫女研究、宮田登の講集団や信仰圏研究などに展開した。一九七〇年代には、宮家準が『修験道儀礼の研究』(宮家一九七一)を刊行し、その後も、儀礼・思想・組織・地域的展開などの総合的な修験道研究を展開し、修験道は独自の研究対象を持つ学問分野となった。『山岳宗教史研究叢書』全一八巻(名著出版、一九七五―一九八四年)の刊行、日本山岳修験学会(一九八〇年成立。一九八四年以後全国組織)の成立など、資料の蓄積と学会ネットワーク構築が、研究の隆盛をもたらした。修験道や山岳信仰の研究は「民族的ナショナリム」に基づく「日本型ファシズム」の系譜を忘却の彼方に封じ込めたのである。

他方、五来重は、戦前から仏教と民俗の習合に注目し、仏教民俗学から修験道研究に展開した。五来は東京帝国大学で堀一郎と同期であった。インド哲学と仏教学を学んだが、教理的仏教への反感と、宗派を問わずに展開する民俗仏教への共感を基礎に、独自の「仏教民俗」「庶民仏教」論を構築し、修験道研究はその延長上に生まれた。仏教は固有信仰、固有文化に寛大な宗教で、「民俗は上衣だけ仏教にきがえて、そっくりそのまま現代までのこることができた」「仏教民俗は上衣をとって見さえすれば、貴重な民俗資料となる」(五来二〇〇七a：一二)と説く。仏教民俗を調べれば日本の「民族文化」がわかるという主張であった。仏教が地域の民衆に受容される際には「民族宗教」との習合と同時に「民俗化」が行われなければならないという(五来二〇〇七b：一二六)。五来は柳田國男の影響を強く受けた本質主義者であったが、仏教を排除した「固有信仰」論の構築は非現実的だとして、生きた仏教の現場の状況を重視して、その根底にある「民族宗教」を析出しようとした。紀平の影響は残るが民衆の生き方に共感した。注目したいのは、「民族文化」「民族」の用語が戦後に至るまで継続して使用されてきたことである。(46)

和歌森は戦後は歴史学から民俗学へ、修験道から民俗一般へ、「民族文化」から「基層文化」へと関心を移行し、民俗学は「民族の基層文化の性質と本質を究明する学問」(47)とした。和歌森の弟子の櫻井徳太郎も、初期の

『講集団成立過程の研究』（一九六二年）では、研究対象を「日本民族の宗教信仰史・精神思想史」とし（櫻井一九九八：一〇）、「地域共同体に住む土着住民の間に成立し育成された日常的な庶民信仰」の解明を試みた。当初は「民間信仰」の用語を好んで使用し、後にシャーマニズム研究に没入した。固有信仰とは何かと問うのではなく、日本文化の「基層」と「表層」の中間の「習合」領域を「民俗宗教」としてその解明を目指した。「民族」は常に意識の中核にあった。櫻井徳太郎、五来重、村山修一などの学説には戦後も「民族」の用語が組み込まれ、日本文化の根源には変わらないものがあるという信念は維持されてきた。戦前の「民族的ナショナリズム」は、戦後も「民俗学」「宗教民俗学」「宗教思想史」の底流に残り続けてきた。

一方、宮家準は「民俗宗教」folk religionを中心に考える。宗教学の概念である「創唱宗教」founder religionと「自然宗教」natural religionを対峙させることから出発し、前者は成立宗教化して「世界宗教」world religionへ、後者は成立宗教化して「民族宗教」ethnic religionへ移行する。この動態の内部において「民間信仰」folk beliefと「習合宗教」syncretic religionが複雑に混淆する領域として「民俗宗教」folk religionを措定する。中核は担い手論で、「民間信仰」は常民、「習合宗教」は民間宗教者を担い手とする。常民と民間宗教者が複雑に交錯する場としての「民俗宗教」が研究の主眼となり、修験道研究もその中に含められた。宇野圓空以来の「民族宗教」論は変質して消滅し、「民族宗教」(48)は「世界宗教」とは対極の位置に置かれる宗教学の概念として使用されている（宮家一九九四：二八―二九）。他方で修験道を「民俗宗教」（民間信仰と習合宗教の混在）として把握する視点が確立し、宗教学の枠組みの中での修験道の理解が可能になった。ただし、そこには「成立宗教」established religionとしての修験道への関心が中核にある。ここにおいて戦前の「日本型ファシズム」の残滓は乗り越えられ、客観性に基づく修験道研究が学問領域として確立したかに見える。しかし、修験道研究の中に日本固有の習俗や思考、世界観が残っているという見解は、根強く底流として生きており、姿を変えた「民族的ナショナリズム」は修験道研究を介してその命脈を受け継いでいると考えられる。

（1）　文部省が国体護持の考え方から、神話と古典に依拠して、国史の諸過程を「肇国の精神の顕現」として把握し、「国民精神」を高揚させる意図があった。昭和一六（一九四一）年には『臣民の道』（文部省編一九四一）を刊行し、家族国家観に基づき、〈天皇への帰一〉と〈滅私奉公〉による国家への奉仕を説いた。戦後、『国体の本義』と『臣民の道』はGHQにより発禁とされた。

（2）「国防目的達成」のため、全ての「人的」および「物的資源」を「統制運用する」大幅な権限を政府に与えた。日中戦争の拡大によって定められた戦時法規である。

（3）　ナショナリズム生成には、志賀重昂や内藤湖南が大きな役割を果たした。日清戦争の最中の明治二七（一八九四）年に政教社から志賀重昂『日本風景論』（志賀一八九四）が刊行されて一世を風靡した。内藤湖南は、明治二三（一八九〇）年、志賀の推薦で『三河新聞』に入り、明治二四（一八九一）年に政教社の『日本人』（後に『亜細亜』と改名）の記者となり、明治三六（一九〇三）年に満州視察の後に対露戦主戦論を展開し、明治四〇（一九〇七）年京都大学文学部講師となり東洋史を講じ、明治四二年に教授となった。

（4）　丸山真男の「超国家主義」はこの歴史的文脈でとらえ返すことが可能である（丸山一九六四）。

（5）　ハンナ・アーレント（一九七二―一九七四）はファシズム成立には「民族的ナショナリズム」が基盤になったと考えた。

（6）「宇野圓空年譜」（森鹿三・伊藤幹治一九七八、三九三―三九四）による。宇野への追悼文（棚瀬一九四八：八一―九三）も参照。

（7）　民族学の定義と歴史、研究対象、隣接科学との関係、事実の観察、説明、比較、分類について発生論的に説明する。

（8）　全京秀は宗教人類学の先駆的業績は、赤松智城「宗教起源論の主要問題」『藝文』二巻七号、一九一一年であると指摘して再評価を求めている（全二〇〇八）。宗教人類学から宗教民族学へという問題提起は重要である。

（9）　講座開講は一九二六年である。赤松は後に京城帝国大学教授、「宗教学・宗教史」講座の主任教授となる。詳細は（全二〇〇五）。

（10）　西欧への留学に際して、一緒の船に乗り合わせていた。後に京大で文化史学を展開した西田直二郎も同じ船であった。

(11)　ハートランド『原始民族の宗教と呪術』(一九二七年)、ハッドン『呪術と呪物崇拝』(一九二七年)、リヴァース『原始文化伝播説』(一九二八年)、マレット『先霊観――原始の超自然観』(一九三〇年)など初期の人類学者の著作を若手に翻訳させて、岡書院から刊行した。宇野圓空、赤松智城の本や論文の学説紹介のもとになった本である。

(12)　エミル・ブートルー『現代哲学に於ける科学と宗教』(博文館、一九一九年)、シー・エッチ・トーイ『宗教史概論　上巻』(博文館、一九二二年)が宇野との共訳で刊行されている。

(13)　秋葉隆と共編で『朝鮮巫俗の研究』(大阪屋號書店、一九三八年)、『満蒙の民族と宗教』(大阪屋號書店、一九四一年)を刊行した。ほかの単著に『現代の宗教哲学』(玉川大学出版部、一九三〇年)、『宗教史方法論』(共立社、一九三二年)などがある。

(14)　宇野は『スマトラの民族』(東亜研究所、一九四三―一九四四年)を杉浦健一と共訳で出し、宇野の弟子の棚瀬襄爾は『比律賓の民族』(東亜研究所、一九四三年)を翻訳している。ヒットラー『我が闘争』(一九四二年)も同所で翻訳出版された。

(15)　全京秀は、赤松智城の研究を「民族」を「宗教」理解の手段とする「宗教人類学」として評価し、戦争協力と一線を画したとする。宇野の「宗教民族学」とは異なるという立場である(全二〇〇八：一二一)。

(16)　東南アジア大陸部では慶應義塾大学の松本信廣も同様な役割を果たした。慶應義塾大学東亜事情研究会編『東亜事情論文集』一九三七年を参照。戦時期の民族学(文化人類学)と政策との関わりについては中生(二〇一六)参照。

(17)　宇野とは別の南方への系統は、台湾研究に関わった移川子之蔵である。移川は一九一九年日本の大学で初めての人類学の講義を慶應義塾大学で開講し、ほぼ九年間継続した。移川は『民族』終刊の直前、一九二八年に台湾に渡り、台北帝国大学土俗・人種学教室の初代教授となる。教室名には、形質人類学＝Anthropology、土俗学＝Ethnography、Ethnology＝人種学という当時の分類名称が使用され、「民族学」は使用されなかった。馬淵東一が移川の依頼で高砂族(原住民)研究を展開した。

(18)　東京帝国大学卒業年は、古野清人は一九二六年、杉浦健一は一九三一年、棚瀬襄爾は一九三四年で、ちなみに宗教民俗学の原田敏明は一九二七年、宗教社会学の小口偉一は一九三五年の卒業である。

(19)　林淳は西津軽深浦の醍醐派の修験寺院、円覚寺の住職、海浦義観も大きな役割を果たしたと指摘する。海浦は修験道の史料を収集して一八八一年に五十余巻として醍醐三宝院に納めたが関心が示されなかったので、一八九一年には『修験宗叢書』と命名した写本を東京帝国大学図書館に納めた。一九〇八年に醍醐寺内に聖役協会を設立し一九〇九年から『神変』を刊行し、一九二一年から修験研究社(静岡)より刊行された『修験研究』の編集の中核を担った。柳田はこの雑誌の購読者であった。

(20)　久米は人種と民族を一回ずつ使用した。これに先立つ福澤諭吉『文明論之概略』(一八七五年)ではJ・S・ミル『代議政治論』(一八六一年)に依拠し、Nationality を「国体」とし、「種族」も使用するが、「民族」は使用されていない。

(21) 日本亡命中の梁啓超が「民族」の用語を知り中国で広めたのは、一八九九年とされ(横山一九八九：二六五)、この頃は「民族」は一般的な用法であったと推定される。その後、大正時代の思想家、阿部次郎は『人格主義』(岩波書店、一九二二年)で「民族的教養」「民族的自覚」の用語を使用している(阿部一九六一：四二九)。

(22) 森鷗外『人種哲学梗概』『黄禍論梗概』(一九〇四年。一九〇三年に講演)では人種 Rasse と種族を使って論じている。ただし、人種と民族は混同されることが多く、柳田國男『青年と学問』(一九二五年)でも異民族＝黒人としている。

(23) 宇野はウイーンで文化層説を説いた民族学者のシュミットに師事し、岡正雄のドイツ留学でも紹介の労をとったという。なお、文化圏学派については本書第1章二節に詳しい。

(24) ドイツ語のフォルク Volk の単数形を「我民族」、複数形の Völker を「多くの民族」の訳語とし、Volkskunde は「民族学」と翻訳された。Ethnologie の「民族学」とはニュアンスが異なる。

(25) 考古学・歴史学・民族学・民俗学・社会学などの学者が寄稿し、編集委員は石田幹之助、田辺寿利、有賀喜左衛門、奥平武彦、岡正雄で、実質的な担い手は折口信夫、伊波普猷、金田一京助、中山太郎、早川孝太郎、宇野圓空、秋葉隆、松本信廣など。外部の執筆者は浜田耕作、鳥居龍蔵、白鳥庫吉、喜田貞吉、山田孝雄、新村出、東條操、清野謙次、松村瞭、ニコライ・ネフスキー、シルヴァン・レヴィ等であった。伊波普猷「南島古代の葬儀」『民族』二巻五号(一九二六年)、岡正雄「異人その他」『民族』三巻六号(一九二八年)、折口信夫「常世及び『マレビト』」四巻二号(一九二九年)が掲載された。

(26) 一九三〇年、三田綱町の澁澤敬三邸での新築落成披露で、愛知県本郷町中在家の花祭が招かれ、「民間学」の人々が総出で見学している。一九三五年に宇野圓空は澁澤敬三と来日中のシュミットと共に花祭を現地で見学した(鈴木二〇一〇：一七四)。

(27) 柳田國男は雑誌『民族』とは次第に距離を置いた。岡正雄との確執や折口信夫のマレビト論への反発があった。ただし、当時の柳田は民族学を「エスノロジーの民俗学」と表現し、民俗学と民族学は未分化で「民俗学とフオクロアの二つの学問の対立は……」「郷土研究の将来」(一九三一年)などと使用し、後に単行本『国史と民俗学』(一九四四年)に収録したときに訂正した。民俗学＝フォークロアは、『民間伝承論』(一九三四年)、『郷土生活の研究法』(一九三五年)で確立し、統一調査項目による全国的調査〈山村調査〉(一九三四―一九三六年)がこれを確実にした。

(28) 「神仏分離」の用語の初見は、修多羅亮延の「神仏分離と神官僧侶」『仏教史学』二巻一号(明治四五(一九一二)年)で、本論文は『神仏分離史料』上巻（東方書院、一八九六年）に再録された。神仏分離と修験道解体に関しては、別稿（鈴木二〇一八）を参照されたい。

（29）刊行年は一九四二年とする文献が散見されるが、昭和一八（一九四三）年一月が正しい。

（30）引用頁は一九七二年に再刊された平凡社版（東洋文庫）で表示する。

（31）一九三〇年代にイギリスのボーイスカウト運動からはハイキングが、ドイツからはワンダーフォーゲルが「市民精神」の涵養を目指す政策として導入され、徒歩旅行がブームになり、ユースホステルが整備されて、大衆文化としての登山が公権力に利用されることになった（高岡一九九三：一七―二三）。導入は政府主導で行われ、登山も娯楽から鍛錬へと移行した。

（32）五来重も「基層文化」を多用する。相互の影響が推定される。ファシズムと民俗学との関わりは河野（二〇〇五）に詳しい。

（33）最終的には、東亜研究所からの派遣者で構成された軍政監部総務部調査室（主査は柘植秀臣）の主査附となった。

（34）明治三九（一九〇六）年生まれ。戦後は徳島大学、神戸大学、神戸女子大学教授を歴任した。

（35）「国家総動員法」「電力管理法」（一九三八年）、「国民徴用令」「米穀配給統制法」「賃金統制令」「地代家賃統制令」（一九三九年）、「生活必需物資統制令」「農業生産統制令」（一九四一年）、「食糧管理法」「日本銀行法」（一九四二年）などが発令され、軍需省が統制にあたり、民需産業の整理統合、民営企業の統制の強化が進み、国家優先の時代となった。繊維産業や出版産業も厳しい統制下に入り、パルプの輸入は中止、国内のパルプは弾丸など軍需用に回され、書籍用には供給されなくなった。

（36）戦後には、『神仏習合思潮』（平楽寺書店、一九五七年）、『山伏の歴史』（塙書房、一九七〇年）などを刊行した。

（37）昭和一六（一九四一）年六月二六日からの東京帝国大学全学教養部主催の教養特殊講義での講演に基づく。理系学生が多かったという。同年七月五日には、神社精神文化研究所例会で「神道と民俗学」を講演している。

（38）戦後の柳田國男『先祖の話』（筑摩書房、一九四六年）、松平斉光『祭―本質と諸相』（日光書院、一九四六年）はこの延長線上にあり、戦前と戦後の連続性を見ることができる。

（39）国民精神の用語は、大正大震災後に発令された「国民精神作興に関する詔書」（一九二三年一一月一〇日）にさかのぼる。第一次大戦後の個人主義や民主主義の風潮、社会主義の台頭に対処し、関東大震災後の社会的混乱鎮静のために出された。

（40）文部省の諮問機関、学生思想問題調査委員会によって、「学生生徒左傾」への対策として「我が国体、国民精神の原理を闡明し、国民文化を発揚し、外来思想を批判し、マルキシズムに対抗するに足る理論体系の建設を目的とする、有力なる研究機関を設くる」べきことが答申され、これに基づいて設立された。

(41)　一九三五年発表の天皇機関説問題への反論として、政府は〈国体明徴〉声明を行い国体論の教材として文部省が編纂した。「日本とはどのような国であるか」と提起し、「万世一系」が冒頭に説かれる。国文学者の志田延義が編集の中心という。

(42)　昭和一四(一九三九)年から二松学舎専門学校教授、同年文部省国民精神文化研究所助手となる。

(43)　『日本仏教史論』(目黒書店、一九四〇年)、『日本上代文化と仏教』(法蔵館、一九四〇年)の評価に関しては、松岡秀明「日本仏教と国民精神――初期堀一郎の文化史学批判序説」『東京大学宗教学年報』二七号、二〇一〇年を参照。

(44)　『印度民族論』(アジア問題研究所、一九四〇年、戦争文化叢書)。『東亜宗教の課題』(増田福太郎との共著、国民精神文化研究所、大東亜文化建設研究、一九四二年)。増田は『台湾の宗教――農村を中心とする宗教研究』(一九三九年)で知られる。

(45)　神武天皇の西暦紀元前六六〇年の即位を起点として換算した。皇紀二六〇〇年とも言う。この年、夏季に東京オリンピック、冬季に札幌でのオリンピックが予定され、万国博覧会も開催予定であったが、戦争激化のため一九三八年に中止となった。

(46)　農村社会学の有賀喜左衛門も「民族的性格」の用語を使用している。

(47)　和歌森太郎は「民俗文化」を説明して(和歌森一九七二：七一五)、「基層文化」と定義する。民俗学は「エトノス」(ethnos)の解明を目的とすると述べたこともあった。

(48)　民族宗教 ethnic religion は民族や特定の共同体を基盤として外部には広がらない宗教で、インドのヒンドゥー教、日本の神道、ユダヤ教を典型とする。ただし、ヒンドゥー教は特定の民族を基盤とせず民族概念は曖昧である。世界宗教は民族や国家や共同体の枠組みを超えて全世界に広まったキリスト教、イスラーム教、仏教等で、普遍宗教・創唱宗教ともいう。世界宗教の概念は一九世紀前半のドイツのカトリック神学者、J・S・ドライの Welt Religion が始まりで、C・P・ティーレが『宗教史概論』(一八七六年)で英訳して普及した(鈴木二〇一四)。G・メンシングは世界宗教と民族宗教は伝播の範囲の広狭にとどまらず、構造的差異があり、民族宗教は共同体の幸福や安定を願い、世界宗教は個人の救済、苦難の克服が目的となるとし、民族宗教から世界宗教への移行は歴史的必然と考えた(メンシング一九八三)。

参考文献

阿部次郎　一九六一「日本的人格」(初出一九二二)『阿部次郎全集』六巻、岩波書店。
アーレント、ハンナ　一九七二―一九七四(一九五一)『全体主義の起源』Ⅰ～Ⅲ、みすず書房。

磯前順一　二〇〇八「〈日本の宗教学〉再考」『季刊　日本思想史』七二号、ぺりかん社。
宇野圓空　一九二五「宗教人類学の提唱」『宗教研究』新二巻二号。
宇野圓空　一九二九『宗教民族学』岡書院。
碧海寿広　二〇一六「五来重――仏教民俗学と庶民信仰の探究」オリオン・クランタウ編『戦後歴史学と日本仏教』法藏館。
大澤広嗣　二〇一五『戦時下の日本仏教と南方地域』法藏館。
岡茂雄　一九七四『本屋風情』平凡社。
小熊英二　一九九五『単一民族神話の起源――「日本人」の自画像の系譜』新曜社。
河野眞　二〇〇五『ドイツ民俗学とファシズム』創土社。
紀平正美　一九三〇『日本精神』岩波書店。
ゲルナー、アーネスト　二〇〇〇（一九八三）『民族とナショナリズム』岩波書店。
五来重　一九七六「堀一郎博士の日本仏教史研究」『堀一郎全集』第一巻、未来社。
五来重　「仏教と民俗学」二〇〇七ａ（一九五二）『日本仏教民俗学の構築』法藏館
五来重　「日本仏教の民俗性」二〇〇七ｂ（一九六一）『日本仏教民俗学の構築』法藏館。
小泉武栄　二〇一五（二〇〇一）『登山と日本人』角川ソフィア文庫。
櫻井徳太郎　一九九八「講集団成立過程の研究」（一九六二）『講集団の研究』吉川弘文館。
志賀重昂　一八九四『日本風景論』政教社。
鈴木正崇　二〇一〇「『澁澤民間学』の生成――澁澤敬三と奥三河」『国際常民文化研究機構年報』神奈川大学国際常民文化研究機構、一号。
鈴木正崇　二〇一四「民族宗教」国立民族学博物館編『世界民族百科事典』丸善出版。
鈴木正崇　二〇一八「明治維新と修験道」『宗教研究』九二巻二号。
全京秀　二〇〇五「赤松智城の学問世界に関する一考察」『韓国朝鮮の文化と社会』四号。
全京秀　二〇〇八「『宗教人類学』と『宗教民族学』の成立過程――赤松智城の学史的意義についての比較検討」『季刊　日本思想史』七二号、ぺりかん社。
高岡裕之　一九九三「観光・厚生・旅行」赤澤史朗・北河賢三編『文化とファシズム』日本経済評論社。

棚瀬襄爾　一九四八「宗教民族学者としての宇野圓空先生」『民族学研究』一三巻四号。
戸坂潤　一九七九（一九三五）「日本イデオロギー論」『戸坂潤全集』第二巻、勁草書房。
中生勝美　二〇一六『近代日本の人類学史――帝国と植民地の記憶』風響社。
林淳　二〇〇二「近代日本における仏教学と宗教学――大学制度の問題として」『宗教研究』七六巻二号。
林淳　二〇一五「修験道研究の前夜」時枝務・長谷川賢二・林淳編『修験道史入門』岩田書院。
林三博　二〇一〇「日本精神主義の盛衰――戦前日本における捩れた思想言語の条件」『ソシオロゴス』三四号。
坂野潤治　二〇一七『帝国と立憲――日中戦争はなぜ防げなかったのか』筑摩書房。
平山昇　二〇一五『初詣の社会史――鉄道が生んだ娯楽とナショナリズム』東京大学出版会。
丸山真男　一九六四『現代政治の思想と行動』未来社
宮家準　一九七一『修験道儀礼の研究』春秋社。
宮家準　一九八〇「和歌森太郎教授の修験道・山岳宗教研究」『修験道史の研究』（和歌森太郎著作集二）弘文堂。
宮家準　一九九四『日本の民俗宗教』講談社（講談社学術文庫）。初出は『宗教民俗学』（東京大学出版会、一九八九年）。
村上俊雄　一九四三『修験道の発達』畝傍書房（再刊。名著出版、一九七八年）。
村上専精・辻善之助・鷲尾順敬編　一九二六―一九二九『明治維新神仏分離史料』上巻（一九二六）、中巻（一九二六）、下巻（一九二七）、続編上巻（一九二八）、続編下巻（一九二九）、東方書院。
メンシング、グスタフ　一九八三（一九五九）『宗教とは何か――現象形式・構造類型・生の法則』法政大学出版局。
森鹿三・伊藤幹治　一九七八『内藤湖南・宇野圓空』（日本民俗文化大系一一）講談社。
文部省編　一九三七『国体の本義』文部省。
文部省編　一九四一『臣民の道』文部省教学局。
矢野暢　一九七五『「南進」の系譜』中央公論社（中公新書）。
山口定　二〇〇六（一九七九）『ファシズム』岩波書店（岩波現代文庫）。
横山廣子　一九八九「多民族国家への道程」宇野重昭編『静かな社会変動』（岩波講座　現代中国　第三巻）岩波書店。
和歌森太郎　一九四三『修験道史研究』河出書房（再刊。東洋文庫、平凡社、一九七二年）。
和歌森太郎　一九七二「民俗文化」大塚民俗学会編『民俗学事典』弘文堂。

Bros, Albert Marie, 1923 *L'Ethnologie religieuse. Introduction à l'étude comparée des religions primitives*. Paris: Bloud & Gay.

Hori Ichiro, 1983 *Folk religion in Japan: continuity and change* / edited by Joseph M. Kitagawa and Alan L. Miller, Chicago: University of Chicago Press.

Naumann, Hans, 1922 *Grundzüge der Deutsche Volkskunde*, Leipzig, Quelle & Meyer.

第3章　大川周明のスーフィズムへの傾倒

臼杵　陽

一　大川周明の転換点としての「一九一三年夏」

大川周明（一八八六（明治一九）年一二月六日―一九五七（昭和三二）年一二月二四日）は山形県酒田市で生まれた。大川は超国家主義者として、北一輝、満川亀太郎らともに一九一九年に猶存社を設立したことで広く知られている。とりわけ、戦後、大川は東京裁判（極東国際軍事裁判）においてA級戦犯に指名されたものの、精神に異常をきたし、被告から外れることになった。いまだに大川の狂気は偽装ではないのかという疑念がささやかれている状況がある（ヤッフェ二〇一五）。

大川の経歴を簡単に振り返ると、東京帝国大学を卒業後、後藤新平・初代満鉄総裁の推薦によって一九一八年に満鉄に入社し、東亜経済調査局に勤務した。大川は同時に拓殖大学教授も務めた。大川は後に同調査局を満鉄から独立させ、東亜経済調査局局長に就任した。さらに、東亜経済調査局付属研究所（いわゆる「大川塾」）を立ち上げて、若い世代の育成にも心血を注いだ。一九二六年に東京帝国大学法学部に博士論文「特許植民会社制度研究」を提出し、吉野作造がその審査に当たった。

大川はもっぱら右翼思想家として知られているが、同時に帝大時代からイスラームについても尋常ならぬ関心を抱いていた。私自身は大川のイスラーム研究について著書『大川周明――イスラームと天皇のはざまで』（青土社、二〇一〇年）を上梓したことがあるが、本章ではむしろファシズム期を生きた、青年期および老年期の大川にとってイスラームとは何だったのかを改めて検討してみたい。

そもそも、先に挙げた拙著で展開した議論の主眼は、大川自身のイスラームに対する関心自体が変化していることに注目し、それが何を意味するかを考察したことであった。大川は一九二二年に出版した『復興亜細亜の諸問題』の「序」において「宗教と政治とに間一髪なきマホメットの信仰に、いたく心惹かれしも、亦実に此頃のことであった」（大川周明全集刊行会一九六二a：六）と記している。「此頃」とは、ヘンリー・J・S・コットン著『新インド』という運命的な著作に神田の古本屋で遭遇した一九一三年夏のことだった。この書籍はインドの凄惨な現実を描いていたのである。

しかし、それ以前の学生時代の大川が関心をもっていたイスラームとは、実は「一九一三年夏」に邂逅したイスラームとは別のイスラームであった。大川のイスラームへの関心の出発点には「神秘的マホメット教」という論文タイトルからも窺うことのできる「イスラーム神秘主義」（スーフィズム）があったのである。

ところが、大川は一九一〇年五月、「白川龍太郎」というペンネームで書いた「神秘的マホメット教」の論考を執筆して以降、その後スーフィズムについて語ったり書いたりすることはなく、活字では何も残していない。太平洋戦争勃発時に出版した名著だと誉れ高い『回教概論』でも、どういうわけだか、スーフィズムは章として設けられていない。ただし、『大川周明全集』に所収の『宗教論』と題する未定稿において、大川は「第六　回教に於ける神秘主義」を執筆するつもりだったようではあるが、その章名が一枚の原稿用紙に記されているだけで原稿としては残っていないのである。全集の編集委員会は「第六は起稿されず原稿全く欠如」と注記している。しかし、大川は「神人合一」をめざすスーフィズムへの思いを、晩年になって預言者ムハンマドへの関心とともに、蘇らせることになるのである。

以上のように学生時代のみならず、敗戦後の晩年において再び青年期に回帰するように蘇ったスーフィズムへの関心は、「一九一三年夏」から敗戦までの期間と比較すると途絶えているかに見える。というのも、大川自身が「一九一三年夏」以降、アジアが植民地化されたのは、内面的・個人的生活と外面的・社会的生活の分離が生じてしまったからだと考えるようになったからである。アジアの民衆、とりわけインドの人びとは出世間的な生活をあまりに慕う心のために、内面的・精神的自由の体得によって達成される平等一如の精神的原理を外面的・社会的生活に実現する努力を怠った、と大川はみなし、その考え方を内面的・個人的生活から外面的・社会的生活への力点の移行といったように革命的に転換させたのである。

大川は「一九一三年夏」以後、個人的生活と社会的生活との両者を統一するという理想を実現するために現実政治に深く関わるようになった。その文脈において「宗教と政治とに間一髪なきマホメットの信仰に、いたく心惹かれ」るようになったと述懐するのである。すなわち、「宗教と政治の一致する(政教一致)」イスラームに心惹かれるようになり、そのため、内面を重視するスーフィズムは大川の関心から遠ざけられてしまったかにみえるのである。

「一九一三年夏」から太平洋戦争の敗北に至るまで大川が辿った道は、内面的・個人的生活と外面的・社会的生活が統一された理想としての「道」を求めて、天皇と国民とが「君民一体」となった道義国家の実現のための国家改造運動に誠心をもって尽くすことであった。その当時の大川の理想はあくまで、個人と国家が一体化する英雄的な指導者像であり、イスラームは政教一致の理想を実現している以上、事実上、この時期の大川のイスラーム観からは内面的・個人的生活の問題は捨象されてしまっていたのである。

二　大川周明のキリスト教への関心

さて、大川周明が成人を迎えるのは、大日本帝国が日露戦争においてロシアに戦勝した約一年半後の一九〇六年末である。大川が帝大を卒業するのは病気療養もあって若干遅れて一九一一年になる。大川はその当時はどちらかというとスーフィズム的なイスラームへの関心に傾き、道会雑誌『道』の編集に携わりながら、ムハンマド伝やスーフィズムに関する論考を寄稿していた。

大川は一九一一(明治四四)年に東京帝大を卒業して二十代後半には陸軍参謀本部でドイツ語の翻訳のアルバイトをしながら、東大の図書館に通ってイスラームの研究に没頭していた。また、大川は学生時代から「道会」に関係していた。「道会」とは、その前身である「日本教会」の松村介石(一八五九―一九三九)が一九〇七年に設立した儒教的キリスト教を標榜した新宗教の団体である。老荘思想や王陽明の思想などを融合し、その信条としては信神、修徳、愛隣、永生の四か条を掲げた。大川はこの道会雑誌『道』の編集において中心的役割を担っており、ペンネームを変えて毎号のように論考を執筆していた。

松村介石は、植村正久、内村鑑三、田村直臣とともに、キリスト教界の「四村」と呼ばれたりもした。松村は欧米出身のキリスト教宣教師を批判して、欧米のキリスト教の制度・儀礼・教義を伴わない「純粋」で「霊的」なイエスの宗教そのものを取り入れて、キリスト教を日本に「土着」させるためには日本的なかたちをとる必要があると考えた。したがって、松村は、イエス・キリストに対する「他力依存」はキリスト教徒としての人生の始まりにすぎず、真正の信仰には自力行使も必要だと結論づけていた。松村の自力への道のキーワードが自己修養であり、自己鍛錬であったのである。

大川が、大学時代にこのような儒学的キリスト教の道会に魅了されたのは、大川は旧制荘内中学時代にキリスト教に触れ、漢籍の講読を通して宋学的素養も豊かであったためだと思われる。ただし、大川自身は松村に対する尊敬の念はほとんど語っておらず、むしろ道会を通じて知り合った東北学院大学設立者でキリスト者の押川方義や海軍大将の八代六郎などに「抱一無離の宗教人」の理想像を認めたのである。

キリスト教との遭遇についていえば、大川は旧制中学時代に鶴岡にあるカトリック教会に通っていたことを挙げることができるだろう。ただ、その目的はもっぱらフランス出身の神父からフランス語を学ぶためだった。大川がその後進学した旧制高等学校は熊本の五高であった。周知のように、熊本は日本におけるキリスト教布教の拠点の一つでもあった。熊本バンドは、札幌バンド、横浜バンドとともに明治期プロテスタントの源流の一つとなったグループで、熊本洋学校のアメリカ人教師Ｌ・Ｌ・ジェーンズの影響で多くの入信者を生み出した。大川が熊本バンドに憧れたのは、大川の尊敬する横井小楠の出身の地であり、また小楠の長男である横井時雄が熊本バンドの設立メンバーの一人であったからであろう。大川自身は『安楽の門』の中において次のように述懐している。

「私は中学校を卒へてから熊本の第五高等学校に入学した。明治日本のプロテスタント教の発展は……西では明治九年、熊本郊外花岡山に会して一身を基督教に献げることを盟ひ、次で挙つて新島譲の同志社に来り投じた横井・金森・宮川・海老名・小崎の諸氏に負へるものであるから、熊本は基督教と因縁最も深い土地である。五高には、花岡山に因んで花陵会と呼ぶ基督教信者の団体があり、私は花陵会員の数人と親しく交

はつた。」（大川周明全集刊行会一九六一：七七四）

大川自身は熊本バンドについては好意的に記しているので、熊本バンドの存在こそが、大川が熊本で学ぶ動機になったと推測することもできるのである。

大川は五高から東京帝大に進学してからは、フリードリヒ・マックス・ミュラー（一八二三―一九〇〇）の下に留学した高楠順次郎（一八六六―一九四五）教授にサンスクリット語の教えを受けることになった。卒論ではナーガールジュナ（龍樹）を取り上げたということであるが、残念ながら、この卒論は現存しないようである。いずれにせよ、大川はこの時期、マックス・ミュラーのようにインド世界からヘレニズム世界にわたって比較宗教学的な観点から幅広い関心を持っていた。

三　論考「神秘的マホメット教」とマックス・ミュラーの講演録

前述のとおり、「神秘的マホメット教」という論考が一九一〇年五月、「白川龍太郎」のペンネームで道会雑誌『道』に掲載された。大川が二三歳のときに執筆したことになる。この論考は以下のように締め括られる。

「スウフィズムは殆ど基督教と云ふを妨げず。少くとも、プラトー及新プラトー哲学を基礎とせる精神的基督教と同一の信仰を有す。スウフィズム信者自身は決してこの断定を拒まざる可し。彼等は常に耶蘇を至高のオーソリティーと呼び、新約の言語を自在に使用し、旧約の神話を借用す。若し今日に於て而く相敵視する基督教と回々教（殊に前者が后者に対する態度は偏狭且つ厳酷を極むると雖）とが他日手を握るの時ありとせば、スウフィズムこそ両者相会し相知り相助くる最良なる共通の地盤たる可し。（主としてマクスミュラーに拠る）」（白川一九一〇：一五）

白川というペンネームで執筆しながら、最後の丸括弧に括られて「主としてマクスミュラーに拠る」と付記されている部分が疑問を投げかけることになった。大川が自らの研究の下で執筆しているのであれば、この一節は余計である。結論をいえば、この論考自体が「白川龍太郎」の名前で執筆されたという形式をとっているが、マックス・ミュラーの講演の抄訳であったのである。私自身は、臼杵陽「青年期・大川周明のスーフィズム理解――論文「神秘的マホメット教」をめぐって」（『日本女子大学文学部紀要』第六三号、二〇一四年、八五―一一二頁）において、この点に関して英文原文との比較対照を作成することによって詳細に論じて、次のように総括した。

「大川の「神秘的マホメット教」の論考に関して、結論を先取りすれば、同論考はマックス・ミュラーの講義録の全面的な翻案であるということになる。……大川のスーフィズム論はマックス・ミュラーの講義の抄訳であり、翻訳部分はほぼ逐語訳であると断定することができる」（臼杵二〇一四：八六）。

マックス・ミュラーによるスーフィズムに関する講義を所収している講義録の書名が『神智学あるいは心の宗教（*Theosophy or Psychological Religion*）』（Müller, 1917）である。この講義録のタイトルの中に「神智学（Theosophy）」という用語が含まれているので、若き日の大川周明も神智学に強い関心を持つことになったと考えられる。大川はこの講義録の第一一回講義「スーフィズム Sufism（ママ）」に全面的に依拠して、その抄訳として「神秘的マホメット教」を執筆したのである。

ただし、ここで注意しなければならないことは次の点である。すなわち、晩年のマックス・ミュラーは「神智学」という用語を使用することによってブラヴァツキー夫人らの「神智協会」などの東西の融合といった「神智学」と同一視されて誤解されることを強く危惧していた。マックス・ミュラーは本来の初期キリスト教的な神智学への回帰を主張して次のように述べる。若干長くなるが、そのまま引用する。

「ギフォード講義の私の最後のコースのタイトルとして、元々選択した『心の宗教』というタイトルに私がなぜ『神智学』を付け加えたかの理由をおそらく説明しなければならないだろう。人間精神の到達しうる最高の神の概念の表現として初期キリスト教思想家の間でよく知られていた、(神智学という)この聖なる名称は、最近ひどく悪用されるようになってしまったので、それを適切な使用法に引き戻す絶好の機会だと私には思えたのである。心霊叩音(spirit rappings)、テーブル回転(table turnings)、あるいはその他のオカルト科学や黒魔術(black arts)を信じるという嫌疑をかけられることなしに、人は自らを神智学者(theosophist)と呼びうるのだということが、はっきりと認識されるべきなのである。」(丸括弧内は引用者による)(Müller, 1917：xvi)

大川自身はその後、マックス・ミュラーが辿った道を追体験するかのように遍歴することになるのである。すなわち、ウパニシャッド哲学(あるいはヴェーダーンタ哲学)を含めた古代インド哲学、神秘主義一般、そして神秘学あるいはルドルフ・シュタイナー(一八六一―一九二五)の神智学への興味、そして最終的にはスーフィズムに関心を持ったと思われるのである。大川は晩年の回想録『安楽の門』において、自分の学生の頃に琴線に触れた宗教学者の著作として、フリードリヒ・シュライエルマッハー(一七六八―一八三四)とともに、マックス・ミュラーの名前をも挙げているからである。

また、大川はマックス・ミュラーを通じて神智学にも関心を持っていたことは先ほど指摘したが、そのような神智学徒の周辺にいた知識人の求道者の一人がフランスの思想家ポール・リシャール（一八七四―一九六七）であった。リシャールが大川に大きな影響を与えたことはよく知られている。大川は一九一九年二月から約一年間、リシャールと起居をともにした。また、リシャールの著作を三冊ほど翻訳している。大川とポール・リシャール夫妻との関係については吉永がその論考において大川と同夫妻との出会いの文脈で明らかにしている（吉永二〇〇八）。

マックス・ミュラーの講義は、古代インド哲学から始まり、プラトン（新プラトン主義）、スーフィズムを経て、ギリシア哲学の「ロゴス」を介してキリスト教に流れ込むという構成をとっている。この講義ではキリスト教が中心に据えられているものの、宗教史学的な知見に基づく系譜論的な壮大な学問体系を構築している。彼は次のように指摘する。「これらの講義は全体のシリーズの鍵となる結論を含んでおり、最初から私の最終的な目的となっている。これらは心の宗教と人の宗教という二つの柱を支えるアーチの土台を意味しており、この二つを未来の宗教という神殿の真の門として統合したいからである。これらの講義は純粋に歴史的観点から、キリスト教はたんなるユダヤ教の継承あるいは改革ではなく、とりわけその神学あるいは神智学の観点から、セム的思想およびアーリア的思想の総合であり、心の必要なもののみならず、理性の必要とするものをも満たす真の力あるいは知力を表わしていることを示すことなのである」（Müller, 1917 : ix）。

四　マックス・ミュラーのスーフィズム講義

以上のような講義録全体の構成を前提として、マックス・ミュラーの第一一講義「スーフィズム」の概要を簡単に述べておきたい。

この「スーフィズム」講義は次の全一五節から構成されている。すなわち、①宗教、すなわち神人関係のシステム(Religion, System of Relations between Man and God)、②スーフィズムとその起源(Sufism, its Origin)、③スーフィー教義の要約(Abstract of Sufi Doctrines)、④最初期スーフィーのラービヤ(Rabia, the Earliest Sufi)、⑤スーフィズムと初期キリスト教との連関(Connection of Sufism with Early Christianity)、⑥スーフィズム創設者のアブー・サイード・アブルハイル(Abu Said Abul Cheir, Founder of Sufism)、⑦アブー・ヤシードとジュナイド(Abu Yasid and Junaid)、⑧スーフィー、ファキール、そしてダルウィーシュ(Sufi, Fakir, Darwish)、⑨禁欲主義(Asceticism)、⑩メスネヴィ(The Mesnevi)、⑪ムハンマドの見解(Mohammed's Opinion)、⑫四つの段階(The Four Stages)、⑬スーフィズムの詩的言語(The Poetical Language of Sufism)、⑭スーフィズムの徳性(Morality of Sufism)、⑮スーフィー詩人からの抜粋(Extracts from Sufi Poets)。

このうち⑩に関しては、現代のイスラーム研究者の間では一般的には「マスナヴィー」と呼ばれており、「民族の歴史や英雄伝、恋愛物語の叙述、神秘主義的・倫理的主張の表現に適したイラン独自の詩形」という電子版『岩波イスラーム辞典』の説明で十分であろうが、その代表的な作品として一三世紀のルーミーの神秘主義詩「精神的マスナヴィー」が著名なのである。

ところで、大川は、その論考「神秘的マホメット教」においては、マックス・ミュラーがスーフィズムに関する講義において「ヴェーダーンタ哲学の二つの学派」の内容を受ける節として設けた「①宗教、すなわち神人関係のシステム(Religion, System of Relations between Man and God)」の翻訳をすべて省略していることは強調しておきたい。

マックス・ミュラーのスーフィズム講義全体の中において、大川がもっぱら関心をもって本講義から抜粋しているのは②〜⑪である。逆に、ページ数からいえば量的に全体の三分の一に相当する。⑫以下については、最後の結論部分を除いてはまったく触れていない。換言すれば、⑮などのスーフィー詩人の具体的作品についてはは②〜⑪において紹介されている詩を訳出しているのみなのである。大川の関心はもっぱら具体的なスーフィー像であり、ラービヤ、アブー・サイード・アブルハイル、ルーミーなどの紹介部分を重点的に訳出しているのみである。また、系譜論的には新プラトン主義からのキリスト教神秘主義や禁欲主義などのスーフィズムの諸要因など、マックス・ミュラーの議論の骨子を示す部分を重視して訳している。

青年期の大川と晩年期の大川が関心をもったのがスーフィズム的なイスラームであったが、時期的にはその中間に当たる政治活動に従事した時期に関心を持ったイスラームはむしろ公的な側面の強いイスラームであった。一般的にはイスラームのこの両面を「イスラームの二つの顔」といって説明される。

この「イスラームの二つの顔」というのは、井筒俊彦の論文による分類に従っている（井筒一九八〇）。すなわち、一つはシャリーア（イスラーム法）による統治を重視するイスラーム共同体（ウンマ）的なイスラーム（井筒はウンマが成立するメディナ時代の現世主義に対応するとし、スンナ派的、あるいはアラブ的とも呼んでいる）である。もう一つは、個人の内面を重視するスーフィー的あるいはシーア派的（あるいはペルシア的、イラン的）なイスラームである。個人の内面を重視するスーフィズムの場合、聖者（ワリー）を介してアッラーとの神秘的合一を体験することにより、個人の内面的統一を探求することになる。

もちろん、この二つの顔をもつイスラームは相互補完関係にあり一体ではあるが、一般にはイスラームのイメージとして、超越的で全知全能の絶対者であるアッラーの前にすべて服従し、厳しい戒律を遵守する律法的な側面の方がイスラームの一般的なイメージとしてよく取り上げられる。もちろん、井筒俊彦がイランから帰国して以降は状況が変わっていったともいうことができる。

二十代前半の時期までと戦後の時期とを除いて、大川は「内面的・個人的」なイスラームに関しては自ら直接言及することはほとんどなかった。しかし、敗戦後、東京裁判中に乱心して白日夢で預言者ムハンマドと会見したことを契機に、コーランの翻訳と預言者ムハンマドの伝記執筆を通じて「内面的・個人的」なイスラームへの回帰がなされたと考えられるのである。

大川の「内面的・個人的」なイスラームへの回帰については、前嶋信次（一九〇三―八三）の書簡からも窺い知ることができる。前嶋は戦後、慶應義塾大学教授としてイスラーム文化史における先駆的仕事を残した日本のイスラーム研究の誇るべき先達であり、一九四〇年春から敗戦まで東亜経済調査局回教班で大川の下で働いていた。前嶋は、大川が一九五一年に出版した精神的自伝『安楽の門』を謹呈され、その返礼として昭和二六年一〇月二四日付の大川宛の書簡の中において、大川訳のコーランについて、とりわけ大川とコーランとの深い縁故に注目して、次のように言及している。

「全巻に亘つて啓蒙をうくる点多き中にも、先づ心を惹かるるは古蘭と先生との深き縁故で御座います。マホメツトもアラーの啓示を受け初むる前しばらくの間は、恍惚たる心境に入る時多かりし由聞き及びましたが、先生も愈々訳筆を下さるる前に殆ど同じ様な御経験を味はれし様に思はれます。神意一度びジャバル・ヌール〔アラビア語で「光の山」の意味〕の洞窟〔メッカ近郊にある預言者が啓示を受けたヒラーという名の洞窟〕に下ってより千数百年、戦火に洗はれし東京にまたかくの如き奇蹟の起こりし事は畢竟古蘭が千古不磨〔永久に変わらない〕の真理をふくむが故に、時来れば雷霆〔激しい雷〕の如く鳴りひびいて達人の心を打つものかと愚考致して居ります。」（大川周明関係文書刊行会一九九八：七七七）

この内容は公開されることを前提としていない前嶋の大川宛の個人的な書簡である。大川をムハンマドと並べて、預言者と同じような神秘的な体験を大川は味わった、と前嶋は最大の賛辞を与えている。預言者ムハンマドが「完全な人間」のモデルであるとするならば、それに連なる聖者としてのスーフィーのファナー（アッラーとの合一）と同じ体験を大川がしたと指摘していることになる。戦災で荒涼とした焼け野原となった東京でムハンマドと同じような奇跡が起こったことは、「古蘭が千古不磨の真理をふくむが故に、時来れば雷霆の如く鳴りひびいて達人の心を打つ」ものであると前嶋は記している。このことはスーフィズム的ファナー体験がなければ理解できないことである。何故このような賛辞になったのか？　少なくとも前嶋が日頃から大川をスーフィー的な資質をもつ達人とみなしていたと推測することは許されよう。

実際、大川自身もまた「〔コーラン〕の伝ふるところの精神は略ぼ之を領会するを得たり」と『古蘭』の「はしがき」で述べており、その訳業の完成に際し、「私を加護してくださる見えざる力に篤い感謝を献げ」ているのである。

五　預言者ムハンマドとの「会見」と「始祖中心の宗教」

大川周明は晩年の精神的自伝『安楽の門』において「私が乱心中の白日夢で屢々マホメットと会見し、そのために古蘭に対する興味が強くよみがえつた」（大川周明全集刊行会一九六一：七四〇）と非日常的な体験を淡々と語っている。大川は第二次世界大戦後の晩年に改めてクルアーンを『古蘭』という邦題の下に翻訳し、さらに『マホメット伝』を執筆するなどイスラーム研究に没頭したが、通奏低音のように生涯一貫して流れている関心がムハンマドその人であった。大川のイスラーム理解の特徴は、預言者ムハンマドその人に傾倒することを通じてイスラームの核心に迫るというアプローチだったのである。

大川が預言者ムハンマドと「会見」したという体験に関連して興味深いのが、晩年に執筆した未定稿『宗教論』において教祖論を語っていることである。その中で大川は、仏教、キリスト教、イスラーム、そして儒教を「始祖中心の宗教」と位置づけて比較しており、仏教およびキリスト教に対してイスラームと儒教を類似のものとして分類している点である。大川の晩年の宗教認識を示すものであるので、若干長くなるが引用してみよう。

「始祖中心の宗教のうち最も著しいのは言ふまでもなく仏教及び基督教で、回教及び儒教を之に加へて差支ない。但し前両者〔仏教・キリスト教〕に於ては、教祖が直ちに神として崇拝せらるるに対し、後二者〔イスラーム・儒教〕に於ては神使又は仲介者として尊敬せらるるに止まる相違がある。詳しく言へば、前者〔仏教・キリスト教〕に於ては、万有の本源たり信仰の対象たる神は、世界を超絶しては居るけれど、一個の人格の中に、神性が単に其の一部でなく、その全部が完全に表現されてゐるのが其の教祖であると信ずるが故に、教祖は単に尊敬すべき人間たるに止まらず、崇拝すべき神である。之を崇拝することによつて、神の力が吾等の上に加はり、その救済に与ることが出来る。然るに回教及び儒教に於ては、教祖は飽く迄も人間で、理想的人格として尊敬するけれど、決して神と同位に置かれることはない。此の一事は、わけても回教に於て厳重に禁ぜられて居る。」（大川周明全集刊行会一九六二b：三三七―三三八）。

大川はイスラームと儒教の教祖に共通性を見出し、それを「理想的人格」という大川流の表現を用いて示している。また、大川は教祖中心の宗教の特徴を、教祖の人格または神性に関する研究が熱心に行われるとして以下のようにまとめる。なお、イスラームに関しては教祖の「人格」に関する記録である言行録のハディース（大川は「聖伝」と呼んでいる)が重要視されると考えている。

「但し其の何れにせよ、教祖中心の宗教は、教祖を以て人間の極致とし、その生涯を以て完全なる行為の規範とする。教祖の如くあることが信者の理想であり、信者の採るべき最高の道は、この崇高なる理想のために生き、教祖に現れたる神を信じ、教祖のうちに見出したる新しき生命の真実なることを、現実の生活の上に立証することである。かくて此の宗教に於ては、教祖の人格又は神性に関する研究が熱心に行はれる。仏教に於ける仏身論、基督教における基督論、回教における聖伝は、此等の宗教に於ける教祖崇拝が、如何に強きかを示す最もよき証拠である。」(大川周明全集刊行会一九六二b：三三八)

敗戦後、大川がクルアーンの翻訳に注いだ情熱といい、預言者ムハンマド伝の執筆を通して預言者と自己同一化することといい、大川の「理想的人格」つまり「完全な人間」である教祖の預言者ムハンマドを通したスーフィズム的な体験を抜きにしては大川のイスラームへの回帰を理解できないであろう。

六　大川周明に見る「神人合一」と「アジアの一如」

宗教と道徳の間の断絶、つまり、神と人との間に断絶を認めたがらない傾向が大川にはあるが、その傾向は大川自身が三四歳のときに出版した『宗教原理講話』(一九二一年)における表現にすでに現れている。すなわち、「自己以外若くは自己以上の生命の存在を自覚して、自身の上に之を実現せんとの要求……これが取りも直さず宗教的要求である。……宗教的生活に於て、此の超個人的生命は神と云ふ名前を与へられて居る。従つて、宗教的要求は神人合一の要求であると云ふ事が出来る。即ち神と一致せる生命に対する要求、神の完たきが如く完たからむとする要求である。」(大川周明全集刊行会一九六二b：三四九―三五〇)

宗教的要求は「神人合一」の要求であるという考え方である。晩年の大川が達した宗教観を語る際にしばしば引用されるのが『安楽の門』の以下の一節であるが、このような考え方は大川がすでに青年期から抱いていたものであった。

「形相は様々であつても、結局宗教とは自己の生命の本原に還ることである。自己の生命は、父母から祖先、祖先から国祖、国祖から全人類の祖、全人類の祖から宇宙万有の親にさかのぼつて、遂に最後の生命の本原に帰一する。本原は一でなければならぬ。一でなければ本原でない。それ故宇宙は一生命であり、その唯一無二の生命が万物に周流して居るとせねばならぬ。」(大川周明全集刊行会一九六一：八六一)

自ら信仰の対象とする人をまず何よりも父母から始めるところに大川の宗教観の特異性が現れている。個人の内面から家族、社会、国家を経て宇宙まで拡大しつつ無限に抱擁してしまう宗教観＝世界観こそが「ファシズム的」であり、個人の自由を国家によって統制する全体主義的なメカニズムを提供するものである。大川が「日本的ファシスト」のイデオローグとして断罪される根拠となっている。

大川は「道徳的基礎として、価値においてわれわれよりも優れているものに対して我々が抱く感情である「帰依」、「敬畏」、「尊信」があ」り、それは子供が親に対してもつ感情でもあると指摘する。また「自分の生命の本原に対して我々が自然にもっている所の感情が尊敬帰依の情である。父母は我々の生命の源であるが故に、我々が父母に対して敬畏の情を抱き、この情が取りも直さず儒教の「敬」という道徳の基準である。そしてこの一面だけを特に抽象して、これを一個の体系としたのが宗教である」とも述べている。少なくとも大川の中では道徳も宗教も彼の価値規範の中で系統だっているのである。

大川の系統性は宋学における「修身斉家治国平天下」的な秩序観にある。大川は人間とは何かを問い続け、人間は精神において人間であるという固定観念を自身に内在させる。精神の最高表現形態が宗教であるから宗教学を学ぶ。そして大川は普遍的宗教にあこがれるからこそイスラームと結びつくと説明する。

大川の「アジアの一如」の理念からすれば、この理念に悖るものに対する批判の矛先は日本人であっても、アジア人であってもまったく同じである。そこに大川のアジア論の特徴があるが、同時に彼のアジア論が現実遊離へと向かっていく必然性をも内在化しているともいえる。実際、大川のインドへの一方的な思い入れは「インドのネルーと中国の蔣介石との関係の緊密化」により反日攻勢というかたちで裏切られていく。中国・インド・日本の「三国」による大東亜共栄圏構想の破綻が大川の思想家としての悲劇であった。

中国との戦争も一向に解決の兆しが見えない中で、大川は中国の激しい抵抗の現実に直面して、その認識を次第に改めていった。『亜細亜建設者』の「序」（一九四〇年一二月に執筆）において「孫〔文〕・蔣〔介石〕両者の功罪を正しく認識することは、相手にすべき者と相手にすべからざる者とを誤らぬためだけでも、東亜新秩序建設の重大なる準備の一である。唯だ予は東亜を以て亜細亜のうちの特殊の地域となし、之を別個に研究の対象たらしむべきものと考へ、暫く東亜を除外して亜細亜という文字を使用した」（大川周明全集刊行会一九六二a：二五三）と述べているように、大川の中国認識に変化があったと受け止めることができる。

これは第一次世界大戦後、「政教一致」というイスラームへの思い入れに対して、スルタン＝カリフ制の廃止というトルコ革命の現実の中で次第に認識を改めていったことと軌を一にする。大川の思想家としての「誠実さ」はこの点に見出せる。ただし、ここで述べられている大川の表現に従えば、彼は東アジアだけをアジアのうちの「特殊の地域」、つまり、戦争継続という状況下で日本の利害関係が直接関わっている地域とみなし、それ以外のアジア、すなわちイスラーム圏のアジア、つまり蘭領インドネシアや英領マレーといった地域、ひいては西アジアといったような地域の戦略面での相対的な重要性の低さを示唆するような表現も使っている。結論的には、大川の「東洋」の議論の中では積極的な役割を果たすイスラームはすでに後退してしまっている。トルコとともに彼が最も期待していた英領インドの独立が第二次世界大戦後、インド・パキスタン分離独立に至ったという歴史的現実は、彼のアジア主義構想の最終的破綻とみなすことができ、彼のイスラーム認識のあり方が躓きとなったことを図らずも示している。もちろん、戦後の大川はこの点については沈黙を保っている。

七　おわりに――大川周明と井筒俊彦の接点とパレスチナの指導者

太平洋戦争期の大川周明のアジア論は、大東亜共栄圏における日本の指導的地位を前提として組み立てられており、帝国日本のイデオローグとしての彼の役割は別として、『新東洋精神』の記述に見受けられる発想は戦後の「日本文化論」にも通じる側面ももっている。A級戦犯に指名された大川の議論が戦後顧みられることはなく、敗戦という現実を前にすれば当然のことである。しかし、以下の引用文において大川が「日本精神」と呼んでいる表現を「日本文化」と置き換えて読みかえると、「東洋の綜合的精神」といったような表現は意外にも戦後しばしば指摘された加藤周一の「雑種文化論」のような日本文化論と通底する問題提起になっている。

「日本精神の数ある特徴の中、その最も著しきものは綜合の精神、統一の精神、包容の精神であります。己れを失はずして他を採り入れ、古きを失はずして新しきを採り入れ、すべての思想文化を具体的なる日本国民の生活の上に、それぞれの意義と価値とを発揮させて来た日本精神は、東洋の綜合的精神の生きた姿であります。此の精神によって日本はすべて東洋の善きもの、貴きものを摂取し、その本国に於ては単に偉大なる過去の影となり果てたものでも、日本に於ては現に溌剌たる生命をもって躍動して居るのであります。」（大川周明全集刊行会一九六二ａ：九七八）

大川は日本は西洋的なるものを過度に受容し、西洋崇拝ともいえる精神的状況すらもきちんと認識できなくなってしまっているほど西洋に毒されているという危機感をもっているが故に、逆に極端な反西洋的スタンスを取るという議論の仕方をしている。だからこそ、結果的に日本的＝東洋的（＝アジア的）なるものが強調されることになってくる。しかし、この論点は大川が岡倉天心から継承した矛盾でもある。

丸山眞男による岡倉天心に関する矛盾の指摘の表現を借りれば次のようになる。「アジアないし日本は「調和」と「不二一元」という理想の名において内部的対立を否認されながら、他方で対外的にヨーロッパとはまさに「芸術」対「科学」の名において象徴的に対置され、たんなるジャンルの区別にとどまらぬ範疇的な対立関係へと駆り立てられることになる。むろん、天心は後年ファシストたちが担ぎ上げた『大東亜新秩序の予言者』という祭壇から『名誉恢復』されて然るべきであり、またそれは大して困難なことではない。にもかかわらず、東洋の内在的発展の論理が右のような近代ヨーロッパとの対抗の図式に結びついたとき、天心の使命観は彼が意識すると否とを問わず、ある致命的な個所でルビコン河を渡っていたのである。」（丸山一九九八：四〇二）

丸山はファシストの一人に「バタ臭い」大川を加えているが、少なくとも大川の著作を見る限り、大川が天心を「大東亜新秩序の予言者」の祭壇に祀りあげたとは思えない。大川にとって天心は学生時代からアジア主義の師であり、そのとき以来、天心の思想は血肉化しているからである。大川も岡倉同様に「名誉恢復」されてしかるべきときが来たのかもしれない。

大川周明の「新東洋精神」は、東亜経済調査局でアラビア語の資料整理をしていたイスラーム学者の井筒俊彦（一九一四―九三）の「精神的東洋」の思想の中にも生き延びている。井筒は「精神的東洋」を次のように位置づける。すなわち、明治以来、一途に欧化の道を驀進してきた我々日本人の場合、その意識――少なくとも意識表層――は、もはや後にはひけないほど西洋化している。ほとんどそれと自覚することなしに、我々は西洋的思考で物事を考える習慣を身につけてしまっている、と。以上を前提にして、井筒は次のように述べる。

「我々現代の日本人の実存そのもののなかに、意識の表層と深層とを二つの軸として、西洋と東洋とが微妙な形で混交し融合しているということだ。／思えば古来、日本人は歴史的に、いつもこのようなパターンで自己の文化を形成してきたのではないだろうか。「和魂洋才」とは、まことに言い得て妙。漢と西との実質的違いこそあれ、結局は同じ一つの文化パターンである。」（井筒一九九一：四一四―四一五）

井筒が「ことさらに東と西とを比較しなくとも、現代に生きる日本人が、東洋哲学的主題を取り上げて、それを現代的意義の地平において考究しさえすれば、もうそれだけで既に東西思想の出会いが実存的体験の場で生起し、東西的視点の交錯、つまりは一種の東西比較哲学がひとりでに成立してしまうのだ」と述べるとき、井筒は、岡倉天心の「アジアは一つ」を「日本はアジアを表している」という大川の解釈で継承している。

最後に、大川周明と同時代を生きたパレスチナ民族運動におけるイスラーム的指導者として知られているハーッジ・ムハンマド・アミーン・アル・フサイニー al-Hajj Muhammad Amin al-Husayni（一八九五―一九七四。以下、ハーッジ・アミーンと略記）について触れて本章を閉じたい。彼はイギリスによるパレスチナ委任統治期から一九四八年のイスラエル建国を経て一九七四年にベイルートで没するまで、パレスチナ民族運動を率いた政治指導者であった。ハーッジ・アミーンは、彼の甥にあたる故ヤースィル・アラファートＰＬＯ（パレスチナ解放機構）議長（一九二九―二〇〇四）よりも古い世代に属していたため、ＰＬＯ登場以前の政治指導者として最近まで忘れ去られてしまっていた存在といってもよかった。ところが、二〇〇一年九月一一日にニューヨークおよびワシントンで起こった「同時多発テロ事件」（九・一一事件）以降、ハーッジ・アミーンが突如注目を浴びることになった。イラン革命後の一九八〇年代以降、イスラーム世界におけるイスラーム主義運動の高揚に伴って欧米諸国では「イスラームの脅威」論が声高に語られるようになって、九・一一事件後には「イスラーム・テロリズム」の危険性が喧伝されるようになったからである。ハーッジ・アミーンはその「イスラーム・テロリズム」の代表格として「復活」したのである。

二〇一七年一二月にドナルド・トランプ米大統領が在イスラエル米大使館をテル・アヴィヴからエルサレムに移転する決定を行ったことを契機にして、パレスチナ問題あるいはパレスチナ／イスラエル紛争の公正な解決に向けての出口がいよいよ見えない状況になった。これまでも、シリア内戦を契機にシリア難民が大量にヨーロッパに流れ込んで、アラブあるいはムスリムに関係する事件が欧米社会で問題視されるのもやむをえない面もあるともいえる。ハーッジ・アミーンは欧米社会において席巻し始めた新たな反ユダヤ主義とイスラモフォビア（イスラーム嫌い）の広がりという問題とに関連づけられて改めて注目されるようになったのである。以上を背景として、ハーッジ・アミーンがナチスと協力したという事実が歴史的文脈抜きで取り上げられ、彼が「イスラーム・テロリズム」の歴史的な意味でのプロトタイプとして否定的な評価を伴って語られ始めてしまうことになったのである。なお、ハーッジ・アミーンについては臼杵（二〇一二）と臼杵（二〇一三）を参照にされたい。

大川とハーッジ・アミーンは、東アジアと西アジアというアジアの両端で同時代に生きたが、両者ともども改めて二一世紀の文脈で読み直されてしかるべきなのである。

参考文献

Müller, Max, F. (1917) *Theosophy or Psychological Religion: The Gifford Lectures delivered before the University of Glasgow in 1892*, London: Longmans, Green and Co., pp. xxiii+pp. 585+catalogue of Principal Works published by Professor F. Max Müller.

USUKI, Akira (2012) "A Japanese Asianist's View of Islam: A Case Study of Ōkawa Shūmei"『日本中東学会年報（AJAMES: Annals of Japan Association for Middle East Studies）』第二八-二号、五九―八四頁。

井筒俊彦（一九八〇）「イスラームの二つの顔」『中央公論』第九五巻第九号、七〇―九二頁。

井筒俊彦（一九九一）『意識と本質――精神的東洋を求めて』岩波文庫。

臼杵陽（二〇〇七）「東京からバグダードへ――大川周明の東京裁判とフセインのイラク高等法廷」『現代思想　特集　東京裁判とは何か』第三五巻第一〇号、九四―一〇四頁。

臼杵陽（二〇〇八）「大川周明のイスラム研究――日本的オリエンタリストのまなざし」『季刊日本思想史』第七二号、一三〇―一五二頁。

臼杵陽（二〇〇九）「大川周明のシオニズム論――道会雑誌『道』と『復興亜細亜の諸問題』初版本のテクスト比較」『日本女子大学大学院文学研究科紀要』第一九号、七三―九三頁。

臼杵陽（二〇一〇）『大川周明――イスラームと天皇のはざまで』青土社、三三三頁＋五頁。

臼杵陽（二〇一二）「第二次世界大戦期ドイツにおけるパレスチナ人指導者――ハーッジ・アミーン・アル・フサイニーとナチスの関係をめぐる最近の研究動向」『経済志林』第七九巻第四号、法政大学経済学部学会、一一三―一四〇頁。

臼杵陽（二〇一三）「汎イスラーム主義と汎アラブ主義の新段階――一九三一年エルサレム・汎イスラーム会議からの考察」松浦正孝（編）『アジア主義は何を語るのか――記憶・権力・価値』ミネルヴァ書房。

大川周明全集刊行会（一九六一）『大川周明全集』第一巻、岩崎書店。

大川周明全集刊行会（一九六二ａ）『大川周明全集』第二巻、岩崎書店。

大川周明全集刊行会（一九六二b）『大川周明全集』第三巻、岩崎書店。

大川周明関係文書刊行会編（一九九八）『大川周明関係文書』芙蓉書房出版。

大塚健洋（一九九〇）『大川周明と近代日本』木鐸社、一九九〇年。

白川龍太郎（大川周明）（一九一〇）「神秘的マホメット教」『道』第二五号、一〇―一五頁（なお、「神秘的マホメット教」は大川周明関係文書刊行会編『大川周明関係文書』芙蓉書房出版、一九九八年、一一四―一一九頁、に再録されている）。

丸山眞男（一九九八）『忠誠と反逆――転形期日本の精神史的位相』ちくま学芸文庫。

吉永進一（二〇〇八）「大川周明、ポール・リシャール、ミラ・リシャール――ある邂逅」『舞鶴工業高等専門学校紀要』第四三号、九三―一〇二頁。

ヤッフェ、エリック、樋口武志訳（二〇一五）『大川周明と狂気の残影――アメリカ人従軍精神科医とアジア主義者の軌跡と邂逅』明石書店。

第2部

他者による日本像

第4章　ナチス時代の日本学における「神道」と「禅」
——W・グンデルトとその周辺

ベルンハルト・シャイト

一　はじめに

二〇世紀前半のドイツ語圏における日本学はいまだ黎明期にあり、主に研究されていたのは宗教史であった。この傾向は、特に日本研究の先駆者、カール・フローレンツ(Karl Florenz, 1865–1939)の業績に負うところが大きい。フローレンツは、ライプツィヒで古典語や非欧米語を学んでおり、哲学者の井上哲次郎(一八五五—一九四四年)や法学者の有賀長雄(一八六〇—一九二一)との知己を得たのが契機となって来日し、その後、二五年以上にわたり日本で過ごした。彼は、新設の東京帝国大学でドイツ語教授として教鞭をとるかたわら、古代日本神話のドイツ語訳に熱心に取り組み、そこには、英訳のパイオニア、W・G・アストンやB・H・チェンバレンと協力をした部分もある。フローレンツが努力を傾注したのは、「日本の本質」をその先史時代あるいは古代の歴史資料によって解明することであり、その関心は当初から「シントウイズム」にあったといえる。フローレンツの仕事を見ると、古事記や日本書紀などの精緻な注解を付した翻訳が中心であり、日本仏教はそれほど重要なテーマではなかった。一九一四年、フローレンツは、ハンブルクに開設されることになったドイツ語圏で最初の日本語学講座への招聘に応じて帰国し、一九三五年まで奉職している。(1)

フローレンツの次の世代の日本学者は、依然として宗教史への関心をもっていたが、中世、近世、近代の歴史文化を扱う研究者が増え、それと共に仏教への関心も強まっていった。本章の取り上げるヴィルヘルム・グンデルト（Wilhelm Gundert, 1880–1971）はこの世代を代表する初期の研究者である。グンデルトはキリスト教神学的な家柄にもかかわらず、一九三四年、ナチ党（国家社会主義ドイツ労働者党ＮＳＤＡＰ）の党員となっている。一九三六年にはフローレンツの講座の後継者となり、第二次世界大戦の終わる一九四五年までその地位にあり、一九三九年から一九四一年まではハンブルク大学学長も務めている。戦後は「非ナチ化措置」を受けたが、大過なく乗り切った。その頃、定年のため教授職に復帰することは叶わなかったものの、中国禅の古典『碧眼録』の翻訳(2)を成し遂げている。それは、晩年の仕事のうちきわめて重要な業績である。

日本研究の著名な学者や知日家には、グンデルトのように、ドイツの国家社会主義だけでなく、日本で展開される超国家主義にも共鳴し、ドイツにおいて、日本ブームや日本研究の人気を煽ろうとする者もあった。例えば、大阪外国語学校に奉職したヘルマン・ボーネル（Hermann Bohner, 1884–1963）や、哲学者のオイゲン・ヘリゲル（Eugen Herrigel, 1884–1955）(3)、心理学者のカールフリート・デュルクハイム伯爵（Karlfried Graf Dürckheim, 1896–1988）、禅の専門家であるハインリヒ・デュモリン（Heinrich Dumoulin, 1905–1995）、国学や水戸学の研究で知られるホルスト・ハミッチュ（Horst Hammitzsch, 1909–1991）などである。彼らの中には、日本における軍国主義の国粋主義的イデオロギーとナチスの人種イデオロギーとの間に、共通点を探ろうとする者もいた。これらの「日本」についての専門家たちは、必ずしも同じ部類のイデオロギー集団に属したわけではなかったが、本章では彼らを単純化して「国粋主義陣営」と呼びたい。このような状況を一瞥すると、まるで、一九三〇年代から四〇年代にかけてのドイツ人研究者は、日本の宗教研究を通じて国粋主義陣営の擁護者になってしまったかのようであるが、天台宗の専門家のブルーノ・ペツォルト(Bruno Petzold, 1873–1949)や仏教美術を研究したディートリヒ・ゼッケル(Dietrich Seckel, 1910–2007)といった例外もあったことは付言しておく。

戦前は活発な国家社会主義者であった日本学者も、その多くは戦後、グンデルトと同様の非ナチ化措置を受けることになった。たいていは軽い刑罰(例えば早期退職)を受けるだけで、うまく難を逃れている。彼らは、自らの専門的な研究に何らかの支障を受ける恐れを抱く必要がなかった。戦死した者はともかく、戦前と戦後の日本学における人事には、連続性があったからである。しかしながら、戦争終結とともに、神道研究に大きな転機が訪れることになった。戦前は神道に関する研究が多数発表されたが、戦後になると、その出版はわずかになった。拙稿ですでに明らかにしたように[4]、神道研究は戦後、明らかに、ある種のタブーになってしまったのである。このことを具体的に裏づける、あるいは理論的に説明する研究は存在しないが、それは、日本学者が戦時中に抱いていた自らのイデオロギーに対する暗黙の罪悪感に起因するのではないかと考えられる。

一方、ドイツの日本学で宗教史に関心をもつ研究者の多くは、日本の禅仏教に強い興味を示した。戦後の禅の研究は、世界大戦のために評判を落とした国粋主義的「日本ブーム」にとって、いわば「代替薬物」のようなものになったと思われる。これとは逆に、戦前は、フローレンツをはじめとするドイツ語圏の日本学者の多くは、「国学」に特徴的にみられる「反仏教」的姿勢をもっていた。国粋主義陣営の研究者には、日本文化がその本来の「民族的」本質から切り離されてしまったのは仏教のせいだと非難する者も多かった。しかし戦前であっても、仏へリゲルやデュルクハイムといった、禅に対する国粋主義的転向をした人物もいた。グンデルトもこのような仏教に親和的なドイツ国家主義者であった。おそらく、戦前のドイツ日本学における彼の権威は、一見矛盾するイデオロギーをうまく調和することのできる才能によって築かれた部分もあるといえよう。本章では、グンデルトに典型的にみられる混成されたイデオロギーの諸相を、ナチス時代の彼の経歴とともに以下に詳説したい。

二　日本学者グンデルトの経歴

ヴィルヘルム・グンデルトは、二〇世紀初頭の多くの東洋学者と同様、キリスト教神学的環境の中で育っており、グンデルト家は代々、敬虔な人格形成を重視する、いわゆる「シュヴァーベン敬虔派」に属していた。敬虔派の特徴は、個人の神秘的な覚醒体験を求めることにあり、これは、禅仏教の「悟り」に通ずるところがある。グンデルトにとって、アジアへの関心の発端は、祖父ヘルマン・グンデルト(Hermann Gundert, 1814–1893)にあった。この祖父は、学識豊かな福音主義の神学者で、バーゼル宣教会の牧師として南インドで長らく布教活動をし、(5) 後半生は「カルフ出版協会」の代表としてキリスト教神学関係の著作を編纂していた。(6) ヘルマン・グンデルトの子孫の多くがこの出版社とのつながりをもっていたのとは対照的に、新たな道を歩んだ二人の孫がいた。その一人、ヘルマン・ヘッセ(Hermann Hesse, 1877–1962)は世界的に有名な作家となり、もう一人の三歳年下のヴィルヘルム・グンデルトは日本学者となった。ヘッセとグンデルトは幼少の頃から既知の仲だったが、中年になってからは、個人的な会談や手紙での交流を続け、ヘッセはグンデルトを通じて禅仏教を知ることになった。ヘッセは一九二九年に書いた手紙の中で、「日本とのつながりをもつことができたのは(中略)主に当地の友人と従弟のグンデルトのおかげである」と述べている。(7)

ヴィルヘルム・グンデルトは、祖父から洗礼を受けたときにはすでに宣教師になることが決められており、(8) 祖父や従兄のヘッセと同様、テュービンゲンで哲学と神学を学んでいる。日本への関心が特に強まったのは、日本人キリスト教徒の内村鑑三(一八六一―一九三〇)の著した有名な『余は如何にして基督信徒となりし乎』であったらしく、一九〇四年、英語版を基にドイツ語訳を出版した。[9] 一九〇六年には「伝道に興味をもつ有志の会の代表」として来日し、そこで内村との接触をもった。その結果グンデルトは、キリスト教の布教も行ったが、同世代の日本学者と同様、国立のエリート教育機関である(旧制)高等学校のドイツ語教師として教鞭をとった。後にドイツから来日した妻と日本で家庭を築き、第一次大戦中は、熊本の地でドイツ語教師として平穏に過ごした。時が経つにつれ、グンデルトはキリスト教伝道という本来の目的から離れていった。ヘルマン・ヘッセによれば、グンデルトの経歴には、著名な中国学者リヒャルト・ヴィルヘルム(Richard Wilhelm, 1873-1930)に似たところがあったらしく、ヴィルヘルムもシュヴァーベン敬虔派の出身であり、ヘッセの知人であった。グンデルトもまた、キリスト教の伝道師として世界にはばたき、結局は「魂の友愛と異文化交流における忠実な奉職者」となっている。[10] ちなみに、同様のことは、リヒャルト・ヴィルヘルムと血縁関係にあったヘルマン・ボーネルにも当てはまる。[11] 彼らはみな、初めはリベラルな福音新教伝道会(現在のドイツ東アジア・ミッション)の任務にあり、後に、学問に重点を移している。

とはいえ、グンデルトが学問の道を決心したのは比較的後のことで、博士論文のための二年間の研究をカール・フローレンツのもとで行うためハンブルクに移ったのは、四〇歳になった一九二〇年のことであった。一九二五年、彼の博士論文は「能における神道」(Der Schintoismus im japanischen Nō-Drama)というタイトルで出版されている。一九二七年、ドイツ大使ヴィルヘルム・ゾルフ(Wilhelm Solf, 1862-1936)の推挙により、新たに設立された日独文化協会(東京)のドイツ会長に就任している。当時、ゾルフは、グンデルトのことを「日本の言語・文化・宗教・宗教史に関して誰もが認める最高の専門家」であると評していた。[12] この時期のグンデルトは、『日本文学』(*Japanische Literatur*, 1929)と『日本宗教史』(*Japanische Religionsgeschichte*, 1935)という日本学に関する二編の入門を出版している。分量的には小規模（一三六頁と二〇三頁）ながら、両作品はドイツ語圏における各分野の標準的な参考文献となり、特に『日本宗教史』の方は一九八〇年代まで広く利用されていた。

グンデルトは、一九三三年に起こったヒトラーの権力掌握を機に、国家社会主義に取り組み始めたと言っている[13]。日本に滞在中のグンデルトにとって、ヒトラーはまさに希望の星に思えたのであり、一九三四年にはナチ党に入党している。それ以降になされたグンデルトの活動の多くは、プロパガンダ色の強い講演や著作の出版といったものであったが、それは、国家社会主義体制のもとでの出世のためであったように思われる。これについては後ほど詳しく述べたい。ナチスの時代が始まった頃、日本学のポストにいくつか募集が出たとき、グンデルトはしばしば上位に名の上がるほどの有力候補であった。一九二七年、グンデルトを推挙したヴィルヘルム・ゾルフは、国家社会主義に批判的であったにもかかわらず、グンデルトの擁護者になっている。一方、外交官のヘルベルト・フォン・ディルクセン（Herbert von Dirksen, 1882–1955）のように国家社会主義を支持する者の中にも、グンデルトの素質・力量を評価するような知日家もいた[14]。日本での滞在が終わりに向かう頃、グンデルトには、ベルリンでの教授のポストと日独文化協会の会長職の両方が決まりかけたものの、結果的にその目論見は頓挫してしまった。その一方で、ハンブルクの講座のポストが空席になり、急遽、フローレンツの後継者として招聘されるのが決まり、一九三六年三月一日、それは現実のものとなった。一九三八年から一九四一年までの間、グンデルトがハンブルク大学の学長職を務めたことも、国家社会主義への不断の関与なしにはまず実現されえなかったであろう。

終戦を迎え、グンデルトは年金の支給されない解任処分を受けることになったが、その代わり、ハンブルク時代にはほとんどできなかった研究に身を捧げることができた[15]。この時期のグンデルトは、『東洋の抒情詩』と題するアンソロジーを共同で編集するかたわら、禅の古典的な「公案」集成である『碧眼録』の翻訳もしている。

さらに、禅の専門家であったヘリゲルやデュルクハイムと活発な手紙のやりとりをした。七五歳の誕生日のときも、一九七一年に他界したときも、当然のことながら、国家社会主義への関与が取り沙汰されることはなく、グンデルトの創作活動を評価する賞賛の声のみが多く聞かれたのである。

三　国家社会主義者としてのグンデルト

グンデルトの国家社会主義への関与を正当に評価するにはまず、一九三〇年代当時、国家社会主義を批判したり、あるいはそれに敵対したりする日本学者がほとんど皆無だったということを理解しておく必要がある。一九三三年、日本学界の長老であったフローレンツ自身も千人ほどの大学教員との連名で「アドルフ・ヒトラーに対する支持表明」に署名している。彼は、グンデルトに私的に宛てた手紙の結びに「敬具、そしてヒトラー万歳」という表現を躊躇なく使えるほどであったが[16]、ナチ党の党員になることはなく、国家社会主義者には「政治的に無関心」と評価された[17]。それは、おそらく、その通りだったものと思われる。

フローレンツとは異なり、グンデルトがナチスに同調したのは単に政治的に無関心だったからではない。彼がナチ党に入ったのは一九三四年のことであったが、日本に滞在していた時期にはすでに国家社会主義を主唱する活動を熱心に行っていたようである[18]。ヘルマン・ヘッセによれば、グンデルトが「第三帝国の狂信者」になってしまったのは息子たちの影響によるものであったが[19]、その結果、従兄弟どうしの関係は壊れてしまった。グンデルトがドイツ本国で学ぶ息子たちを通じて「国家社会主義の真価」を認めることになったことは、ドイツに呼び戻された折に作成された内部査定の書類にまで言及されている[20]。彼はさらに、国家社会主義的な反ユダヤ主義にも共感したのである。有名なフランス人日本学者のシャルル・アグノエル（Charles Haguenauer, 1896-1976）がハンブルクを訪問したいと知らせてきたとき、グンデルトはあらゆる方法を使って会うのを避けようとした。そのとき、アグノエルの訪問の調整役だった同僚のマルチン・ラミング（Martin Ramming, 1889–1988）に次のような手紙を書いている。「貴殿はアグノエルのことをご存知でしょうか。少なくとも、この者は単なるフランス人ではなく、ユダヤ人でもあるということはすでにご理解のことと推察いたします。[21]」

グンデルトの政治姿勢を知るには、一九三四年から一九四五年の間になされたプロパガンダの講演や論文をみればよい。これらはたいてい、一般向けであり、「日本の国民性」とか「日本の国粋主義の秘密」「国家的、超国家的な宗教」「日本の力の源泉」「天皇思想」といったテーマについての見解が披瀝されている。[22] 例えば、グンデルトにとって、ドイツの国家社会主義や日本の国粋主義といった日独両国のイデオロギーは、各「民族」の「自然法の力」の現れとみなされたが、彼は、それを仔細に定義することが日本学者としての自らの使命であると考えており、「どちらであっても、文化の基盤を形作るのは血と大地、つまり種族の魂である」と言っている。[23] グンデルトはさらに、日本学が国家社会主義を通じて「民族主義的」方向性を見出せるとも述べている。

学問における国家社会主義的な路線をめぐる闘いから生まれた民族の概念は、日本学にとって最も期待のできるものであり、研究の中心となるべきものである。というのも、世界中のどこを探しても、日本ほど、完璧な意味での「民族」と表現できるような共同体はほかにはない。[24]

グンデルトの見解のほとんどは民族主義的なものであるが、それは歴史哲学のレベルにとどまっており、むしろ、最大のねらいは「天皇思想」が日本の「民族の魂」にいかに深く根付いているのかということを示すことであった。その点、時事問題についての言及はほとんどない。[25] ただ例外的に、ドイツに帰国してすぐ、グンデルトが最新の政治事件を取り上げたことがある。それは、一九三六年二月二六日に起こった日本軍の右派グループによる反乱、いわゆる二・二六事件である。(26) その反乱は失敗に終わり、目指す軍事独裁政権の樹立は実現されなかったのであるが、その後の社会不安は、日本の軍国主義を決定づける起爆剤になったと今日みなされている。グンデルトもこれと同じような評価を下しているが、彼は明らかに、反乱将校らのねらいに共感を寄せていた。グンデルトは二・二六事件を「あまりに過激な愛国主義者による突撃」として批判する一方、それによって日本の「民族の力が胎動しはじめ」、日本のような「あまりに狭苦しい場所で新たな分配が」目前に迫っているのだと分析した。(27) 当時、日本の近代化と西欧化に対する批判が「ますます険悪になる熱狂主義とともに」(28) 日本のごく一部で述べられていたが、グンデルトは、それにも理解を示している。その場合の「近代化」とは、特に資本主義、「病的なリベラリズム」「無政府主義」「社会主義」といった、国家社会主義のプロパガンダにおいても危険とされた現象のことを意味している。グンデルトは、日本の知識人の大部分がまだ国家社会主義に懐疑的なことを残念に思っていたが、ドイツを模範とする「強力な支配と厳格な規律」によって、幸先の良い未来へと日本を導くために、「真の日本精神のよりどころ」である軍部に大きな希望を抱いていた。「天皇の権威にひたすら従属することだけが日本の助けとなるように、我々にとっては、総統への決然とした忠誠だけが助けとなるのだ(29)」と。

グンデルトの講演は、どんなに国粋主義的に熱狂していたとしても、本質的なところでは恩師のフローレンツから譲り受けた日本学の実践方法を維持しようとしていた。例えば、一九三六年のハンブルク大学の就任演説のとき、民族主義的情熱にみちた導入部のあと、(30) 民族の研究には過去というものと文献学の二つが必要であろうと結論づけている。「この先、我々の仕事の専門的基盤が変わることはないだろう」という指摘は予想外であった。(31) グンデルトは、ほとんどの講演では首尾一貫して、まず第一に日本の歴史をテーマとし、日独の共通性だけでなく相違点も扱っている。彼はしばしば、日本研究の特別な課題として、日本文化の「異質なもの」と「固有なもの」を強調した。グンデルトは、つまり、イデオローグとしての役割だけでなく、日本の重要性によって自身の専門分野である日本学の重要性をも高めようとする御都合主義者としての役割も演じたが、ただそれは、あまり大きな成功には至っていない。

にもかかわらず、グンデルトは、一九四五年の終わる頃に書いた手紙の中で、自分の政治的立場を正当化するために理想主義的な動機に訴え、「自らの確信から国家社会主義を支持」したのだと書いている。彼が最後までそのような立場を固持したのは、「義務感」や「忠誠心」に依るものだったと言っている。一九四五年初頭、ドイツの敗北が誰の目にも明らかだったとき、日記に次のように書いた。「我々の没落が避けられないのであれば、それはそれで、ロシア流共産主義やアメリカの優位のうちに勝利するよりも、はるかに美しく偉大なことである」(32)。とはいえ、グンデルトは戦後まもなくヒトラー崇拝をやめたのである。明らかに、いつ自分が何に熱狂しなければならないのか、グンデルトには確かな勘がそなわっていた。

グンデルトが歩んだのは、国粋主義陣営の同志の中でも中間的な道であった。座禅に熱心なオイゲン・ヘリゲルは、ナチス時代にエアランゲン大学の学長にまでのぼりつめたが、一九四五年にはすでにその熱狂も冷め、アメリカ側にエアランゲン市を平和的に譲渡できるよう尽力し、成功をおさめた。それに対して、ヘリゲルの同僚のアウグスト・ファウスト(August Faust, 1895–1945)はブレスラウの教授であったが(33)、ドイツ降伏の日に自ら命を絶っている(34)。

四　神道、禅、民族遺産についてのグンデルトの見解

一九二五年の「能における神道」と題する博士論文の中で、グンデルトは、仏教の影響を受けていない能楽作

品はほとんどないという結論に至った。[35] というのも、能に登場する「神」の観念はすべて「本地垂跡」の概念と連動しているからである。彼はこの概念をとても詳しく説明している。グンデルトの考える神道概念は、神道は仏教に歪曲されたとか、駄目にされたとか、「坊主に暴行された」といったものであり、当時よく使われた説明モデルに終始した。[36] しかし彼の場合、すべての仏教的なものに対する防衛反応につながったわけではなかった。むしろ、能に「神道的でもなく仏教的でもない」宗教の固有の形を見出したのである。グンデルトは、能にあらわれる無名の「秘密宗教」が観客に神秘体験をもたらすことについても言及している（一八七頁）。能作者にとって

細部などは言うに及ばず、神話的な事柄や寺社での祭祀、特定の教派のドグマは重要ではなかった。能作者はこれらを作品構成の素材として好んで用いたのだろうが、彼らの宗教的・芸術的な関心はそれをはるかに越えて、聖なるもの、ヌミノーゼにまで及んでいる。〔能作者の関心は〕感情であって、それが身振り手振りの舞踊において美しき恍惚境へと高められ、あらゆる矛盾のディオニソス的な溶融と融合にまで昇華されることだった。[37]

能に見出されるこの「聖なるもの」に、グンデルトは興味を抱き、魅了されていた。しばしば注記しているように、彼はこの概念を用いるにあたって著名なマールブルクの神学者ルドルフ・オットー（Rudolf Otto, 1869–1937）に依拠している。[38] オットーにならい、グンデルトは、能における「聖なるもの」の特徴とは合理的な説明が不可能な戦慄であると説明している。彼はまた、謡曲に幾度となく登場する「神さびわたる」という表現を gott-durchschauert（直訳すれば「神に戦慄させられた様（さま）」）というドイツ語に翻訳し、[39]「聖なるもの」の同義語である

と解釈しているが、その「聖なるもの」とはつまり、すべての理性的なものの向こう側にあって宗教を支える神秘体験のことである。

グンデルトによれば、この神秘的な要素は本来の神道にはないものであった。というのも、神道は「国家の祭祀保全だけを気にかけて」（二六一頁）きたからである。神道は「国家主義的な思想に完全に支配されて」おり、「内面的で私的な目的は想定していない」（二七二頁）。したがって、神道においては「民族主義的なエゴイズムが宗教的な義務」（二三〇頁）ということになる。このような「原初的な神道」に比べ、仏教は「個々人の解脱をめざしている」ために「より深く」「超俗的」なところがその特徴となっている。それゆえ、能における「神の現前の内面的な体験」は、仏教精神、特に「禅派の神秘的傾向」によってのみ説明することができるのである（二六九頁）。グンデルトは、日本仏教に対して攻撃的になることもあったが、その研究においては、能の、そして間接的には日本文化全体の奥深さは、主に仏教の影響によるものだと考えていた。

一九二五年の段階でグンデルトは、日本の公式見解に沿って、神道に「民族の義務」という概念を用いているが、かといって、そのことを明確に認めていたわけではない。むしろ進化論的な段階モデルを出発点とし、神道を仏教よりも原始的であり低位の宗教であると位置づけていた。詳細はともかく、グンデルトの「神秘的な禅」に対する興味は特別なもので、明らかにそれは、当時のドイツにおける宗教学の新しい流行を反映してのことだった。これは、禅仏教がルドルフ・オットーやカール・ハイム（Karl Heim, 1874-1958）などによってはじめて詳細な扱いを受けた時期に当たる(40)。しかしながら、グンデルトがこのように仏教を肯定的に評価するのはその哲学の方であって、実際の仏教的な慣習には否定的であった。それは例えば、仏教の聖職者をBonze（ボンツェ）と呼びつけていたことにみられる。この表現は日本語の「坊主」という表現に由来するが、ドイツ語のボンツェは一九世紀にはすでに「親分」の意味で、様々な権力者や官僚に対する蔑称としても使われていた。したがって、グンデルトの使い方には組織化された仏教に対する大きな懸念を読み取ることができる。ただし、仏教へのこのような二面的な評価は、当時の西欧における仏教受容に特徴的なものであって、小説「シッダルタ」(一九二二年)でちょっとした仏教ブームを巻き起こしたヘルマン・ヘッセもその例外ではない。

一九三五年出版の『日本宗教史』は、上に述べたように、小規模ながら上代から現代に至る展開を通史的に扱っており、神道と仏教の関係への言及もしばしばみられる。以下にその概略を紹介したい。まず、グンデルトは序論の中で両者の間にある緊張関係を分析し、それをドイツにおける国粋主義とキリスト教の関係と対比している。特に、神道については、「政治的なもの」の存在を強調し、神道の本質には国家に関わる統治儀礼があると説明している。七―八世紀頃の神道については、以下のように述べている。

〔古代の〕神道には中国からの影響を強く反映する部分もあったが、そのために、神道の本源性や素朴さは失われ、政治的な傾向をもった儀礼的な存在になってしまった。その結果、原始的な宗教性という土壌に、冷静な合理主義と堅苦しい形式主義があわさって奇妙な花を咲かせることになってしまったのである。[41]

この記述からわかることは、能における神道の分析と同様に、グンデルトはこのような類の儀礼制度となってしまった神道に特に優れた点を認めることができなかったということである。

一方、鎌倉時代の仏教の諸宗派を説明するところでは、グンデルトの禅宗に対する評価の高さが改めて明確にされており、その理由も詳しく説明されている。グンデルトは「庶民的な」阿弥陀信仰の解説の後で次のように述べる。

武士階級にとって、禅宗は、男らしさと規律、簡素な生活様式と死をものともしない態度、そして高潔さと武道の精神を伴っており、自分たちにふさわしいもののように思われた。それゆえに、彼らは、平和的な民族にふさわしい法然の教えよりも禅に熱心にとりくんだのである。（九六頁）

グンデルトによれば、他の宗派とは対照的に、禅仏教は仏教の教義だけでなく、その儀礼も軽視する。禅の最も重要な要素は、グンデルトの表現では「精神集中の実践」、いわゆる禅定あるいは三昧であり、彼はそれを「仏教におけるバラモン教的な遺産」とみなしている。

仏教と国粋主義との関係については、日蓮宗の解説の中で言及されるだけである。グンデルトは、日蓮教学についてはそれほど詳しくはなかったが、日本仏教が日蓮のもとで「特別に日本的・国家的」になったことや、「日蓮は、日本の大地と民族に世界的使命を付与した最初の人物であった」と肯定的な評価を下している（一〇九頁）。この彼の表現には、当時の日本の国粋主義への同調と、その拡大政策を婉曲的に示唆する意図があったと思われる。(42)

明治期の「神道改革」に関する章では、日本の天皇制や国家神道的なイデオロギーに対するグンデルトの肯定的な評価がはじめて明白な形で示されている。彼は、「天皇制の勝利」を「神道の勝利」であるとみなした。また、天皇がその祖先を神として祀る儀礼を大切にする一方、国民は「エコーあるいはコーラス」と同じようにそれに参加することで「自らの国家的生命の心」を感じるのであると説明した。「それが皇道であり、それは、すべての日本人に義務づけられた『国体』(43)、つまり、理想的な現実としての大日本帝国の不動の礎である」と述べ、逆に「仏教は、何世紀にもわたって在来のカミの宗教を歪曲したので、両者の関係に終止符が打たれたのだ」（二四六―二四七頁）と分析する。

明治時代の政治家についてのグンデルトの解説によれば、彼らはもともと儒教教育を受けており、国家神道に傾倒はしたものの、神道の熱狂的な信奉者にはならなかった（一四八頁）。というのも、当時の国家の意図する「宗教」とは、その定義において、仏教とキリスト教にのみ適用しうる概念であり、教祖やドグマ、聖職者、魂の救済に対して限定的に使われるべきものであると考えられた。つまり、国家としては「まさにこのような要素を神道から除外したかった」のであり、神社神道は宗教とは無関係であるべきである。このような国家の側の公式見解について、グンデルトは次のように結論づけている。

神道に関わる問題をこのようにやや人工的に無理やり解決した結果、理論面での緊張状態が生まれてしまい、それはそれで何らかの解決策（＝決着、決定）が必要となるのは明白である。しかし、日本国民はどうやらそれに満足しているらしい。（一五一頁）

この結論は、当時のドイツにおける日本学の実情を考えると、驚くほどに明晰な分析である。グンデルトは、上記のテーマ以外にも教派神道、特に天理教の研究に取り組み、そこにも普遍主義的なアプローチと国家主義的アプローチの間に緊張状態のあることを確認している。『日本宗教史』の最終章では、キリスト教と内村鑑三への言及がなされるが、キリスト教と「民族主義的な国家観や天皇思想」とに衝突のあったことが漫然と触れられるだけであった(44)（イタリア人神父マレガの古事記訳を論じた第6章ヴィータ論文と比較できる）。

グンデルトの『日本宗教史』では、ナチス時代のほかの日本学者とは対照的に、日本の国粋主義への明確な同調を示す所はほんのわずかしかみられない。そこには、国粋主義的な観念を巧妙に使いこなすグンデルトの才能がみてとれる。実際に、『日本宗教史』は、各方面から様々な形での高い評価を受けたのである。ドイツ国内の当時の書評には、「ドイツの学問の誇りとなる真にドイツ的な業績である」とみなすものもあった(45)。スタンフォードで教鞭をとる研究者の書評は、グンデルトの歴史的描写には政治的あるいは宗教的な先入見のために不正確になっているところは全くない、と評している(46)。

とはいえ、『日本宗教史』でイデオロギー色のあった所は、グンデルトが一九三六年から一九四五年にかけて行った講演において重要な役割を担っていくことがわかる。つまり、論述のテーマや命題の本質は変わることなく、それらは国粋主義的な視点から評価され、「アーリア人的」な優越意識の感じられるところすらあった。グンデルトの主張は、神道は「はじめから政治的な構想に基づいており、〔皇室と〕分離することのできないほどの統一体を構成している(47)」ということである。「日本のナショナリズムの秘密」は、神道の実用主義によって説明されている(48)。同時に、西欧との違いも強調されるが、それは、神道や「天皇思想」（つまり国体イデオロギー）にはその上位に置かれるべき形而上学的な問題提起が欠如しているからであるといわれる。この点、「比較にならないほど奥深い」仏教の場合は事情が全く異なっており、ブッダは「ある種の超人間」（Übermensch）として理想的な解脱への道を体現していると述べられる(49)。グンデルトによれば、このような仏教は禅宗に最良の形で実現されており、そこではじめて、仏教徒は自己に対する主人となり、生死を超える主人となることができる。禅におけるこのような「男らしい」基本姿勢は、「我々の内面に深く繋がり、それに近接する」(50)ものであると描写されている。また、禅においては「我がドイツ神秘主義に似た精神」が支配的であるため(51)、「ここにおいては、本物の北方精神（つまりゲルマン民族の精神）の一部分がアーリア人のインドをこえ、奇異な回り道をして極東にまで突き抜けた」(52)のであると、グンデルトは推測する。同時に、日本人の中には、「アーリア人的な精神に由来する文化遺産に対して、どこか生徒のような頼りなさ(53)」も感じられると述べている。

禅に対する以上のような評価は、グンデルトが一人で考えついたのではもちろんない。グンデルトは国家主義陣営の中では、ヘルマン・ボーネルとともに、日本の歴史に最も詳しい人物であったが、彼の思想のほとんどは、上に述べたオットーやハイム、ヘリゲルをはじめとする禅を発見したドイツ人学者にすでにみられるものであった。例えば、ハイムは一九二三年頃、ゲルマン人や日本人は「生命力のある」「強い意志をもつ」民族だからこそ、キリスト教や仏教のような宗教を真に開花させることができたのだと言っている。(54) こうした人種差別的イデオロギーをグンデルトが禅や仏教に応用したのは、おそらくナチス時代の到来する前の段階であったと思われる。

五　おわりに

ヴィルヘルム・グンデルトは多くの点でドイツ日本学の第二世代、第三世代を代表する人物であるといえる。彼はキリスト教宣教師として日本へ渡り、徐々に学者へと転身していったが、優れた語学力と現地で直接学んだ浩瀚な知識をもっていた。彼の書き残したものは、その時代のパトスはともかく、文学的な才能を感じさせ、今日なお十分に読みごたえのあるものとなっている。グンデルトは日本学における恩師フローレンツの関心を引き継いだが、文学や宗教史研究の分野では、フローレンツのような経験論者というよりも、ゼネラリスト（全体的な視野から判断できる大家）として活躍した。その際に神学者としての専門教育が役に立ったことは明らかである。グンデルトの世界観はその方向性として、最初は、人智学・神秘主義的なものであったというべきであろう。ルドルフ・オットーにならい、「聖なるもの」や「ヌミノーゼ」といった宗教的な原体験をもとめ、経験や方法を重視する作業よりも、直感的な理解を大事にした。ヘリゲルやデュルクハイムの事例が示すように、この種の思想家たちは、国家社会主義の影響をとても受けやすかったのである。かといって、全員がそのようであったわけではない。グンデルトの周辺をみたときに、「東洋の知恵」に傾注したという点で従兄のヘルマン・ヘッセとの違いはわずかだったとしても、一方は熱狂的なナチとなり、他方は骨の髄までアンチ・ファシストになっている。

グンデルトにとって「強力な支配と厳格な規律」は常に高く評価されるべきものであった。これによって、彼の思考の中では、日本やドイツのナショナリズムは相互に補強し合うものとなったようである。特に講演や評論においては、国粋主義的な日本を国粋主義的なドイツに接近させることを使命としていた。そのために、グンデルトは好んで「民族性に深くねざす天皇制」という表現を使っていたが、それでも彼のことを「国家神道の擁護者」とみなすことはできない。ハミッチュやデュモリンとは異なり、グンデルトは、国家神道が「非宗教的」な愛国主義的カルトであるがゆえに起こる問題点を明確に認識し、それを適切に説明することができたのである。そのかわりグンデルトは、日本のために、仏教的な伝統に基づく選り抜きの民族であるという論説を展開している。その説明は、おそらく当時のドイツでは軽視されがちであった神道に比べ、一般にもわかりやすく、馴染みやすいものであった。そのときに、グンデルトが、日本で広く行われていた「坊主」による仏教儀礼と、日本人よりもヨーロッパ人によって広く理解された「仏教精神」とを区別していたのは、興味深いことではないかと思われる。

戦後になってグンデルトが国家社会主義への関与をたとえ部分的にでも修正したと仮定すると、宗教研究の分野における本格的な文献学の仕事は晩年の作品『碧眼録』の翻訳だけであり、それによって過去を償おうとしたのだと理解できるだろう。禅に関するこの古典作品の翻訳によって、グンデルトは、従兄のヘルマン・ヘッセといったナチスの批判者から、自らの学者としての名声を取り戻すことができたのである。しかしながら、グンデルトが「国粋主義陣営」のかつての同志とのつながりも保持していたことは見逃してはならない。禅仏教は、彼ら全員の理想的な活動の場となり、そこでは政治色を完全に払拭できただけでなく、上述の優越思想などのナチス時代に形成された観念や研究を維持することができたのである。

（1）フローレンツの活動については、佐藤（一九九五）とWachutka (2001)を参照。

（2）Gundert, 1960-1973.

（3）デュルクハイムはもともとキールの心理学教授であったが、ドイツ帝国外務大臣リッベントロップから半ば公式の任務を得て、大戦中二度にわたり（一九三八―一九三九年と一九四〇―一九四二年）来日している。デュルクハイムはナチスのためのプロパガンダを熱心に行っているが、その活動は駐日ドイツ大使館の方針とは無関係であり、部分的にはその意図に反するところもあった（デュルクハイム自身はそれを「文化大使」と呼んでいる）。在日ドイツ人の中には、彼のことをきわめて不愉快に感じ、「ゲシュタポのスパイ」とか「ナチス・プロパガンダの極東地域局長」とまでみなす者が多かった(cf. Bieber, 2014: 1094)。一九四二年以降は、大戦が原因で日本に残ることとなり、終いには米国の戦争捕虜となったが、一九四七年には解放されている。その後は研究の世界に戻ることはできずゲシュタルト療法士や座禅の師匠として新たな人生を送った。

（4）Scheid, 2013.

（5）バーゼル宣教会とは、一八一五年にスイス商人の経済援助によりバーゼルに設立された、福音主義の牧師を養成する機関である。この宣教会の大部分は、シュヴァーベン敬虔派に属するシュヴァーベン地方の神学者である。

（6）この出版協会の専門部門は「青年のキリスト教的教育」に関するもので、それは後に聖書の校訂版や注解にまで及んでいる。グンデルト出版は、ここから分裂して成立した。

（7）ハインリヒ・ヴィーガント宛ヘッセの手紙（一九二九年六月）。引用はWeber, 2011: 4に基づく。

（8）イルムガルト・ユ＝グンデルト(Irmgard Yu-Gundert)の回想による。引用はPayer, 1996-2017に基づく。

（9）内村のこの作品はもともとアメリカでの販売に向け英語で書かれたが、実際には、グンデルトのドイツ語訳の人気の方が高かったようだ（Howes, 1965–1966: 322）。

（10）ゲオルグ・ラインハルト宛ヘッセの手紙（一九三〇年六、七月）。引用はWeber, 2011: 4に基づく。

（11）両者の細君は姉妹関係にあり、シュトゥットガルト地方で大きな影響力をもつ牧師クリストフ・ブルームハルト（一八四二―一九一九）を父にもつ。

(12) Bieber, 2014: 103.
(13) Bieber, 2014: 290.
(14) Bieber, 2014: 229.
(15) *Lyrik des Ostens*, Gundert et al., 1965.
(16) ハンブルク大学ヴォルム・コレクション所蔵、一九三六年一〇月二六日付の手紙。この場を借りて、グンデルト文書の閲覧を可能にしてくださったヘルベルト・ヴォルム氏に謝意を表す。
(17) Worm, 1988: 47.
(18) Gundert, 1936b: 302.
(19) Weber, 2011: 6-7. 戦後、ヘッセとグンデルトは和解している。
(20) Bieber, 2014: 256.
(21) マルチン・ラミングの個人ファイル、第六二紙。本資料をご教示くださったシュテファン・ケック氏に謝意を表す。
(22) Gundert, 1935b, 1937a, 1937b, 1942, 1944 を参照。それと並行して、グンデルトは、日本の歴史全体を歴史哲学的に概説する仕事も行っており、その最初のバージョン(Gundert, 1940)は二〇〇頁にのぼる論考として発表された。戦後、それを単行本として出版するつもりであったが、その概説は国粋主義的で人種差別的な理論に基づいていることを見逃しており、もはや戦後の政治的現実にはそぐわないものであった。
(23) Gundert, 1937b: 6.
(24) Gundert, 1936a: 258.
(25) Bieber, 2014: 385-388.
(26) 一九三六年四月、グンデルトは「今日の日本――精神的、社会的思潮」と題する講演を行い、それを同年六月に出版している(Gundert, 1936b)。
(27) ここでグンデルトの用いている表現から連想されるのは、「居場所のない民族」という、ナチスの代表的な理論家ハンス・グリム(Hans Grimm, 1875-1959)の用いた有名なキーワードであり、それは、国家社会主義者にとって当時の侵略政策を正当化するのに利用された。
(28) 一九四七年の段階ですでに、ヴィクトル・クレンペラー(Viktor Klemperer, 1881-1960)は、「熱狂的」という表現が国会社会主義的な論説に現れるときは、常にその肯定的な意味合いが強調されていると指摘している(Klemperer, 1947)。

(29) Gundert, 1936b: 301-302.
(30) これに関しては、Kubota(2008: 626-629)を参照。
(31) Gundert, 1936a: 259.
(32) Bieber, 2014: 1052.
(33) ファウストは、一九二五年、医師でもあった禅僧の大峡秀栄とヘリゲルと共にドイツ語による最初の禅コレクション(Faust, 1925)を編纂し、まもなくヘリゲルと来日した。
(34) Bieber, 2014: 1059.
(35) グンデルトの取り上げた能の演目は、神社の祭神を主題にしたもので、合わせて五〇作品ある。それらは地域ごとに配置され、大部分の作品は要旨をまとめるだけだが、中には、作品全体が翻訳されたものもある。この翻訳には、フローレンツとは反対に、グンデルトが、舞台での上演も可能なほどの高い文学性のあるテクストを作ろうとした野心が感じられる。それ故、翻訳は比較的自由な意訳も含み、しばしば象徴主義的な演劇であるという印象を与える。
(36) "Bonzenhafte Vergewaltigung" (Gundert, 1925: 90).
(37) Gundert, 1925: 76.
(38) Otto, 1917.
(39) Gundert, 1925: 48で言及される謡曲『松尾』のシテツレ「秋風の声吹きそへて　松の尾の神さびわたる気色かな」を、グンデルトは「秋風が高き松に音をたてる、林苑が神に戦慄させられる」と訳している。「神さびわたる」とは一般に「あたり一面、荘厳で神秘的な様子」のこと。
(40) Heim, 1923; Otto, 1923; Faust, 1925. 組織神学の教授であったハイムとオットーが来日したのは、前に言及したドイツ大使ゾルフの発案によるものだったようである。グンデルト夫人ヘレーネの記録によると、ハイムが禅宗寺院を訪問できたのは、グンデルトの援助のおかげであった(Bieber, 2014: 135)。
(41) Gundert, 1935a: 34.
(42) 一九三七年に出版された論考では、このような関連性がもっと明らかに強調されることになる(Gundert, 1937b: 17)。
(43) グンデルトの原典でも「kokutai」と記されている。

(44) グンデルトの作品の中には、日本の宗教についての解説の後に、朝鮮半島における宗教の展開に関する一五頁の説明が含まれている。この説明には、日本に関する部分と同様、驚くほど博識で詳細な記述がみられる。それはおそらく同時代の日本語文献から取られたものだが、参照文献には全く挙げられていない。その場合、朝鮮半島の宗教を「日本の宗教史」に組み込むことは、朝鮮半島の併合という当時の政治的な現実を宗教史のレベルでも跡づける試みであり、その意味で、きわめて日本中心主義的な捉え方であるといえる。

(45) Dumoulin, 1938: 282–283.

(46) "The historical account is never contaminated by political and religious prejudice." (Reinhardt, 1938).

(47) Gundert, 1937b: 12. これに関して、グンデルトは、一九三五年にヘルマン・ボーネルが独訳した「神皇正統記」にしばしば言及する。グンデルトによると、この大反響を巻き起こした研究を提案したのはグンデルト自身であった。一九六四年、グンデルトは、ボーネルに対する追悼文で次のように書いている。「〔ボーネル氏は〕日本民族の最も内奥にあって核心的な部分を探り出すため、本源的な鍵となるような作品を探していた。そのような折、私は、北畠親房の『神皇正統記』はどうかと提案させていただいた。」(Gundert, 1964: 5)

(48) Gundert, 1937a.

(49) フリードリヒ・ニーチェ(Friedrich Nietzsche, 1844–1900)が主に発展させた「超人」という概念はドイツ国家主義の人種理論で大いに好まれた。ブッダを青い目のアーリア人だとする観念は、すでにカール・ハイムにみられ、特に、ナチスの人種理論において指導的地位にあったハンス・ギュンター(Hans Günther, 1891–1968)がさらにそれを強化している。

(50) Gundert, 1937b: 16.

(51) Gundert, 1942: 226.

(52) Gundert, 1937b: 16.

(53) Gundert, 1942: 227.

(54) Heim, 1923: 245–246.

参考文献

Bieber, Joachim, 2014. *SS und Samurai: Deutsch-japanische Kulturbeziehungen 1933–1945*. München: Iudicium.

Dumoulin, Heinrich, 1938. Review of Gundert 1935, Japanische Religionsgeschichte. *Monumenta Nipponica* 1/1, 282–283.

Faust, August (ed.), 1925. *Zen: Der lebendige Buddhismus in Japan.* (Translated and introduced by Schūej Ohasama［大峡秀栄］, co-edited by Eugen Herrigel.) Gotha/Stuttgart: Perthes.

Gundert, Wilhelm, 1925. *Der Schintoismus im japanischen Nô-Drama.* Tokyo: OAG.

Gundert, Wilhelm, 1929. *Die japanische Literatur.* Potsdam: Athenaion.

Gundert, Wilhelm, 1935a. *Japanische Religionsgeschichte: Die Religionen der Japaner und Koreaner in geschichtlichem Abriß dargestellt.* Tokyo/Stuttgart: Japanisch-Deutsches Kulturinstitut/Gundert Verlag. (Neudruck Stuttgart: Gundert Verlag 1943.)

Gundert, Wilhelm, 1935b. *Der japanische Nationalcharakter.* Tokyo: OAG.

Gundert, Wilhelm, 1936a. Die Bedeutung Japans und die Aufgabe der deutschen Japanologischen Arbeit. *Zeitschrift der Deutschen Morgenländischen Gesellschaft* 90 (15), 248–264.

Gundert, Wilhelm, 1936b. Japan von heute: Geistige und soziale Strömungen. *Ostasiatische Rundschau* 17/11, 298–302.

Gundert, Wilhelm, 1937a. Das Geheimnis des japanischen Nationalismus. *Deutsche Akademiker-Zeitung* (Wien), Jahrgang 29/9 (1937/4/15), 1–2.

Gundert, Wilhelm, 1937b. Nationale und übernationale Religion in Japan. In: W. Gundert/W. Schubring/R. Strothmann (ed.), *Die religiösen Kräfte Asiens. Vorträge der 1. Auslandswoche 1937 an der Hansischen Universität.* Hamburg: Hanseatische Verlags-Anstalt, 5–20.

Gundert, Wilhelm, 1940. Idee und Wirklichkeit in der japanischen Geschichte. *Ostasiatische Rundschau* 21 (1940), 44–247.

Gundert, Wilhelm, 1942. Quellen japanischer Kraft. *Deutschlands Erneuerung* 26/5 (1942), 221–229.

Gundert, Wilhelm, 1944. Die Entwicklung und Bedeutung des Tennoo-Gedankens in Japan. In: Hans Heinrich Schaede (ed.), *Der Orient in deutscher Forschung. Vorträge der Berliner Orientalistentagung, Herbst 1942.* Leipzig: Harrassowitz, 137–157.

Gundert, Wilhelm, 1960–1973. *Bi-yän-lu. Meister Yüan-wu's Niederschrift von der Smaragdenen Felswand, verdeutsch und erläutert.* München: Carl Hanser 1960 (Bd. 1); 1967 (Bd. 2); 1973 (Bd. 3).

Gundert, Wilhelm, 1964. Hermann Bohner zum Gedächtnis. *Oriens Extremus* 11/1, 1–8.

Gundert, Wilhelm, Annemarie Schimmel, Walther Schubring (ed.), 1965. *Lyrik des Ostens.* München: Hanser.

Günther, Hans, 1934. *Die Nordische Rasse bei den Indogermanen Asiens*. München: J. F. Lehmanns.

Heim, Karl, 1923. Der Zen-Buddhismus in Japan. *Zeitschrift für Theologie und Kirche* 4 (1923), 245–259.

Howes, John F., 1965–1966. "Western Words and Japanese Preoccupations: The English-Language Works of Uchimura Kanzo." *Pacific Affairs* 38/3–4, 307–325.

Klemperer, Victor, 1947. *LTI. Notizbuch eines Philologen*. Berlin: Aufbau-Verlag.

Kubota, Hiroshi, 2008. "Strategies in Presenting 'Japanese Religion' during the National Socialist Period: The Cases of Kitayama Junyū and Wilhelm Gundert." In: Horst Junginger (ed.), *The Study of Religion under the Impact of Fascism*. Leiden: Brill, 613–633.

Otto, Rudolf, 1917. *Das Heilige: Über das Irrationale in der Idee des Göttlichen und sein Verhältnis zum Rationalen*. Breslau: Trewendt & Granier.

Otto, Rudolf, 1923: Über Zazen als Extrem des numinosen Irrationalen. In: Rudolf Otto, *Aufsätze das Numinose betreffend*. Stuttgart/Gotha: Perthes, 119–132.

Payer, Alois, 1996–2017. *Materialien zum Neobuddhismus, 3/5: Buddhismus in Deutschland zwischen den beiden Weltkriegen*. Internet publication http://www.payer.de/neobuddhismus/neobud0305.htm [20.10.2017]

Reinhardt, Kurt F. 1938. Review of W. Gundert, Japanische Religionsgeschichte. *Books Abroad* 12/1, 85.

Scheid, Bernhard, 2013. In Search of Lost Essence: Nationalist Projections in German Shinto Studies. In: Bernhard Scheid (ed.), *Kami Ways in Nationalist Territory: Shinto Studies in Prewar Japan and the West*. Wien: VÖAW, 237–264.

Seckel, Dietrich: Wilhelm Gundert zum Gedenken. In: Gundert, *Bi-Yän-Lu*, Bd. 3 (1973), 151–161. (First published in *Neue Zürcher Zeitung*, 11. Dezember 1971.)

Wachutka, Michael, 2001. *Historical Reality or Metaphoric Expression? Culturally Formed Contrasts in Karl Florenz' and Iida Takesato's Interpretations of Japanese Mythology*. Hamburg: Lit Verlag.

Weber, Jürgen, 2011. Der japanische Vetter: Hermann Hesse und sein Ostasien-Berater Wilhelm Gundert. Internet publication at www.drjürgenweber.de: http://www.xn--drjrgenweber-flb.de/Hesse%20und%20Wilhelm%20Gundert.pdf [20.10.2017]

Worm, Herbert, 1988. War Karl Florenz ein Verehrer Adolf Hitlers? Eine deutsche Preisverleihung in Tōkyō. *NOAG* 144

(1988), 31-58.
佐藤マサ子　一九九五『カール・フローレンツの日本研究』春秋社。

第5章　日本ファシズムの起源の固有性について
――からごころ

クラウス・アントーニ（齋藤公太　訳）

一　はじめに

「ファシズム」を理論的に理解するということは、非常に複雑できわめて困難な問題である。この主題をめぐる政治的、歴史的、イデオロギー的、さらには感情的側面ゆえに、ファシズムという言葉を用いることは真面目な学問的研究から逸脱する危うさをはらんでいる。比較研究を行う場合にはなおさらそのことが当てはまる。西ドイツでは一九八〇年代中頃に行われたいわゆる「歴史家論争」(Historikerstreit)の後で[1]、次のような考えが共通の結論となった。すなわち、一九三〇年代から一九四〇年代にかけてのドイツ、イタリア、日本における、いわゆる「ファシスト」政権について論じるのであれば、そのきわめて多様な歴史的現実に対してファシズムという言葉は不適当である。ファシズムという言葉を用いて比較のアプローチをとるならば、最終的にはその恐怖、とりわけドイツ国家社会主義の恐怖を相対化する可能性がある、というのである。こうした政治的議論は大きな影響力を持った。「比較すること」は罪の側面を相対化する可能性がある。それゆえあらゆる「ファシズム」の比較研究を否定する、という明確な決定によって、歴史家の議論は終結したのだった。ドイツの歴史家の大半は、今でもこの立場をとっている。「ファシズム」という言葉はベニート・ムッソリーニ(Benito Mussolini)支配下のイタリアの体制には当てはまるかもしれない。だが、それによって当時の他の政治体制を記述することはまったく不可能である。暗黒時代におけるドイツのナチ体制や、もちろん日本の天皇制は、この記述的用語の範疇に含めるべきではない。あるいは含めることができないのだ、と。

かくしてドイツでは「ファシズム」という言葉の持つ学術的な独自性がほとんど失われ、それは「右翼」と「左翼」、マルクス主義者とブルジョワの間で政治論争が行われる際の単なるキャッチフレーズになった。学術研究の領域では、比較「ファシズム」研究はいつまでも立ち入り禁止区域になっているようだ。だが、アメリカの歴史家は政治的論争や相対化への非難にさらされることが少なかったために、比較「ファシズム」研究を行ってきた。さらには対象とする文化的・地理的領域をアジア諸国にまで広げていったのである。この新たな研究動向が有望であることは間違いない。様々な「ファシズム」における構造的共通性や歴史的類似性を比較の用語によって分析することに成功し、なおかつ各「ファシスト」体制の特異性を相対化するきらいも見られないからである。(2)

この点で、ハリー・ハルトゥーニアン(Harry Harootunian)による近年の研究(ハルトゥーニアン二〇〇七)は日本の事例を扱う際の模範となるものである。彼の浩瀚な著作の副題が示しているように、「戦間期日本の歴史・文化・共同体」を研究する上で、ハルトゥーニアンは次のようにはっきりと述べている。すなわち、日本の状況においては「私は、戦間期におけるファシズムという問題と、当時の文化的な議論におけるその位置を改めて考えることが重要であると考える」。我々は、「一九三〇年代のファシズムという問題とその多様な屈折を、無視することはできない」（ハルトゥーニアン二〇〇七：二九―三〇）と、ハルトゥーニアンは主張する。ハルトゥーニアンはもちろんファシズムという言葉の定義にまつわる問題を明確に意識している。だがこうした問題はファシズムにのみ限ったものではないと指摘する。その例として、彼は次のように述べている。「モダニズムに関しても、それについて語る人の数ほど多くの定義と説明が存在する」（ハルトゥーニアン二〇〇七：二〇）。

一九三〇年代と四〇年代の日本において、「ファシズム」が現実であったことは明らかである。それは日本独自の優れた文化様式なるものをめぐる議論の重要な要因だった。西洋的な近代の概念に直面したとき、固有主義者（ネイティヴィスト）たちは純粋で、真正で、不変の日本文化という観念へと向かった。「このようなかたちで、危機は、真正な文化への呼びかけや歴史の外にある……共同体の永遠なる形態を呼び起こそうとする多様な努力へと屈折した」（ハルトゥーニアン二〇〇七：二九）。このイデオロギー的世界の中心にあるのは、本質的には無時間的で歴史的変化を被らない国民の歴史であり、日本的なものという構築物なのである。

「ファシズム」について比較の視座から議論するというこの方法では、政治組織の形態ばかりを論じるのではなく、むしろイデオロギーの問題を取り上げる。ファシスト・イデオロギーに含まれているのは文化的、あるいは人種的優越性という観念である。それは、理想化された遠い国民的過去に基づいているが、未来のためのモデルともなる。ハルトゥーニアンは、ファシズムが持つ「文化や共同体へのイデオロギー的アピール」を指摘するなかで、これを「本来性や民俗主義、共同体主義を主張するイデオロギー的な文化秩序」と呼ぶ（ハルトゥーニアン二〇〇七：三四）。

本章では歴史家論争以前の時代の人々による研究を参照する。彼らはイデオロギーの領域においてこそ世界中のファシズムを比較できると述べていたからである。そしてその研究を近年の言説と結びつける。固有主義者による民族固有の個性の探求。それは他国に対する自民族の優越という攻撃的観念を伴っており、人種差別的、かつ／あるいは文化主義的な用語によって語られる。私の考えでは、これこそがあらゆるファシスト・イデオロギーの中核にあるものを表している。この点で、「ファシズム」という用語は比較研究に用いうるものであり、引用符なしで使うことも許されるだろう。かくして本章では日本のファシズムの固有主義的起源（ネイティヴィスティク）を取り扱う。近代日本の歴史においては、中国に対する、むしろ「漢意（からごころ）」(3)に対する、根源的な文化的、人種的優越性という主張において、この固有主義的起源が最も明瞭に見て取れる。

二　日本の中国観

一八六八年の明治維新の後、日本はアジアから徹底的に離脱し、西洋文明へ参与しようとした。そこに近代日本最大のジレンマに対する最初の解決策を見出すことができよう。このような西洋志向の代表者である福澤諭吉（一八三五―一九〇一）が余すことなく説明しているように、アジア近隣諸国からの完全な離脱こそが、日本の進歩にとって不可欠とされたのである。硬直した伝統にとらわれたがゆえに自滅している中国。その例との比較により、少なくとも明治初期には、近代日本国民国家の建設者たちにとって西洋は新しく、優越した文化モデルとして立ち現われていたのである。一八九五年に日清戦争で勝利すると、日本は帝国主義の列強に仲間入りし、近代化の成功モデルとなった。しかし同時に、日本人は自国の優越性に関する独特のイデオロギーを練り上げていった。すなわち日本は他に類例のない東洋的道徳と西洋科学のアマルガムになりつつある、というものである。これは後に日本ファシズムと呼ばれることになる一連の観念の基礎となった。このイデオロギーは日本文明の優越性を喧伝し、同時代の中国とアジアを否定的に位置づけた。そして拡張主義を推進し、一九三〇年代における中国への侵攻と一九四〇年代の太平洋戦争という結果をもたらした。したがって西洋と東洋のはざまにある日本の位置という問題は、やがて日本ファシズムを生み出すことになるイデオロギーの問題と切り離すことができないのである。

かくして我々は文化的なイメージと幻想の、神話とステレオタイプの、そして何よりイデオロギーの、幅広い領野に足を踏み入れることになる。それらは近代以前から、日本とアジアとの関係性を覆い隠してきた。これらのイデオロギーは、日本は自ら進んで孤立している優れた島の王国であるという概念を生み出した。この概念は「島国（しまぐに）」という日本語に最もよく表れている。こうした孤立の観念は、日本人が自国と外国の文化をどのように認識しているかを知ることによってのみ理解できる。そこでまず、日本人の文化的な自己理解と、外的世界、とりわけ中国に関する一般的なとらえ方について検討してみよう。

日本では外的世界との衝突に照らし合わせて文化的な自己像を顧みるということが、長い間伝統的に行われてきた。中国との関係については、うんざりするほど熱心に議論が行われてきた。というのも、日本の伝統的な文化的財産の多くは、実のところ中国に由来しており、日本固有のものではなかったからである。儒教と六世紀初めに発展した仏教が、中国から日本に到来すると、「神道」と総称される固有の宗教的観念と共生するようになった。日本の思想史はシンクレティズムの様式によって特徴づけられるかもしれない。そのため、輸入されたという側面と対比して、固有なものをめぐる根源的問いが何度も提起されたのである。それゆえに、日本の歴史では自らを説明するための特殊なモデルがかなり早い時期から発達した。すなわち、日本にやってくる外国の強力な文化的特質は、単に日本に同化し、日本化されるのみならず、日本において最高の発達段階に到達することができるのだ、という主張である。

それに加えて、日本人は受容された外来文化の文脈の中に、本来は日本固有の文化的側面を再発見しようとした。外来文化と日本に元からある固有の特質を同一視するというやり方によってである。たとえば仏教に関していえば、外国の文化的要素を神道における日本土着の特質と結びつけたのである。この観念は神仏習合という伝統的システムに基づいており、それは日本においてかなり早い時期から発展した。大きな影響力を持った天台宗のシンクレティストたちは、神道の神を仏や菩薩の権現とみなした。そのようにして仏菩薩が日本に痕跡を残したと考えたのである（本地垂迹）。他方で真言宗のシンクレティズムである両部神道は、太陽神・天照大神を大日如来の化身とみなした。八世紀という古い時代に行基（六六八―七四九）が記したと仮託された託宣の中で、天照大神は自らを毘盧遮那仏の権化と説明している。

しかし中世以降、神道の神学者たちはこのシンクレティズムのシステムを逆転させていった。徳川時代に入ると、とりわけ吉田神道とその後継者たちが、この反本地垂迹説を広めた。彼らは仏教的な神格は、原初の神道の神々の二次的な痕跡にすぎないと主張したのである。近代の日本では構造的には同じことが儒教に対して起こった。朱子学の道徳規範は「本来日本にある」徳目にすぎないと主張されたのである。このような外国の文化的特質の摂取は社会科学において「文化変容」と呼ばれる。それは二〇世紀の日本において、超国家主義とファシズムが発展する上で重大な意味を持ったのである。

三　日本儒教とナショナリズム的思想の展開

儒教的思考は日本文化に多大な影響を及ぼしてきており、今もそれは続いている。六世紀以降、儒教は日本において中心的な文化的要素となってきた。その影響力はあらゆる点で仏教と同等であった。外国に起源を有するにもかかわらず、時を経るにつれて儒教は高度に日本化された文化的財産となった。伝説的な記録によれば、中国から朝鮮を経て日本に初めてもたらされた書物は、儒教の経典の写本であったという。古代日本において儒教の影響は圧倒的な重要性を持っていた。その例としては、有名な聖徳太子の「十七条の憲法」（六〇四年）の内容がきわめて儒教的であることを挙げるだけで十分であろう。(4)

その後、日本は中国化された帝国となっていった。同時代の中国をモデルとして、国家儒教、あるいは漢代儒教に基づく国家制度を導入したのである。しかし、唐に見られたような中国の理想主義的な能力主義とは対照的に、日本の制度は血族の利益を求める貴族の部族構造に適応せざるを得なかった。個人の徳に関する儒教の平等主義的な基本原則は、結局日本の血統重視を乗り越えることができなかった。日本的思考の中では血筋というものが常に決定的役割を果たしたのである。それゆえ、日本人は伝統的な中国儒教で実現していたような道徳的平等性のみに基づく権力の原則を受容することができなかった。日本では天皇と将軍のいずれも、それぞれ権力を持っていた時代には血統的権威に依拠していた。天皇は太陽神・天照大神の子孫であるということの内在的神性に、将軍は傍系の皇統に由来する清和源氏の子孫たる源氏に属するということに、それぞれ依拠していたのである。奈良時代や平安時代、そして封建制の時代においても、国家はこの伝統的な見方を重んじていた。

血統の重視が続いていたにもかかわらず、儒教的な処世訓と道義は日本社会に大きな影響を与えた。それは江戸時代（一六〇〇―一八六八）の社会倫理の領域でとりわけ顕著である。室町時代（一三三六―一五七三）における国家規模の混乱と崩壊の後で、徳川家は日本全土に及ぶヘゲモニーを確立した。そして強力な政治組織と社会統制のシステムを樹立しようとした。一二世紀の宋の思想家、朱子の解釈に基づく朱子学的価値観が、江戸時代の統治の道徳的基礎となり、五倫と五常が国家と公共生活を規制した。仁義礼智信という個人の五つの徳目を、五種の関係性（君臣、父子、長幼、夫婦、朋友）の中で実現することが求められたのである。社会に存在する様々な職業集団と身分の人々も、このような道徳法に厳格に従うことが要求された。

日本では経書に関する朱子学的注釈を研究し、普及させたのが禅僧であった。この事実は、日本思想のシンクレティズム的性格を裏付けするものである。近世日本の朱子学を確立した二人の重要人物、すなわち藤原惺窩(一五六一—一六一九)とその高弟であり後継者であった林羅山(一五八三—一六五七)は、もともと仏教の僧侶であった。禅僧であった惺窩が儒学研究へと転向したのは、一五九三年に江戸へ赴任してからのことだった。惺窩の最も有名な弟子である羅山も禅の研究に打ち込んでおり、一六〇四年以降、師を通して儒学の教えを知るようになった。羅山は後に徳川初代将軍・家康の個人的アドバイザーとなった。そして朱子学の社会的・倫理的側面を完璧に応用し、徳川のヘゲモニーの強化を目標とする国家イデオロギーを作り出した。このイデオロギーは一九世紀半ばまで国家を支え、一八六八年以降の近代日本においても影響力を保持し続けたのである。

幕末にかけては異なる儒学の潮流が影響力を持った。それはナショナリスティックな政治的・革命的思想や行動につながるものだった。その支持者たちは幕府を倒し、神聖な天皇が独裁的君主として君臨するという理想化された古代の統治を完全に「復活」させようとした。これは現在の茨城県に当たる水戸藩にちなみ、「水戸学」と呼ばれる(5)。水戸藩は徳川家の分家によって設立されたのだが、一九世紀になると水戸学は反幕府思想の中核として受容されていった。このイデオロギーの根本にあるのは、神道と儒教の思想的融合(神儒一致)という綱領である。それは新たな日本帝国のイデオロギー的基礎となった。

儒教と神道のシンクレティックな結合というテーマは、早くも一七世紀には江戸時代の最も重要な思想家・イデオローグである前述の羅山が取り上げている。羅山によれば、神道の三種の神器は儒教の三達徳を表しているという。彼の著作『神道伝授』(一六四四—一六四八年)には次のような説明がある。

此三の内証は、鏡は智なり、玉は仁なり、剣は勇なり。智と仁と勇と三の徳を一心にたもつ義なり。心にありては智仁勇なり。そのあらわれてうつわものとなる時は、玉と剣とかゝみなり。これを以て国家をおさめまもる也。……王道と神道と其理一也（林一九八八：三三〇）。

この考えでは、中心的役割を果たしているのは儒教の価値体系であって、神器は単なるシンボルとして副次的位置に置かれている。

しかしそれから二世紀後、水戸学は大きな組み替えを行い、儒教と神道の関係をまったく逆転させた。ある水戸学の専門家が述べているように、水戸学は「教えのなかで儒教と神道の要素を調和させ」（Kracht, 1975: 51）、儒教を二次的重要性しか持たないもの、神道の「神聖な秩序」を補うだけのもの、と見なすようになった。一八世紀初頭には儒学者・山崎闇斎（一六一九―一六八二）の学派に属する跡部良顕（一六五八―一七二九）（神社新報社一九八六：一五）が次のように主張していた。「宇宙の間、神道のみ。道理の合するに於いては則ち儒を以て自ずから輔翼と為す」（跡部一九三七：七六五）。

水戸学は強力な政治的イデオロギーを作り上げ、近世後期におけるナショナリスティックな思想潮流の中でも最も重要なものを打ち立てた。それは明治維新の、ひいては明治期国民国家の思想原理となっていくのである。後期水戸学によって儒教と神道の関係はシンクレティズム的な転回を遂げた。そこからうかがえるのは、儒教が最終的な文化変容を被り、唯一無二の日本国家という概念の発生につながる決定的変化が起きたということである。

明治時代（一八六八―一九一二）にはこの根本的イデオロギーに基づく倫理体系の普及と宣伝が、小学校や軍事教育を通して意図的に行われていった。それは明らかに伝統的な朱子学の倫理的価値観に基づいていたが、倫理体系の推進者たちはもはやそれを儒教として認識していなかった。儒教的な「忠孝」という根本的徳目は、明治期の国民道徳の中核となり、今や完全に日本本来の価値観として再解釈されるようになった。そして「外国のもの」とみなされた中国儒教の道徳規範体系の教義との関係は完全に無視されたのである。

日本思想史上の非常に謎めいた人物である井上哲次郎（一八五六―一九四四）は、この思想的・イデオロギー的な展開において重要な役割を果たした。一九四〇年代まで続いた近代日本の基本的な精神的基礎は、この展開によって決定的に形成されたのである。[6] 近代日本における儒教の最終的な日本化とイデオロギー的変容のために、国家イデオローグにして倫理学者である井上は、決定的かつ挑発的な原理を提示した。井上の解釈によれば、儒教の倫理的な教えは日本の「固有」の文化と自然に調和するものである。それゆえ井上は、「外来」の儒教の倫理体系とは何の歴史的関係も持たないとされる純粋な日本の国民道徳なるものを想定した。以後、この遺伝的な日本の国民道徳という構築物は、一九四五年に大日本帝国が敗北するまで日本の教育システムを支配することになった。さらに我々はその遺物をも見出すことができる。それは単に日本と日本人に関する自己言及的な言説〈日本〈人〉論〉のみならず、現代日本社会の根本にある倫理的な志向性においてである。明治期以来、儒教的倫理が被った文化変容の度合いにかんがみれば、多くの日本人がこの倫理的志向性の起源が儒教にあるということに無自覚であるのも不思議ではない。

明治期以降、日本文化に対して儒教が与えた影響が意識されなくなっていったことと、一九世紀後半以降にアジアを徹底的に排除していったことは、近代日本思想の根本的な要素となった。前述の通り、福澤諭吉のような明治期の進歩的知識人は儒教的思考を近代化過程の障害物とし、反近代的・封建的なアジア世界の象徴とみなした。こうした観念に基づく、覚醒した日本人のアジアからの離脱という考えは、東アジアの文脈に日本を位置づける際に最も解決の困難な要素となった。その難問は今も続いているのである。

四　漢意（からごころ）──「邪悪な中国的精神」と日本の固有主義

日本が再びアジアに復帰するためには、ただ自国の本当の文化的起源を思い起こすだけでよい、という意見もあるだろう。だが、問題はより深刻である。日中関係の障害の原因を、単に前世紀における近代化過程に帰するならば、より大きな問題を適切にとらえることができない。日本思想史をつぶさに顧みるならば、近代の否定的な中国像が形成される上で強力に働いたもう一つの重要な要因が浮かび上がってくる。すなわち、徳川時代の固有主義である国学のラディカルなイデオロギーによる、儒教と中国的なものすべてに対する批判である。

国学は元来哲学的なものにすぎず、さらにいえば文献学的であったが、徳川幕府への反逆に精力を傾けるようになった。そして、古代の「黄金時代」に存在していたとされる原初的な聖なる統治構造を復活させようとした。儒教は国学の登場に関しても間接的な責任を負っているといえるかもしれない。なぜなら理想化された古代という観念は儒教のあらゆる学派に共通しているからである。とりわけ儒学者の荻生徂徠（一六六六─一七二八）と江戸儒学の「古学派」は、固有主義者の思考に深い影響を及ぼした。丸山眞男の研究を参照しつつ、ヴィクター・コシュマン（Victor Koschmann）は次のように指摘する。「一八世紀の初頭、荻生徂徠は、古代中国の古典を直接に読むべしとする、言うならば原理主義者らしい方法的な自覚をもって、宋代の新儒教を拒絶していたし、この方向は、同じ世紀の本居宣長のような国学者たちによって、日本の古典、特に『古事記』への深い関心の持続へと応用されていた」（コシュマン一九九八：六一）。

水戸学と並行して発達した国学は、一七世紀から一九世紀にかけて次第に日本の知的言説に影響を与えるようになり、明治維新の後も大きな影響力を保った。荷田春満（一六六九─一七三六）、賀茂真淵（一六九七─一七六九）、本居宣長（一七三〇―一八〇一）、そして平田篤胤（一七七六―一八四三）という主唱者に代表される国学は、純然たる文献学的・文学的潮流から出発しつつ、ラディカルな政治イデオロギーへと発展し、超国家主義的な外国嫌悪を鼓吹するようになった。皮肉なことに、国学が儒教を批判する際にとった方法論は、まさに儒教思想の範疇と原理に依拠していた。西洋の進化論的思想とはまったく異なり、古典的な中国儒教は歴史における進歩という観念を否定する。理想化された古代、歴史の夜明けにおける黄金時代を設定し、堕落した現在と鋭く対比させるのである。日本の国学者は儒教から理想化された古代という概念を借用し、それを日本に適用した。そしてより良い日本の未来のモデルを想像したのである。

国学者によれば、儒教の影響を受けた日本人が何世紀にもわたって書き溜めてきた書物は、失われた黄金時代に関する知識を覆い隠してしまったという。それゆえ、日本の固有文化の基礎は、より古い時代、すなわち日本が儒教や仏教といった外国の影響から自由であった時代を研究することによってのみ明らかになる。このような古の時代には、外的世界の文化、とりわけ中国文化との接触はなかった、と国学者は想定する。賀茂真淵とその後継者たる本居宣長のような初期の国学者たちは、日本の古代をその後の外来の中国の影響による「汚染」から救い出すことに尽力した。そのため彼らは、ほとんど理解不能な古代の文献を解読しようと奮闘した。その中には古代日本の神話も含まれていた。

大きな関心の的となったのは八世紀の『万葉集』であった。古代の日本語で作られ、発音が漢字で表されたこの詩集の解釈に、真淵は生涯の大半を費やした。真淵はこれらの詩が中国の影響を免れた純粋な日本の精神を表し、それゆえ日本の歴史の最初に存在した黄金時代の魂を反映していると期待したのである。そのため文献学は単なる方法ではなく、それ自体が力を注ぐべき対象であった。国学者の見方によれば、『万葉集』やその他の古代文学が書かれた数世紀の間に、中国による「汚染」を受けていない純粋な日本語が見出される。それは古代の黄金時代に到達するための唯一の手段であるというのだ(7)。

宣長は、一九世紀に平田篤胤とその学派が発展させたようなファナティックな立場はとらなかったものの、国学の言説をいくぶんか政治化した。宣長が古代の最重要文献とみなしたのは『万葉集』ではなく、『古事記』(七一二年成立)であった。八世紀初頭の朝廷で書かれたこの最古の歴史書は、宗教と文学、神話と歴史との間隙を埋めるものだった。数十年をかけて『古事記』を解読した宣長は、その神話が、外国からの悪影響がまったくなかった時代の本当の日本の起源を開示するものと考えた。『古事記』の神話に導かれて、宣長は日本を中心とする「古道（いにしえのみち）」という観念を創始し、中国に対する日本の優越を確信するに至った。

宣長の徹底的な中国批判は、特に儒教に焦点を絞るものだった。宣長の見方によれば、儒教的精神は傲慢な合理主義の表れとされる。彼らは完全に能力主義的な徳の教義に基づいており、人間の実存に関する基本的真実をまったく無視しているからである。それに対して宣長は、真実は『古事記』とその神代に関する神話的記述においてのみ見出される、と考えた。宣長によると、『古事記』における世界創造の記述は、古代の日本人と日本固有の神々との深い結びつきを表しているという。外的世界の人々、とりわけ中国人は、この結びつきを欠いているのである。宣長は日本の神々の普遍妥当性に何の疑問も抱かなかった。真理は一つしかない、と信じていたからである。この典型的な宗教的・自民族中心主義的解釈は、近代の神道の神学的基礎となった。またこれにより宣長は、形式的演繹の枠組みを用いながら、ファナティックに中国を非難することができたのである。

宣長の考えによれば、中国は日本の神々による原初の神的真理から切り離されていたがゆえに、儒教のような哲学を生み出す必要があったのだという。「神なき中国」はもはや直観的に神聖な徳の道に従うことができない。そこで悪しき人間の性向をコントロールするため、さかしらな道徳規範体系を案出しなければならなかった、というのである。宣長の儒教批判は、最初はあらゆる合理主義的世界観の持つ限定的性格に向けられているが、すぐさまそれは中国への逆襲を主張する外国嫌悪の叫びへと変わっていく。それを端的に表しているのが、「漢意(からごころ)」という言葉である。この言葉は宣長の考える人間の過ちと堕落を集約している。

宣長とは対照的に、その師である真淵の儒教批判は、ショーヴィニズムからほとんど免れている。真淵は思想体系としての儒教を排除しているが、道家思想に関しては、それが中国の思想であるにもかかわらず、高く評価している。したがって、単なる哲学的・文献学的儒教批判から、あらゆる中国的なものを徹底的に拒否する後期国学への転換点は、宣長にあるといえる。とりわけこの否定的態度を極限まで推し進める役割を果たしたのは、平田篤胤であった。篤胤は熱烈な天皇崇敬を鼓吹し、世界中の国々に対する日本の優位を主張した。篤胤は絶対的な対比により、中国を堕落の中心点と位置づけた。なぜなら篤胤の見方によれば、中国の歴史は裏切りと簒奪に彩られており、かかる状況自体が聖人による統治という儒教の理想と根本的に矛盾しているからである。

国学者たちは天皇の統治を正統化する重要性についても強く主張した。彼らは共通して、皇室は世界各国の支配者よりも上位に位置づけられるべきである、と考えていた。なぜなら古典に記されているように、皇室のみが(日本の)神々の血筋を引いているからである。前述の部族的、血統主義的思考の影響が、こうした教えの基盤となった。皇室は天上の神々の子孫であるのだから、その統治は永遠に続くはずだ、と国学者たちは信じた。国学思想におけるこの概念は、明治維新後に作り出された国家イデオロギーにも見出され、一九四五年まで普及していたものである。その重要性は強調してもなお余りある。

国学者の世界観におけるこうした概念の重要性は、幕末の一八六三年に成立したある著作に見出される。それは、ラディカルな政治的観念が広まったこの時期に、平田派国学者である竹尾正胤が世界の列強の状況に関して著した浩瀚な書物である。驚くべき歴史学的・地理学的知識を持っていた正胤は、「帝国」とみなした列強の歴史を批判的な比較の視野から提示した。正胤が大きく取り上げているのは、古い「ドイツ帝国」(一八七一年に建国されたものではない）、オスマン帝国、ロシア、フランス、そしてより古い時代に発展した文明である。中国もこれらの中に含まれている。正胤はとてつもない詳細さで、これらすべての帝国における野蛮な簒奪や、裏切りによる殺害、正統性を欠いた統治の例について紙幅を費やしている。そしてそれはすべて同一の結論にたどり着く。唯一日本の皇室だけが、神聖な血筋を直接引いているがゆえに統治の正統性を主張できるのだ、と。ここでは中国に関する国学者の標準的な議論が全世界へと拡大され、純粋かつ素朴な形で表明されているのである。しかし、正胤がとりわけ非正統的で無価値な統治の古典的例として提示するのは中国である。その理由は王朝の交替がいつまでも繰り返され、さらには異民族である清王朝の支配が二世紀以上も続いているということにある。

このように明治期に近代日本が始まるよりも前に、日本を中心とする世界観は確立されていた。それは国学者の教説に基づいており、儒教と中国に対する極度に否定的な見方を拡大し、他の国々に対しても適用したものだったのである。国学者にとって儒教の合理主義とは、『古事記』に記されている神聖な真理から逸脱した結果、中国が生み出したものだった。中国には「神がいない」というこの観念は、非常に極端な自民族中心主義的視点の主要な基礎となった。日本の道徳は祖先から受け継がれた日本固有のもので、形而上的な基礎を有している。それに対して儒教は、そのような価値観を哲学という手段によって人工的に広めなければならなかった。それゆえ、儒教が奨励した根幹的価値観の本当の起源は日本にあるのだ。中国がこれらの価値観を哲学的に定式化する必要があったのは、ひとえに中国が堕落していたからである。日本がその神聖な起源に立ち返りさえすれば、もはやこの人工的な解釈の助けを借りる必要はないのだ。

こうした文脈から次のことが明らかになる。すなわち、世界における日本の位置や、とりわけ中国との関係をとらえる際の国学的な枠組みが、一九三〇年代と一九四〇年代の拡張主義的イデオロギーに大きく寄与した、ということである。中国やその他のアジア諸国に対する日本の文化的優越性へのこのような確信がなければ、この時期のアジアへの侵攻は到底考えられなかっただろう。かかる日本の「使命」に関するイデオロギーは、幕末に誕生したものだった。その背景には、国学と水戸学の観念が融合して生まれた新たな、そして最も強力なナショナリズムのイデオロギーがあった。すなわち国体論である。

国学と水戸学の関係についていえば、特に初期の段階において、両者の間に深い思想的つながりがあったことは明らかである。ホルスト・ハミッチュ（Horst Hammitzsch）は、前期水戸学を「国学の分派」（*Zweigschule der Kokugaku*）のようなものとさえ述べている。というのも水戸学の観念の大半は、国学の思考にも見出されるからである（Hammitzsch, 1939: B-8）。国学のイデオローグである平田篤胤は、水戸学の創設者たる徳川光圀（一六二八―一七〇一）を、その「古道」への敬意ゆえに称賛した。コシュマンは「水戸学者たちは、国学者が見せたような儒教への敵愾心を、決して共有しなかった」と述べているが、次のように付け加えている。「徳川後期の水戸の歴史家たちが、「神代」を史実として扱おうとしたのは、一八世紀の国学者たちの神話への回帰からの影響を受けてのことであった」（コシュマン一九九八：六一）。

それゆえ国学と水戸学が共通の視点を有していたことは明らかである。とりわけ天皇や、黄金時代としての「神代」、日本の国体の優越性に関する見方である。これら共通の概念は、明治期に建設された新たな帝国における共通のイデオロギー的規範となった。両者の差異は主として思想の概念としての儒教への評価、またその発祥地たる中国の役割への評価、という点に存した。儒教的概念が明治期に重要性を持っていたということは、水戸学的思想の延長と見えるかもしれない。だが、固有主義者の議論の影響により、これらの儒教的概念は公式には純粋に日本的なものと主張された。かくして明治期には二つの思想潮流が効果的に融合し、固有主義的・反中国的な思想と行動の共通のイデオロギーを生み出したのである。

五　国　体——近代日本のユートピア(8)

日本は一九世紀ヨーロッパにおける国家の概念に即して、近代的な意味での国民国家に変容した。この変化は、徳川時代の国学と水戸学の尊王主義者による、思想的・イデオロギー的作業と行動がなければ到底なしえなかっただろう。したがって、これら初期のナショナリスト学派の精神的な実態と目標が、明治期日本のナショナリズムが勢力を増していった後も継承され、普及していったことは不思議ではない。一九世紀の終わりにかけて、排外的な神道は「非宗教」の国家的祭儀であると主張され、個々の市民が個人的に何を信仰しようともそこに参加することが強制された。国民の統合過程の中心は天皇制にあった。

ナショナリストたちが唯一無二と主張した天皇の地位に対する見方は、すでに述べたように、神話的な古代の伝統に依拠していた。この概念は国家イデオロギーとして広まり、それが日本を他のあらゆる国々から区別する唯一無二の「国体」として喧伝されたときに、その絶頂を迎えた。この国体イデオロギーは、国内政治においては異質な人々を統合し、民族国家を作り出すための手段となった。同質的国民という仮定は、表面的には国内・国外に潜む敵を追放することを意図したものだったが、アジアに新たな日本帝国を築くという拡張主義者の主張に根拠を与えることにもなった。統合のイデオロギー的目標は、日本的「家族国家」という概念の創造だった。これはすべての国民、あるいは少なくとも忠良なる臣民を血族関係の基盤によって互いに結びつけ、この神秘的・神話的共同体を、国民的拡大家族の父たる天皇像に投影するものだった。やがて天皇はあらゆる国家の父となっていった。

「国体」という語は英語では通例“national polity”と直訳される。だが、これを定義したり翻訳したりすることはきわめて困難である。「国体」を翻訳する際に、厳密に同等な語によって置き換えるのではなく、むしろ意味に外接し、それを取り囲むような訳になりがちであることは、この困難さを示している[9]。直接的な翻訳ではこの語が含意するものすべてを伝えることができない。したがって必要となるのは歴史的方法である。すなわちこの言葉を静的なものとしてとらえるのではなく、むしろその展開と用例の過程を跡付ける試みである。このやり方であれば、日本において国体が意味していたものの本質的かつ代替不可能な要素を理解することができる。

現在では「こくたい」としか読まれないこの漢語が、日本文学の中で初めて、かつ独立的に用いられたのは、一〇世紀初頭以降に編纂された儀礼文書である『延喜式』の祝詞においてであった[10]。そこでは天穂比命という神が、巡検の旅の途上で「くにがた」を調べた、と記されている。この「くにがた」という言葉に「国体」という漢字が充てられているのである。

厳密にいえば、この漢語の初期の用例は「国体」のやっかいな性格とは何の関係もない。当時この言葉は特別な意味を持っていなかったからである。一八五六年に儒学者の山県太華は、かつて国体という言葉はまったく知られておらず、おそらく水戸学の学者がこれを導入したのだろう、と記している[11]。実際、水戸学者の会沢正志斎（一七八二―一八六三）は、一八二五年に著した綱領的書物である『新論』の、国家に関する理論的言説の中で国体という言葉を使用した。そこで正志斎は後に国体思想と呼ばれるものの重要な側面のいくつかを確立したのである[12]。この新たな文脈の中で、もはや国体は一般的な国家の体制や、存在や、状態を表す語ではなくなった。そうではなく、日本国民だけが持つという永遠の特徴と価値観の真正な本質のみを指すようになったのである。この特徴ゆえに、日本は他のあらゆる国々から区別され、それらよりも優越しているとされた。

歴史的には国体思想とイデオロギーの三つの時期を明確に区分することができる。すなわち、(一)形成期（およそ一八二五―一八九〇年）、(二)古典期（一八九〇―一九三七年）、そして(三)狂乱期（一九三七―一九四五年）、である。以下、それぞれについて分析していきたい。

形成期は一九世紀初頭、正志斎の『新論』の成立とともに始まった。この段階には日本史上の最も重要な変化の時期が含まれている。すなわち徳川幕府の崩壊と開国、神聖不可侵の天皇を国家の元首とする大日本帝国の創出である。この天皇は憲法を超えた存在であり、生ける神、国家それ自体の受肉化としてみなされた。

この段階で水戸学の思想家たちは重要な役割を果たした。すなわち「神儒一致」という信条に従い、二つの本来異なる観念の世界を一つの新たなイデオロギーにまとめ上げたのである(Kracht, 1975: 51)。他方、日本を聖なる神国とみなす古い神道的概念も存在した。[13] そこでは日本は他のあらゆる国々より優れているとされ、天皇は神の子孫であり、生ける神とみなされた。このような天皇の単一の王朝では永久に革命が起こらず、それゆえ唯一統治の正統性を有するとされる。[14] 水戸学と並行して活動していた国学者たちは、これを彼らのイデオロギーの中核にした。

しかし国学による儒教批判とは逆に、水戸学の思想家たちは実質的に儒教をこの新しいイデオロギーに組み込んだ。神道における神聖君主の観念と、儒教の道徳規範のイデオロギー的アマルガム。それが国体の中核となり、唯一の驚くべき日本の本質なるものを定義したのである。正志斎はこのイデオロギーの信条の概略を、『新論』の最初の三つの「国体」の章で説明している(会沢一九三三：五―三九)。正志斎は、八世紀初頭の『古事記』(七一二年)と『日本書紀』(七二〇年)という最古の日本の歴史書に記されている日本帝国の始まりに関する記述を歴史的事実とみなす。したがって、太陽神にして皇室の祖先たる天照大神は、国家の統治を永遠にその子孫たる天皇に委ねたのであり、それが唯一の正統な血統となったのである。

もちろん、国学者も日本の統治を命じた天照大神の聖なる神勅を、他の国々、とりわけ近隣の大国たる中国に対する「神国」の道徳的優越性を確立した本質的特徴とみなしていた。中国思想では天子の個人的な徳が統治の正統性をはかる主な基準となる。だが日本の国学者は、天孫に与えた天照大神の神勅を、天皇の独特の地位の根拠とみなす。天皇の統治が続いていることが、その神的起源の証拠となる。さらに、おそらくは国学の最もラディカルな代表者である平田篤胤は、日本と皇室の神性という観念を、日本のあらゆる人々に向けて拡大した。正志斎の『新論』が成立する一年前、一八二四年に刊行された『古道大意』の中で、篤胤は率直にもこう主張している。「今コ、ニ演説イタシマス所ハ……御国ノ神国ナル謂、マタ賤ノ男我〻ニ至ルマデモ、神ノ御末ニ相違ナキユエン……」(平田一九七六：一二)。

水戸学者は国学によるこの「神国」イデオロギーを補った。すなわち当時の日本で支配的だった儒教の倫理的教義の規範を組み込んだのである[15]。彼らにとってとりわけ重要なのは五種の人間関係、特に「忠」によって特徴づけられる君臣関係と、「孝」によって特徴づけられる父子関係であった。この教義に関する日本特有の解釈は、これら二つの理想的関係が遺伝的に統一されるという観念に見出される。それは「忠孝一致」という標語によって表される。またこのような解釈は、忠孝を封建領主にではなく、唯一の正統の君主たる天皇に向けることを要求するという点にも見出される。これは水戸学の独創的な観念であった。

「孝」と「忠」が交錯したことで、必然的にある概念が発達した。すなわち、国家を家族とし、唯一真正の君主への忠誠を、父に向けられた子の愛と同一視する、という概念である。これが国学の「神国」イデオロギーと結合したときに、国体の概念が生み出された。それは日本国民を共通の神の子孫である本当の家族と定義し、天皇を生まれつきの「パテル・ファミリアス」とするものだった[16]。国学と水戸学の観念は理論にのみとどまっていたのではない。むしろ、それらは明治維新以降の新たな帝国において、そして一八八〇年代後半における保守勢力の最終的勝利において、実際にイデオロギー的基礎となったのである。

一八八九年二月一一日、プロシア憲法の部分的影響を受けた明治憲法が公布された。その第一条と第三条が示しているように、明治憲法は天皇を神聖不可侵にして無答責の存在と定義した。つまり大部分国学の伝統に従っているのである。しかし、第四条と第五条が示しているように[17]、明治憲法は天皇の専制政治の可能性を防ぐための条項も含んでいた。すなわち、明治憲法は「神国」ナショナリスト・イデオロギーと、明治初期の指導者たちに影響を与えていたリベラルな立憲思想との衝突を反映しているのである。

しかしある文書により、保守勢力が決定的な勝利を収めた。その文書は類例のない新たな日本のイデオロギー的志向性に影響を与えた。その文書とは、一八九〇年一〇月三〇日に発布された教育勅語である[18]。これは一九三〇年代まで続く国体思想の「古典期」とでもいうべき時期の開始を画するものだった。当初、教育勅語の唯一の機能は、日本の小学校における義務的な修身教育のガイドラインというものだった[19]。だがその実際の意味ははるかにこれを超えていた。実際には教育勅語は後期明治国家の道徳的基礎に、そして思想家・丸山眞男が「魔術的な力」を持った「非宗教的宗教」（丸山一九六一：三二）と評した国体イデオロギーの公式の根拠となったのである。教育勅語が実際に神秘的なものとして受容されていたことは、その公布からわずか三ヶ月後の一八九一年、教育勅語の公式の謄本と天皇の写真に対して学校で拝礼がなされたという事実からわかる。つまり、勅語それ自体が疑似宗教的対象、日本の精神的本質たる国体の受肉化・物質化であったのだ。

しかし、教育勅語を初めて読む人が、超国家主義者が一人で考え出した扇動的パンフレットを期待するならば、おそらく驚くか、あるいはがっかりするだろう。教育勅語はそのようなものではない。教育勅語は穏当な表現を用いており、道徳的に尊敬すべき人生を送るためのガイドライン以上のものではないように見える。

朕惟フニ我カ皇祖皇宗国ヲ肇ムルコト宏遠ニ徳ヲ樹ツルコト深厚ナリ我カ臣民克ク忠ニ克ク孝ニ億兆心ヲ一ニシテ世々厥ノ美ヲ済セルハ此レ我カ国体ノ精華ニシテ教育ノ淵源亦実ニ此ニ存ス爾臣民父母ニ孝ニ兄弟ニ

友ニ夫婦相和シ朋友相信シ恭倹己レヲ持シ博愛衆ニ及ホシ学ヲ修メ業ヲ習ヒ以テ智能ヲ啓発シ徳器ヲ成就シ進テ公益ヲ広メ世務ヲ開キ常ニ国憲ヲ重シ国法ニ遵ヒ一旦緩急アレハ義勇公ニ奉シ以テ天壌無窮ノ皇運ヲ扶翼スヘシ是ノ如キハ独リ朕カ忠良ノ臣民タルノミナラス又以テ爾祖先ノ遺風ヲ顕彰スルニ足ラン

斯ノ道ハ実ニ我カ皇祖皇宗ノ遺訓ニシテ子孫臣民ノ倶ニ遵守スヘキ所之ヲ古今ニ通シテ謬ラス之ヲ中外ニ施シテ悖ラス朕爾臣民ト倶ニ拳々服膺シテ咸其徳ヲ一ニセンコトヲ庶幾フ

このテクストを詳しく分析するならば、その明確な構造と、独特に定義されたイデオロギー的目標が明らかになる。最初に日本の国体の中核、その「独特の性格」が強調される。記録によれば大日本帝国は神的基礎に基づいているとされる。中国の古典的な統治の概念とはまったく対照的に、皇統は最初から生得的に徳を有している。この概念は天皇を非人格化する方法の中核にあるものである。君主と臣民は人々の側の絶対的忠誠によって相互に結びついている。それは実のところ子供の父に対する愛情と異なるものではない。国民それ自体が巨大な家族として立ち現れる。それは単に象徴的な意味ではない。共通の神的祖先による血のつながりに基づいているのである。

組織的な国家の規制に関する近代西洋的な規範も――たとえば憲法と法の尊重――少なからず教育勅語に含まれている。だが、社会的共同存在を規制する倫理的規範は、大部分が水戸学の伝統における儒教の教義から採られている。その二百年以上前、水戸学的方法の先駆者であり、垂加神道の創始者であった山崎闇斎が、直接朱子を参照しつつ、五種の人間関係を規制する五常の徳の教義をあらゆる教育の基礎として提示していたことにも注意すべきであろう(Antoni, 1988: 83-88)。

最後の段落は再び最初の主題を取り上げている。すなわち、単一の王朝の永続ということである。祖先が創始した「道」が、君主と臣民というあらゆる人々に適用される。この概念もまた、すでに水戸学において発展していたものだった。たとえば正志斎は、「道」があらゆる日本人によって代々受け継がれ、日本人に生まれつき備わっていると主張した（会沢一九三三：七）。

このように国体イデオロギーの本質的で古典的な要素は、教育勅語へ正統的に受け継がれたのである。すなわち、（一）皇統の神聖性の措定という基本的な宗教的概念。これは皇室神道と国学思想から借用されたもの。（二）社会秩序を規制する儒教的な五種の徳目と関係性。（三）日本国民を本物の家族とみなす「家族主義」の概念。これは上記二つの要素から結実するもの。

かくしてこの教義は公式の国家イデオロギーとなった。そして小学校の修身教育と軍事教練を通じて、人々の間に広まった[20]。だが、一九三〇年代までは学術的言説における思想的自由もかなりの程度許されていた。天皇の地位という問題をめぐって、深刻かつ激しい議論が起こった。天皇は、憲法学者・美濃部達吉[21]（一八七三―一九四八）の理論にあるように、単なる国家機関なのか。それとも神道的正統教理を奉ずる穂積八束（一八六〇―一九一二）や上杉慎吉（一八七八―一九二九）が措定したように[22]、天皇は国家の受肉化であり、それゆえ超国家的な性格を持つものなのか。

美濃部は当時の日本とヨーロッパの王制の間に実質的な差異はないと見ていた。だが、彼の敵対者たちは日本の「特殊な性格」を強調し、国体を非常に重視した（Neumann, 1978: 20）。この論争は一九二〇年代から三〇年代までの日本の思想的展開を決定づけた。その結末はよく知られている。一九三五年二月、いわゆる国体論争の中で美濃部の敵たちは議会で彼を不敬罪により告発したのである。美濃部の著作は発禁処分を受け、彼は貴族院から追放された。

これにより、ファンダメンタリズム的な国体の解釈に基づいて国家イデオロギーを解釈することが可能になった。これはつとに美濃部のライバルであった上杉慎吉が、一九二四年に大日本帝国憲法の注釈の中で主張していたことである。町田実秀は次のように述べている。

上杉によれば、大日本帝国は太陽神の天孫が日本の統治者となったときに創設されたのだという。天照大神の神勅により、永遠不変の日本の国家形態が確立され、その統治者が任命された。あらゆる日本人は確信している。個々の自我は天皇の魂に吸収されることによって完成と永遠を期することができる、と。その天皇は神聖な祖先の子孫であり、その魂を受け継ぎ、身に付けている。天皇によってのみ、人間は宇宙の理想を、完全性を実現することができる。自らを天皇と、すなわちその祖先たる神々と結び付けることで、人間の本質は一層完成し、発展する。なぜなら高天原が日本人の理想国家、すなわち人倫の最高形態だからである。……現実の日本は高天原の延長である。高天原の多くの神々が、その首長たる天照大神のもとで一つの家族を形成しているのと同じように、地上では伊邪那岐によって生み出された日本人たちが、心理学的に一つの巨大な家族を形成する。彼らの相異なる意志は、天皇によって統合され、体現される。……天皇は超越的であるが、同時にすべての人々を自身のなかに統合するのである(Machida, 1930: 169-170)。

上杉やその他のファンダメンタリストたちは、より宗教的な神秘主義を国体の概念に注入し、天皇を宇宙の基礎として確立しようとした。そして一九二〇年代には国体という言葉を法的に根拠づけ、それを明示化しようとしたのである。そこで役立ったのが、美濃部のもう一人の敵対者、穂積のアイデアであった(23)。穂積は国体を、あらゆる国の国民が持つ不変の特徴として一般的に定義した。だが、日本の特殊な国体は、天皇の直接的な統治によって特徴づけられる。それは永遠に変わらない国民的特徴である。この定義に従い、国体という言葉が初めて法律に組み込まれた。それは一九二五年五月一二日に施行された「治安維持法」の条文においてであった。そのわずか四年後、大審院は法的用語としての国体の法的拘束力のある定義を、一九二九年五月三一日に決定した。これにより、日本の国体は政府の形態と定義され、万世一系の天皇は、それ自身が国家権力の監督者であるとされた。

上杉の神秘主義、穂積の定義による国体という言葉の法律への導入、美濃部の敗北により、国体イデオロギーの全盛期が出現した。すなわち「狂乱期」(一九三七―一九四五年)である。今や国体イデオロギーは、総合的で法的拘束力を持つ全体主義的イデオロギーにまで拡大した。それはファシズム的性格を強く持つものであり、日本国民の絶対的統一性、固有の優越性、そして疑似宗教的な聖性を措定するものだった。

このイデオロギー体系を広めるため、一九三七年に『国体の本義』が出版された[24]。一九四五年の敗戦のときまで、このテクストは日本の学校で無数に広布された。連合軍総司令官が、敗戦直後特に禁止したのがこの本であった[25]。なぜならこれはすでに説明したような国体イデオロギーを非常に詳しく記述したものだったからである。

この極端なイデオロギーの適用に関しては、もう一つ注目すべき展開があった。一九四一年、「八紘一宇」のスローガンのもと、天皇主義の階層的家族概念が日本の外部の世界へと適用され[26]、それが国民科の教科書を通して宣布されたのである[27]。そこでは一般的に家長の役割が天皇と日本へ帰せられた。中国、満州、朝鮮、台湾は、年長の子供たちとみなされた。タイやその他のアジア諸国は年下の子供たちとされた。とうとう一九四四年には、マダガスカルのような島々や中東の国々さえも、原理上では、拡大した「国体」家族へと組み込まれることになった。日本国民はその徳ゆえにあらゆる国の人々よりも優越しているとされ、そのことが東亜の盟主という日本の主張を正当化したのだった。

『国体の本義』によれば、明治期の日清・日露戦争における勝利と朝鮮の併合、そして満州国の建設は、古代における日本人の進出と並行しているとされる。伝説的過去における蝦夷や熊襲との戦い、そして神功皇后による新羅への進軍である（文部省編一九三七：二八）。こうした歴史的連続性の観念はイデオロギーの形成において非常に重要だったため、『国体の本義』は何度も同じパターンを使ってそれを主張している。まず、『古事記』や『日本書紀』の記録から採られた古代のいくつかの例が提示される。そして明治天皇の治世下における類似した事件がそれに続く。このようにして二つの時期の間にある膨大な歴史的期間が省略され、伝統の「一筋の線」という幻想が生み出されるのである。

こうした一九四〇年代前半の日本におけるイデオロギーの発展の基礎は、江戸時代の国学と水戸学によってすでに形作られていたといえよう。その先駆者たる本居宣長は、早くも一七七一年、次のように主張していた。「皇大御国は、掛まくも可畏き神御祖天照大御神の、御生坐る大御国にして、……万ノ国に勝れたる所由は、先ヅこゝにいちじるし、国といふ国に、此ノ大御神の大御徳かゞふらぬ国なし」（本居一九六八：四九）。

六　ドイツによる国体イデオロギーへの賞賛と日独のイデオロギー的方法の類似性

ドイツでは一九三〇年代と一九四〇年代の日本の国体イデオロギーが高く評価されており、その証拠も残っている。同時代の国家社会主義ドイツ労働者党（ナチス）のイデオローグのみならず、一般の人々から評価されていたのである。[28]ナチス体制（一九三三—一九四五年）のもとでは、人々が自由に意見を表明できないため、政府が市民を監視し、世論を判断することが通例だった。そのため当時の世論、噂、態度に関する膨大な報告が秘密裏に収集されたのである。こうしたドイツの国内状況に関する報告は、一九三八年から一九四五年にかけて、秘密警察であるSSにより、*Meldungen aus dem Reich*（ライヒからの報告）としてまとめられ、国家が利用できるようになった[29]。

比較史に関心を持つ研究者にとって重要な資料が、これらの報告には数多く含まれている。なぜなら東アジアにおけるドイツの同盟国たる日本についての公衆のイメージに関する包括的な情報があるからだ。とりわけ興味深いのは、一九四二年八月六日付の三〇六番である。「日本に関する一般的世論」(Boberach, 1984: Band 2, 4042-4047)についてのこの報告は、以下の文章によって始まる。

日本がこの戦争に参入し、とりわけ東アジア世界での広範囲にわたる驚くべき成功を収めて以来、あらゆる報告が繰り返し述べているのは、全社会階層におよぶ国民同志諸君(Volksgenossen)の多くが、長年にわたる日中戦争において、日本人が驚くべき攻撃力によってさらなる戦いを続けることのできる理由に関心を持ち、それを理解するようになっているということである。浅薄な「黄禍」に関するゴシップを超えて、我々の同志諸君は主に日本人の精神状態を徹底的に研究しようとしている。日本の軍事的成功の秘密をそこから見出そうとしているのである。

日本は非キリスト教的な宗教的・哲学的世界観(Weltanschauung)を有し、それにより政治と戦争遂行の方法を決定している。にもかかわらず、日本は明らかに大成功を収めてきた。この事実ゆえに、ライヒにおける世界観や宗教状況との比較がしばしば行われるのである(Boberach, 1984: Band 2, 4043)。

全体的として報告体で書かれたこの記述は、次のことも述べている。日本兵の自己犠牲の精神は、

……〔ドイツにとって〕ある種の劣等感を抱かせる。日本人は「チュートン族の分隊」らしく見えるのである。

我々の伝説的英雄が持っていながら、長きにわたって失われてきた特質を、日本人は今でも有しているように思われる。……かつて我々の歴史にあった神話的偉大さが、日本ではいまだに十全な形で存在する……そしてその日本の力がいつか我々に牙をむくかもしれない、と思われるのである(Boberach, 1984: Band 2, 4043)。

日本人に対する「チュートン族の分隊」という表現には、いくぶんかの疑いと不安が見て取れる。だが評価と賞賛もうかがえよう。日本がドイツにとってイデオロギー的モデルとなりうるかという点に関しては、このテクストは明白な疑義を提示する(Boberach, 1984: Band 2, 4044)。「なぜなら現代の日本が有している神話的偉大さは、ドイツでは歴史上のはるか過去に失われたものだからである」(Boberach, 1984: Band 2, 4046)。

当時のドイツによる日本に対する称賛は――ヒトラー自身も称賛していた証拠がある[30]――二つの点に依拠していた。一つは軍隊である。その背景には「武士道」があると理解された。もう一つのより重要な点は、同質的な人々という国民＝人種主義的な日本のイメージである。後者のイメージは、絶対的統一による君主、皇室の無窮の歴史、外国勢力からの独立などと結びついていた。それらはドイツ人にとっておよそ考えられないものだったのである。もちろんこのイメージは、当時の日本が自らの国民文化として倦まず弛まず描き続けてきたものと酷似している。その公式見解によれば、日本は明治維新以来、その唯一無二の「国体」により、人々とその父である天皇との絶対的結合を確立したとされる――すなわち、絶対的現実としての国民的家族である。

当時のイデオロギー的文脈にかんがみるならば、一九三〇年代から一九四〇年代にかけて日本の公式の自己評価がドイツに影響を及ぼしたのも驚くべきことではない。ナチス・ドイツの国民＝人種主義イデオローグが熱意を持って追い求めていたものを、日本はほぼ実現してきたように見えたのである。すなわち、古い神話に基づいて固く据えられた、完全に同質的な国民というものである。ドイツに比べると、日本は君主と人々との神話的結合や、人種的な美徳と公共道徳の様態を維持してきているように見えた。その結果、独自の国民的存在としての日本は、過去に支配的だった外国の文化的影響をすべて排除し、またそれに伴い、不可欠の思考形態である合理主義と分析的知性も排除してきた。その代わり、日本人の国民的特徴たる古代的な「真理」の直観的・感情的認識が広まったのだとされる。

ドイツと日本の双方で、初等教育がこのイデオロギーを広めた。こうした文脈の中で、クルト・ニートリッヒ(Kurd Niedlich)という人物が、一九三六年に『神話の本――ドイツ的世界観(Weltanshcauung)の源としてのドイツの神話とおとぎ話の世界』という教科書を書いた。著者は序文の中で自らのイデオロギー的意図を明白に述べている。著者の目標は神話一般にまつわる学術的研究を提示することではなく、ドイツ神話の内的「真理」なるものを明らかにすることにあるという。それは合理的認識だけでは理解しえないというのである。[31] 著者は「ドイツ(的)宗教」を創造し、学校で教える必要があると主張する。それは日本の国家神道のように、それのみが国家精神の本質を明らかにするがゆえに、他のあらゆる宗教の上位に置かれる。

ドイツではこのようなイデオロギーの公式化が未完成のままに終わった。もっとも、たとえば一九三五年の何冊かの分厚いイデオロギー的パンフレット(『永遠のゲルマニア――我々の神話とその変容』)の中で、ゲアハルト・ラープ(Gerhard Raab)は新たな要素をいくつか提示した。とりわけ土着文化と外来の影響との対立という問題に関して、ラープは特殊な結論に達した。それは明らかに日本のイデオロギーと並行している。ラープはドイツ軍人の禁欲主義的伝統を呼び起こし、日本の国体イデオロギーと同様、個人や「自己」という観念を徹底的に排除したのである。『国体の本義』には日本とヨーロッパの国民的発展の並行性に直接言及し、ヨーロッパも個人主義を棄てはじめたと述べている箇所があるが(文部省編一九三七：一―七)、その理由がここからわかるだろう。

ラープの議論におけるもう一つの重要な点も、よりいっそう日本のイデオロギーを思わせるものである。著者は「ドイツ的なもの」の文化的・歴史的連続性を呼び起こす。それは古くから水面下でひそかに続いてきたという。こうしたコンテクストの中で、著者は「(伝統の)一筋の線」という表現さえも用いる。国学者と類似する用語法である(Raab, 1935: 283)。だが、日本の場合と対照的に、この独自性という観念が真正なものであるとは受け入れがたい。日本の伝統の始まりを画する聖なる「神代」とは異なり、ラープの議論の場合、真に神話的な起源と始まりを表すものとして、まったく非文学的な「氷河期」の概念が用いられているからである。

最後にアルフレット・ローゼンベルク(Alfred Rosenberg)のことを取り上げたい。ローゼンベルクは間違いなくナチスの人種イデオローグの一人であったといえよう。彼は「道徳性は間違いなく人種に依拠しており、カトリック、プロテスタント、ムスリムの抽象的方法には拠っていない」(Rosenberg, 1937: 57)と信じていた。ローゼンベルクはこの点を何度も強調し、それを全イデオロギー体系の中核に据えた。ローゼンベルクはほとんどの著作の中で日本を無視しており、むしろ中国と儒教により多く言及している。にもかかわらず、国体の概念、すなわち日本独特の「国民的本質」という概念と酷似するある種のイデオロギーへと到達している。日本の国学者と同様、ローゼンベルクは、民族的に条件づけられ受け継がれてきた倫理が、道徳の本質と国家の基礎を形成すると措定したのである。

ローゼンベルクはその主著である *Der Mythus des 20. Jahrfunderts*(『二〇世紀の神話』)の中で(Rosenberg, 1942)、古典中国については包括的に論じている。ローゼンベルクは中国を「国民＝人種的結合」の例として描き、その本質は孔子自身によって体現されたとみなす。これは理想的・範型的な古代という、日本の国学イデオロギー特有の思考と同種の概念に基づく。人々の文化的絶頂はその始め、最古の神話と伝説において確立されたという前提ゆえに、歴史の中の進歩という概念はまったく排除される。その後の変化は真実の文化的発展を何らもたらさない。ローゼンベルクの考える「究極的真理」は知性によって合理的に把握されるものではない。伝統的な神話と伝説を通して理解されるものなのである(Rosenberg, 1942: 684)。「結合」と「同質性」。それこそがナチス・ドイツと日本の国体イデオロギーに共通する目標であった。両者の体系の中で、神話はイデオロギーに精神的基礎を与え、それを正当化するものとして大きな役割を果たした。神話を通して、古代の文化的アイデンティティなるものが、国民の理想的な超越的高揚という形で措定されたのである。日本とドイツのいずれにおいても、神話はかつて存在したとされる純粋な国民的特殊性の「理想時代」を喚起させた。歴史的発展は単なる頽落の過程とみなされた。徳川時代の国学者以来、日本のイデオローグたちは中国と仏教の影響を頽落の原因として非難し、神道の「真理」を長きにわたって抑圧したとがを仏教者に負わせた。一方ドイツのイデオローグは、「東洋的」なキリスト教と地中海の古代文化が、本来的なドイツ文化なるものを堕落させたと考えた。そしてキリスト教を純粋なドイツ宗教なるものの復活を妨げる主要な障害物とみなした[32]。きわめて固有主義的な性質を持つこの二つのイデオロギーは、かくしてそれぞれの伝統的、精神的、文化的中核にある思惟様式と激しく戦った。日本にとってはそれが古典中国であり、ドイツにとっては古代ギリシア＝ローマだったのである。

日独で並行していたこのイデオロギー的方法についての分析を要約しておこう。

(一)　国民の独自性を説明するための宗教的なアイデンティティの手段として伝統的神話を用いた。
(二)　合理主義が排除され、それぞれ中国とヨーロッパの古代文化と歴史的に同一視された。
(三)　仏教とキリスト教からの離反が行われた。両宗教は普遍的で外来のものとみなされた。そして古代の神話に基づく独特の民族中心主義的な「国民宗教」が措定された。
(四)　日独のいずれにおいても、国民的特質の主要な要素として、道徳性、素朴さ、情緒性、自然への愛が受け継がれてきたと措定された。

（五）　軍人的精神と反個人主義が賛美された。

こうした観念にとって、歴史の現実はほとんど意味をなさなかった。実際、日独双方の超国家主義者が追求した民族的基礎としての神話による国民統合は、単なる妄想に終わった。そして両国の絶対的破滅という結末に至ったのである。

七　結　論――アジアへの復帰という日本の困難な道

最後に、アジアとの関係における日本の位置という問題に立ち戻りたい。近年の日本が直面しているのは、広範囲におよぶ世界規模の変化によりアジアが力を増し、いずれ中国がこの地域の中心的地位に就くことになるという事態である。その結果、東アジアへの「回帰」に関する議論は日本において非常に活発である。それは単に知的言説の中だけではなく、政界・経済界においても当てはまる。日本は明治以来のアジアからの離脱について再考し、東アジアの隣人たちとの関係を再構築する必要があるのではないか。これこそが答えるべき根本的な問いである。

サミュエル・P・ハンチントン(Samuel P. Huntington)はこうした展開について間接的に述べ、その概略を理論的に描いた。ハンチントンの議論は、論争を巻き起こした有名な――そして自己成就的ともいえるであろう――一九九三年のエッセイ、「文明の衝突」の中に出てくる[(33)]。ハンチントンの最初の仮説は、現代世界は根本的な変化の中にあり、文化的帰属が決定的な役割を果たす、というものだった。より大きな文化圏に属していない地域や国は、孤立と不安定という不快な状況にさらされる。ハンチントンは世界中の「主要文明」を七つ、あるいは八つ定義し、将来の世界の紛争はその境界線において起きるだろう、と示唆した。

東アジアに関していえば、ハンチントンがそれを文化的に儒教と同一視していることは明らかである。その点からすると、ハンチントンが日本を東アジア地域における独立した「文明」として措定していることは、驚くべきことであるように思える。ましてや諸文明の中の三番目、「西欧」と「儒教」圏の直後に位置づけられているのだ。日本はハンチントンが「文明」として認定する唯一の単独の国民国家なのである。世界中の他の国家と国民は、ある文化集団の一部としてアイデンティティと安全性を得ている。日本は他に類例のない孤独な位置にある。ハンチントンはそのことを説明する中で、日本は独特の社会と文明としての役割を果たしている、と手短に述べている。

日本の文化的孤立というこのような見方が示しているのは、単にハンチントンの思い違いだけではない。むしろそれは、いつの日か衝突の決定的原因となりうるであろう近代日本の根本的問題である。すなわち、アジアの近隣諸国からの分離、あるいは少なくとも自閉、ということである。儒教的思考、わけても儒教的倫理が、近代日本において最重要の役割を果たしたこと、そして古代の歴史においてもそうであったということは、表面的に見るだけでも明らかである。だが、ハンチントンから見ると日本は儒教圏に属していない。ハンチントンは日本を東アジアから分離し、世界中で最も孤立した孤独な国として描く。それはなぜか？

この疑問への答えは思想史によって、より正確にいえばイデオロギーの歴史によって、明らかになる。それは、かの有名な固有主義者が日本を「邪悪な」中国儒教から、最終的には中国それ自体から、分離しようとしたことが、長い時間をかけて結実したものである。それが、「儒教」圏からの日本の根本的分離の基礎となったのである。ハンチントンは、日本から「西欧」へと伝播した文化的ステレオタイプの無自覚な被害者にすぎない。日本の文化的発展に儒教の深い影響があったことは歴史的事実である。だが、この日本文化の基本的側面を否定することは、国学の政治思想の枠組みにおける中心的議論であった。こうした文化的解釈の不変性と影響力は驚くべきものだ。東アジア諸国から日本は文化的・空間的に分離しているというハンチントンの視点を検討することで明らかになるのは、本当の事実ではない。むしろ、強力な神話、ナショナリズム的なステレオタイプ、作られた歴史、そしてイデオロギー的枠組みである。これらが一九三〇年代に融合することで、日本ファシズムとして知られる体系が生み出されたのである。

すでに見たように、儒教は日本の歴史の中で、決定的、文化形成的な役割を長い間果たしてきた。しかし徳川時代になると、自民族中心主義的な中国批判により、固有主義の思想が東アジア地域からの離脱の道筋を示した。この潮流は、他に類を見ない優れた日本の国体という自閉的イデオロギーへと至り、それは一九三〇年代以降、人種的優越性というファシズム的概念の基盤となったのである。日本がアジアへの「回帰」に向かおうとするならば、神話の根底にあるこのイデオロギーを廃棄しなければならない。

東アジアの文化的・政治的領域には莫大な人口と経済発展が存在する。日本が孤立を主張し、そこに再統合される機会を拒絶することは、長期的に見れば深刻な問題を招来するだろう。『一億人のアウトサイダー』とは、ドイツ人のハンス・ヴィルヘルム・ヴァーレフェルト(Hans Wilhelm Vahlefeld)が著し、一九六〇年代の日本で大変な人気を博した本のタイトルである(ヴェーレフェルト一九六九)。いつの日か日本が、この不幸な位置から自らを解放する道筋を見つけ出すことを願わずにはいられない。

（1）　歴史家論争についてはAugstein et al.(1995)を参照。このトピックに関する英語での紹介はHalverson(1990), Knowlton(1997)にある。

（2）　ドイツ、イタリア、日本の体制の比較、特に「ファシズム」という言葉によってこれら三つの体制を記述できるのかという問題に関しては、たとえばMartin（1981）を参照。この著者は、イデオロギーの領域においてのみ三国の体制を比較することが可能であり、またそうすべきであると主張する。「日本とドイツのファシズム」に関しては、多くの優れた研究がある。たとえば、Yamaguchi（1976）は示唆に富む研究である。私が「ファシズム」という言葉を用いる場合、ある国民の優越性に関する人種主義的用語に基づく攻撃的観念を中核とするイデオロギーの段階、ということを表している。

（3）　この問題に関する詳しい議論はAntoni（1998: 151-156）を参照。

（4）　『日本書紀』推古天皇十二年四月三日（家永一九六五：一八〇―一八六）を参照。また、Tsunoda et al.（1964: 1: 47-51）を参照。

（5）　水戸学については以下を参照。コシュマン（一九九八）、Hammitzsch（1939）, Kracht（1975）.

（6）　井上哲次郎に関しては以下の詳細な研究を参照。Nawrocki（1998）, Antoni（1999）.

（7）　明らかに国学者と一九世紀のドイツ・ロマン主義者の観念が類似しているということにも注意すべきであろう。この点はさらなる体系的な研究を行うに値する。

（8）　この節に関しては特に以下を参照。Antoni（1987）, Antoni（1998）.

（9）　英訳における様々な同義語の用例がこの問題を表している。たとえばBellah（1957: 99）では"national body", Woodard（1967）chapter I, "Ise and Yasukuni Jinja"では"national polity", Hall（1949）では"national entity"となっている。この点を明確にするため、日本語の文献は記述的な同義語を引用する。たとえば、「国柄」（諸橋一九六六：三七二）、「国家の体面」（日本大辞典刊行会一九七四：二四）、「国情」（大槻一九三二：一五三）。

（10）　「出雲国造神賀詞」（藤原一九五二：一七六）。また、Bock（1972）.

（11）　山県太華（一七八一―一八六六）は江戸時代後期の長州藩の藩儒であり、吉田松陰の論敵であった。Earl（1981: 236）を参照。

（12）　会沢（一九三三：二―三二五）。また、以下も参照。Stanzel（1982）, Wakabayashi（1986）, Antoni（1988: 163-166）.

（13）　「神国」という言葉の用例は、七二〇年に成立した『日本書紀』の中にすでに見出される。仲哀天皇九年十月三日（家永他一九六七：三三八）。神国概念のより詳細な研究はNawrocki（1998: 21-86）を参照。

（14）　統治に関する神勅は以下に記されている。『日本書紀』（家永他一九六七：一四七）、『古事記』（倉野一九五八：一二六―一二七）、『古語拾遺』（斎部一九六〇：五）。

(15)　これは水戸学と、あらゆる中国的なものを厳しく排除する純粋主義的な国学との主要な差異の一つである。Bellah(1957: 103-104)を参照。本居宣長のテクスト、『直毘霊』(本居一九六八：四九)も参照。
(16)　君臣関係と父子関係の比較は、すでに『日本書紀』雄略天皇二三年八月七日に見出される。しかし、実際に両関係を同一視するようになったのは、一九世紀以降の国体イデオロギーにおいてである。
(17)　Ueberschaar(1912: 14)ではこの種の憲法を指し示すため、「制限的立憲主義」という言葉が用いられている。
(18)　テキストは大久保(一九六九：四二五)による。村上(一九九〇：一五四)。また、Tsunoda et al.(1964: 139).
(19)　修身教育についてはWray(1973), Fridell(1970)を参照。
(20)　軍人の倫理教育は、一八八二年一月四日に発布されたもう一つの勅令、「軍人勅諭」によって方向づけられた。学校と軍部における修身教育に関する包括的議論としては、Tsurumi(1970)を参照。
(21)　この「天皇機関説事件」については、Miller(1965), Neumann(1978), Antoni(1987: 275-277)を参照。
(22)　この問題に関するウォルター・スカイア(Walter Skya)の重要な研究が近刊予定である。
(23)　家族主義概念の発展において、穂積が果たした役割については、Fridell(1970: 828)の注17、およびMiller(1965: 30)を参照。
(24)　テキストは文部省編(一九三七)による。英訳はHall(1949)を参照。
(25)　「国家神道、神社神道ニ対スル政府ノ保証、支援、保全、監督並ニ弘布ノ廃止ニ関スル件」、一九四五年十二月十五日。Woodard(1972: 295-298)を参照。この指令には、「『国体の本義』、『臣民の道』乃至同種類ノ官発行ノ書籍論評、評釈乃至神道ニ関スル訓令等ノ頒布ハ之ヲ禁止スル」(一)―(リ))とある。
(26)　「御稜威(みいつ)のもと、世界の人々がみんな一家のやうにしたしみあひ、しあはせに暮すやうにといふのが、わが国の定めであり、めざすところであります」(海後一九六二：四三二)。
(27)　一九四一年以降、小学校における修身教育、地理学、日本史、国語教育の主題となった言葉である。
(28)　この節に関しては、Antoni(1988), Antoni(1998: 278-284)を参照。
(29)　これらの報告は学術的用途のため、全一七巻で出版された。Boberach(1984). 国家社会主義国家におけるこうした報告の機能については、Jäckel(1981: 141-150)を参照。
(30)　「食卓での雑談」(Picker, 1983を参照)の中で、ヒトラーは日本についての考えをいくどか述べている。人種主義的な傲慢さがあらわになる一方(Picker, 1983: 310)、ヒトラーは「日本人の優れた知性」についても語っている。ヒトラーの意見では、日本がかくも成功した原因は、「日本の国家哲学」にあるという。日本に対するヒトラーの称賛は、とりわけ以下の研究で強調されている。Nolte(1984: 501). 他の歴史家は、日本と日本人に対するヒトラーの人種主義的で傲慢な見方を指摘する。たとえば、Krebs(1984: 23). 一九四〇年代のドイツにおける一般的な日本観については、Friese(1984)を参照。

(31) Neadlich(1936), 序文("Zum Geleit")を参照。

(32) ナチス国家とキリスト教会の関係についてはScholder(1977)を参照。

(33) ハンチントン(一九九三)、およびその後の著作、ハンチントン(一九九八)。

参考文献

Antoni, Klaus (1987) Kokutai—Das 'Nationalwesen' als japanische Utopie, *Saeculum-Jahrbuch für Universalgeschichte*, No. 38, pp. 266–311.

Antoni, Klaus (1988) Mythos und Ideologie im nationalsozialistischen Deutschland und im kaiserlichen Japan der frühen Shōwa-Zeit, *Referate des VII Deutschen Japanologentages in Referate des VII. Deutschen Japanologentages in Hamburug, 3*, Hamburg: Mitteilungen der (Deutschen) Gesellschaft für Natur- und Völkerkunde Ostasiens, pp. 38–51.

Antoni, Klaus (1998) *Shintō und die Konzeption des japanischen Nationalwesens (kokutai). Der religiöse Traditionalismus in Neuzeit und Moderne Japans (Handbuch der Orientalistik, Band 8)*, Leiden: Brill.

Antoni, Klaus (1999) Inoue Tetsujirō und die Entwicklung der Staatsideologie in der zweiten Hälfte der Meiji-Zeit, *Oriens Extremus*, No. 33, pp. 99–116.

Augstein, Rudolf et al. (1995) *Historikerstreit*, München: Piper.

Bellah, Robert N. (1957) *Tokugawa Religion: The Cultural Roots of Modern Japan*, New York: Free Press.

Boberach, Heinz (1984) *Meldungen aus dem Reich: Die geheimen Lageberichte des Sicherheitsdienstes der SS 1938–1945: Vollständige Texte aus dem Bestand des Bundesarchivs Koblenz*, Herrsching: Pawlak.

Bock, Felicia (1972) *Engi-shiki Procedures of the Engi Era*, Vol. 2, Tokyo: Monumenta Nipponica Monographs.

Earl, David M. (1981) *Emperor and Nation in Japan: Political Thinkers of the Tokugawa-period*, Westport, CT: Greenwood

Press, reprint.

Fridell, W. M. (1970) Government Ethics Textbooks in Late Meiji Japan, *The Journal of Japanese Studies*, No. 29, pp. 828–833.

Friese, Eberhard (1984) Das deutsche Japanbild 1944—Bemerkungen zum Problem der auswärtigen Kulturpolitik während des Nationalsozialismus, in J. Kreiner ed., *Deutschland-Japan: Historische Kontakte*, Bonn: Bouvier, pp. 265–284.

Hall, Robert K. ed. (1949) *Kokutai no Hongi: Cardinal Principles of the National Entity of Japan*, tr. John O. Gauntlett, Cambridge, MA: Harvard University.

Halverson, Rachel J. (1990) *Historiography and Fiction: Siegfried Lenz and the Historikerstreit (German Life and Civilization, vol. 8)*, New York: Peter Lang Publishing.

Hammitzsch, Horst (1939) *Die Mito-Schule und ihre programmatischen Schriften: Bairi Sensei Hiin, Kōdōkanki, Kōdōkangakusoku, Seiki no Uta*, Tokyo: Mitteilungen der (Deutschen) Gesellschaft für Natur- und Völkerkunde Ostasiens 31/B 19.

Jäckel, Eberhard (1981) *Hitlers Weltanschauung: Entwurf einer Herrschaft: Erweiterte und überarbeitete Neuausgabe*, Stuttgart: Deutsche Verlags-Anstalt.

Knowlton, James (1997) *Forever in the Shadow of Hitler?: Original Documents of the Historikerstreit, the Controversy Concerning the Singularity of the Holocaust*, Adantic Highlands, NJ: Humanities Books.

Kracht, Klaus (1975) *Das Kōdōkanki-Jutsugi des Fujita Tōko. Ein Beitrag zum politischen Denken der Späten Mito-Schule*, Wiesbaden: Harrassowitz.

Krebs, Gerhard (1984) *Japans Deutschlandpolitik 1935–1941: Eine Studie zur Vorgeschichte des Pazifischen Krieges 91*, Hamburg: Mitteilungen der (Deutschen) Gesellschaft für Natur- und Völkerkunde Ostasiens.

Machida, Sanehide (1930) Die Entwicklung der japanischen Staatsaufifassung, Prolegomena zur japanischen Reichsidee, *Yamato: Zeitschrift der Deutsch-Japanischen Gesellschaft*, Vol. 2, No. 4, pp. 161–175.

Martin, Bernd (1981) Zur Tauglichkeit eines übergreifenden Faschismus-Begriffes. Ein Vergleich zwischen Japan, Italien und Deutschland, *Vierteljahreshefte für Zeitgeschichte*, No. 29, pp. 48–73.

Miller, Frank O. (1965) *Minobe Tatsukichi, Interpreter of Constitutionalism in Japan*, Berkeley: University of California Press.

Nawrocki, Johann (1998) *Inoue Tetsujirō (1855–1944) und die Ideologie des Götterlandes: Eine vergleichende Studie zur politi-*

schen Theologie des modernen Japan (Ostasien-Pazifik, Trierer Studien zu Politik, Wirtschaft, Gesellschaft, Kultur, vol. 10), Hamburg: LIT.

Neumann, Reinhard (1978) Minobe Tatsukichis Einfluß auf die demokratische Bewegung der Taishözeit, 1912–1926, *Nachrichten der (Deutschen) Gesellschaft für Natur- und Völkerkunde Ostasiens*, No. 123, pp. 11–23.

Niedlich, Kurd (1936) *Das Mythenbuch: Die germanische Mythen und Märchenwelt als Quelle deutscher Weltanschauung*, Leipzig: Duerr.

Nolte, Ernst (1984) *Der Faschismus in seiner Epoche: Action Francaise, Italienischer Faschismus, Nationalsozialismus*, München: Piper.

Picker, Henry (1983) *Hitlers Tischgespräche im Führerhauptquartier: Vollständig überarbeitete und erweiterte Neuausgabe*, Wiesbaden: VMA-Verlag.

Raab, Gerhard (1935) *Ewiges Germanien: Unser Mythos und sein Gestaltwandel*, Leipzig: Koehler & Amelang.

Rosenberg, Alfred (1937) *Das Parteiprogramm: Wesen, Grundsätze und Ziele der NSDAP. Herausgegeben und erläutert von Alfred Rosenberg*, München: Eher, 1937 edition.

Rosenberg, Alfred (1942) *Der Mythus des 20. Jahrhunderts: Eine Wertung der seelisch-geistigen Gestaltenkämpfe unserer Zeit*, München: Hoheneichen-Verlag, 1942 edition.

Scholder, Klaus (1977) *Die Kirchen und das Dritte Reich*, 2 vols., Frankfurt: Propylaeen.

Stanzel, Volker (1982) *Japan-Haupt der Erde: Die "Neuen Erörterungen" des Philosophen und Theoretikers der Politik Seishisai Aizawa aus dem Jahre 1825*, Würzburg: Königshausen u. Neumann.

The Emperial Rescript on Education translated into Chinese, English, French & German, Tokyo: Department of Education, 1931.

Tsunoda, Ryusaku et al. eds. (1964) *Sources of Japanese Tradition*, Vol. 2, New York: Columbia University Press.

Tsurumi, Kazuko (1970) *Social Change and the Individual: Japan Before and After Defeat in World War II*, Princeton, NJ: Princeton University Press.

Ueberschaar, Johannes (1912) *Die Stellung des Kaisers in Japan, eine staatsrechtlich-historische Skizze* (Ph. D diss), Universität

Leipzig.

Wakabayashi, Bob Tadashi (1986) *Anti-Foreignism and Western Learning in Early-Modern Japan. The New Theses of 1825*, Cambridge, MA: Harvard University Press.

Woodard, William P. (1967) Politics and Japan's National Polity, *The Second International Conference for Shintō Studies, Proceedings*, Tokyo, 1967, pp. 71–74.

Woodard, William P. (1972) *The Allied Occupation of Japan 1945–1952 and Japanese Religions*, Leiden: Brill.

Wray, Harold J. (1973) A Study in Contrasts: Japanese School Textbooks of 1903 and 1941–45, *Monumenta Nipponica*, No. 28, pp. 69–86.

Yamaguchi, Yasushi (1976) Faschismus als Herrschaftssystem in Japan und Deutschland: Ein Versuch des Vergleichs, *Geschichte in Wissenschaft und Unterricht*, No. 27, pp. 89–99.

会沢正志斎（一九三三）『新論』、『水戸学全集』第二巻、日東書院

跡部良顕（一九三七）「続垂加文集序」日本古典学会編『山崎闇斎全集』下巻、日本古典学会

家永三郎他校注（一九六五）『日本書紀　下（日本古典文学大系六八）』岩波書店

家永三郎他校注（一九六七）『日本書紀　上（日本古典文学大系六七）』岩波書店

斎部広成撰（一九六〇）『古語拾遺』塙保己一編『群書類従』第二五輯、続群書類従刊行会

ヴェーレフェルト、ハンス・W（出水宏一訳）（一九六九）『一億人のアウトサイダー――新しい挑戦者日本』東洋経済新報社〔Vahlefeld, Hans Wilhelm (1969) *100 Millionen Außenseiter: Die neue Weltmacht Japan*, Düsseldorf, Wien: Econ〕

大久保利謙（一九六九）『近代史史料』吉川弘文館

大槻文彦編（一九三二）『大言海』第二巻、冨山房

海後宗臣編（一九六二）『日本教科書大系　近代編』第三巻、講談社

倉野憲司校注（一九五八）『古事記（日本古典文学大系　第一巻）』岩波書店

コシュマン、ヴィクター（田尻祐一郎・梅森直之訳）（一九九八）『水戸イデオロギー――徳川後期の言説・改革・叛乱』ぺりかん社〔Koschmann, J. Victor, *The Mito Ideology: Discourse, Reform and Insurrection in Late Tokugawa Japan, 1790–1864*, Berkeley: University of California Press〕

神社新報社（一九八六）『神道人名辞典』神社新報社

日本大辞典刊行会編（一九七四）『日本国語大辞典』第八巻、小学館

林羅山（一九八八）『神道伝授』神道大系編纂会編『神道大系　論説編二十　藤原惺窩・林羅山』神道大系編纂会

ハルトゥーニアン、ハリー（梅森直之訳）（二〇〇七）『近代による超克（上）——戦間期日本の歴史・文化・共同体』岩波書店〔Harootunian, Harry (2000) *Overcome by Modernity: History, Culture, and Community in Interwar Japan*, Princeton, NJ: Princeton University Press〕

ハンチントン、S（竹下興喜監訳、田中隆盛・長嶋健人翻訳協力）（一九九三）「文明の衝突——再現した「西欧」対「非西欧」の対立構図」『中央公論』第一〇八巻第九号〔Samuel Huntington (1993) The Clash of Civilizations?, *Foreign Affairs*, No. 72〕

ハンチントン、サミュエル・P（鈴木主税訳）（一九九八）『文明の衝突』集英社〔Huntington, Samuel P. (1996) *The Clash of Civilizations and the Remaking of the World Order*, New York: Simon and Shuster〕

平田篤胤（一九七六）『古道大意』平田篤胤全集刊行会編『新修平田篤胤全集』第八巻、名著出版

藤原忠平編（一九五二）『延喜式』巻八、『国史大系』第二六巻、吉川弘文館

丸山眞男（一九六一）『日本の思想』岩波新書

村上重良（一九九〇）『天皇の祭祀』岩波新書

本居宣長（一九六八）「直毘霊」『本居宣長全集』第九巻、筑摩書房

諸橋轍次（一九六六）『大漢和辞典』第三巻、大修館

文部省編（一九三七）『国体の本義』文部省

第6章　ファシズム時代のイタリア語訳『古事記』とその背景
――「日本の聖書」について

シルヴィオ・ヴィータ

一　はじめに

一九三八年、ファシズム政権の一六年目にイタリア名門の出版社、ラテルツァ社より『古事記』の完訳が上梓された。それは、欧文訳『古事記』の歴史のなかで、一八八二年バジル・ホール・チェンバレン（Basil Hall Chamberlain）の英訳以来、半世紀以上を経て二番目の完全な訳本であり、当時、日本の精神文化をヨーロッパの教養市民層に紹介する試みとして注目されている。表紙には副題として「日本最古の神話と歴史の書」（Il più antico libro di mitologia e storia del Giappone）と謳われている。そして、一般的な出版物の習わしに反し、中表紙にはこの副題と異なる文言があり、「日本神道の基本書」（Libro base dello Shintoismo giapponese）という別の定義が加えられた。これらを総合的に考えると、神話、歴史、宗教という三者の交差に「最古」という形容をもって「古代」のイメージを打ち出したものといえる。その意味で、この書物は明らかに当時の時代的な流れに沿うものであった。

『古事記』を現代的なコンテキストに据えたのはマリオ・マレガ(Mario Marega, 1902–1978)である。表紙には名前のみが書かれているが、本を開くとそこには「布教地大分のマリオ・マレガ博士」という情報も見られる。布教活動に関わる以上聖職者に違いないが、その身分はともかく「博士」つまり学術研究を専門とするものとして位置付けられていた。この位置付けも曖昧ではあるのだが、マリオ・マレガは昭和初期サレジオ会の司祭として日本に滞在したイタリア人カトリック神父であり、『古事記』などの日本文化紹介の仕事に携わる一方、その布教地大分で、豊後キリシタンの記録を集め歴史研究の分野にも名を残した人物である。近年、その収集文書がバチカン図書館で発見され、マレガ神父の業績は特に注目されている。このイタリア語訳『古事記』の成立とその受容を究明するには、マレガが『古事記』に目を向けた背景が重要な鍵であり、それこそが彼の事業に現代的な意味を与えたものである。また、その立場や翻訳に対する社会の反応のなかに、当時のカトリック教界、ならびに日本とイタリアの事情、そして日伊文化交流の痕跡を見出すことができる。

図 6-1　マリオ・マレガ

そこで、まずひとつめの課題として、マレガはなぜ『古事記』に興味をそそられ、訳出する価値があると見たのか。個人的な背景に着目すると同時に、彼が「宣教師」であったことを考えると、近代における布教活動のありかた、つまり異文化の専門家と

図 6-2　イタリア語訳『古事記』の表紙とタイトルページ

しての聖職者像も視野に入れなければならない。もうひとつは、『古事記』の翻訳・解釈の流れの中で、このイタリア語訳の特徴を通してマレガの立場を考察するのも重要な作業となる。そして最後に、訳者の手から離れたあとの著書がどのように受容されたかであるが、まず日本、次にイタリアにおいて、研究者や読者層からこの訳本に独特の付加価値が与えられたことは大きい。特に日本では、当時目立った形でメディアに取り上げられ、日本というものを国際的に紹介する外交政策の一環として見られた。日本において「古代」の精神が生きる現代という幻想はそこにも確認できる。このようにマリオ・マレガ訳『古事記』の意義については、複数の背景・文脈に着目しながら戦前期の文化現象の産物として考える必要がある。しかし、枚数の制限もあり、ここでは受容の問題はひとまず先送りし、総合的な学術研究の準備段階として訳出の背後にある諸事情に焦点をあてつつ、訳本の成立やその特徴について紹介する。

二　訳者マリオ・マレガと『古事記』との出会い

訳者マリオ・マレガのライフ・ストーリーを追っていくと、訳業における個人的な背景が浮き彫りになる。彼の活動は、昭和時代におけるカトリック宣教師の日本社会・文化への取り組み方をよく物語っており、特にサレジオ会の知的風潮を考える上で見逃せない存在である。一九二九年末から一九七四年にかけて、終戦を機にしばらく帰国した時期を除いても、四〇年以上も日本に赴任したことになる。その期間は、一九五〇年頃を境としたそれぞれおよそ二〇年、前期の九州時代と後期の東京時代に分けることができる。中でも戦前期の意味合いは大きく、この時期に大分に根を下ろし、学術的にもある程度の成果をあげ、地元の知識人だけでなく全国的にも注目を浴びた。その時に集めた近世文書が発見されたことを機に、同じ時代のカトリック司祭に比べて豊富な伝記資料が発掘されたこともあり、様々な観点からこの『古事記』イタリア語訳の業績も正確に位置付けることができるだろう。

資料としては、第一にサレジオ会側の報告書、書簡、教会日誌、回想録や戦前からの新聞記事が手がかりとなるが、それらと合わせ、本人の手による記録も有意義な情報を伝えてくれる。特に、近親者（初期には両親、後年には姉妹）に宛てた約二〇〇通の書簡は大変有用である。これらは名高い郷土史家で、マレガの妹婿に当たるカミッロ・メデオット（Camillo Medeot, 1900–1983）氏によって保存・整理され、同氏の没後、マレガの出身地ゴリーツィア市中央神学院の図書館に収められた。まさしく一個人の感性を伝える日記と見なしてよいであろう。またもう一つの重要な糸口として、類例のない自伝も注目される。それはバチカン所蔵文書群から新出した資料で、大分大空襲（一九四五年七月一七日）の後、彼を含む九州の外国人宣教師全員が、戦争終結までの約一ヶ月間熊本県南阿蘇村の栃木温泉に疎開させられた際、マレガ自身が戦時までの半生を日本の絵巻物風に綴ったものである。一画ずつにエピソードを描いた一種の「マレガ絵伝」である。そこには、まるで自分の人生が二つの戦争を挟んで展開してきたかのように、幼児期のあと、日本に渡った物語の開幕に、爆弾を浴びる地元イタリアの高等学校の姿が据えられ、閉幕には、大分教会が空爆を受ける場面が当てられている。まさにその間が『古事記』に取り組んだ時期である。

マレガは一九〇二年イタリア北東部、ゴリーツィア(Gorizia)市の近くに生まれた。当時、オーストリア・ハンガリー帝国の行政地理上で「オーストリア沿海州」(Österreichisches Küstenland)と名付けれられた地域であり、第一次世界大戦の後イタリアに統轄される。多言語・多民族の環境で育ち、マレガは来日するほんの一〇年ほど前に「イタリア人」となった。その一〇年の間にサレジオ会の拠点トリノとリグリア州で司祭のための教育課程や研修期間を経て、一九二九年一二月、二七歳の若さで同会第二団の先駆者グループを率いて来日する。サレジオ会の宣教師は一九二六年の初め頃から管轄地域として宮崎と大分を与えられており、ほぼ全員がイタリア出身で、フランス系のパリ外国宣教会に代わって布教活動を展開していた。団長のヴィンチェンツォ・チマッティ(Vincenzo Cimatti)は、以来戦後にかけて日本における会の大きな原動力となったことで知られている。マレガは、最初の約二年間、宮崎において哲学と神学の教師として神学生の教育に携わった。だが、その身分を長く保持しないまま、一九三二年の一月頃大分で、本人のことばを借りれば「新たな人生」が始まった。そこに駐在していたアンジェロ・マルジャリア神父をしばらく補佐したが、マルジャリアはサレジオ会の出版社ドン・ボスコ社の設立者でもあり、出版事業が一九三四年末東京に移ったのを機に大分教会の主任を受け継いだ。一九三五年四月のことである。チマッティが言うように、マレガはその後「大分の宣教師」という渾名が付くほど、地域との密接な関係を築き上げていく。

先述のように、この時代は第二次大戦の動乱によって終止符が打たれるが、マレガの「戦後」は一九五〇年ごろを境に東京で始まった。転任の辞令が降りてから、碑文谷教会を拠点として、大都会の環境や日本の戦後社会に疑問を抱きながらも、赤羽の星美学園短期大学で教員生活を送っている。しかし、戦前の赴任地への思いが強く残っていたようで、一九五三年夏に再び臼杵に派遣されるが、これは長続きせず、サレジオ会内の事情により一九五九年東京に呼び戻されている。しかし、大分との絆を完全に断ち切ることはなかった。冬休みと夏休みには九州下りが定番となり、そこの海や自然について東京の街とは対照的に、情緒溢れる描写を書簡に託している。東京でも従来のコレクター気質が発揮されたのか、神保町あたりで古書籍の収集に耽った。歴史研究や啓蒙的な執筆活動とともに、それは人生を通してマレガのもう一つの底流であったといっても過言ではない。九州にいる間にも古書店に通った事実が、バチカン図書館所蔵文書に混じった領収証類からも確認できる。また、現在ローマ、サレジオ大学附属図書館に収められた、もう一つのマレガコレクションは彼の収集欲の証である。それらは江戸・明治の版本、特に挿絵のあるものが中心であり、目でも楽しめるようヨーロッパでの展示や「博物館の資料」としての性質を意識していたようである。

以上、マレガの生涯を概観してみたが、『古事記』の仕事は大分の主任司祭になる一九三五年頃までに終わり、第二次大戦の衝撃を挟んで失われた世界につながっている。そこには、時代の価値観が付与され、マレガにとって日本理解の入り口としての役割を果たしたことが窺える。実際、これについて書簡から得られる情報は多い。とりわけ、日本古代神話との出会いにおいて、宮崎に滞在した二年間は注目される。来日する前、日本に関するなんらかの予備知識があったという痕跡はなく、晩年の回想によると、初めて日本の歴史について読んだのは第一次大戦中リュブリャナ(現スロヴェニア国)に疎開したときであった。ゴリーツィアのギムナジウムで「宗教」の先生であった、イエズス会士ルイージ・フォガル(Luigi Fogar, 1882–1971)から秀吉の朝鮮出兵に関するドイツ語の書物を借りたが、マレガ曰わくキリシタン武将の名前に現れる異質の響きが、彼の心に何らかのエキゾチックな憧憬を抱かせたという。事実、ことばは障害になり、一九三〇年から宮崎発信の手紙には日本語との格闘を記している。到着後すぐさま習い始め、一九三一年末には話せると宣言する(一一月一三日)が、読むことになるとまだ九〇〇字程度しか知らず、日本語の表記法は悪魔の仕業だと嘆いている(一一月二八日)。しかし、大正時代の国定教科書とでもいうべき『尋常小學國語讀本』、いわゆる第三期国語読本一式を教材として使ったようで、言語習得が目的であったとしても、日本人の小学教育レベルには到達したと言える(「こどもに戻った」と自身で述べている)。このように、小学校の読本を紐解きながら、日本神話は徐々に心に根付いていき、『古事記』も日本理解の一つの教材となったと見られる。

だが、『古事記』に惹かれたのは、はじめに住んだ地域によるところが大きい。日本発見の第一歩は宮崎にいた時期と重なり、彼にとってその生活空間は、神話的世界と重なっていたようである。一九三〇年に遡る資料がそのような事実を伝えている。義理の弟、郷土史家のメデオットに宛てた手紙のようだが、そこには日本の宗教事情および宗教論のようなものが含まれ、マレガが語学以外にも歴史と文化に熱心に目を向けていたことがわかる。そこでは神武天皇までの神話を概説してから『古事記』と『日本書紀』にも触れ、日本に来て一年目にして、「我々の布教地」に起こった、自分の居場所と神話との繋がりを強調しているのが興味深い。同じ年の秋、神学院が高鍋に移ったことで、近くにあった神武天皇出生伝説で有名な鵜戸神宮を訪れたことを両親に報告している(一〇月二八日)。神宮の絵葉書には、ここが日本の最初の天皇が生まれたところだと書いた(La cartolina rappresenta la grotta di Udo, dove dicono che è nato il primo imperatore del Giappone)。それはよほどに深い印象を与えたとみえ、数日後(一一月五日)改めて詳しく伝えているとともに、写真撮影を試みて神宮の「司祭」に止められたという。また、同じ書簡の中では、神武天皇ゆかりの神事も取り上げている。紀元節祭だと思われるものが三日間続き、「異教徒」が行列を作って町中を巡回する様子を、活き活きと長文で伝えている。また、日本の祭りの晴れ舞台の半分はカーニバルのようだとし、途中までの儀式は重々しい空気も漂うが、残りの半分は変装した人や商業宣伝やらで、「これは宗教なのか」と若きマレガも疑問を呈している。一五年後の絵伝から見ても、このことは日本生活の原点として、脳裏に鮮明に焼き付いていたことがわかる。また、絵伝には宮崎時代の主要な出来事として、霧島神宮及び鵜戸の洞窟を訪れた話が紹介されている。天孫降臨神話は「日本帝王の先祖」が落下傘を使って空から降りてくるとし、キャプションに明記されているように、サルタヒコ及び「ダンサー」アメノウズメも合わせて登場させた。これにとどまらず、伊勢神宮参り、二見の夫婦岩の風景、熱田神宮訪問の際の宝剣について一画ずつ神話伝説を描くなど、それらは実在の「場所」として実際に本人に深く関わり、間違いなく彼を『古事記』の翻訳に導いた背景にあったことがわかる。

　さらに、宮崎から大分時代にかけ、『古事記』という書物との付

図 6-3　「天孫降臨」(マレガ絵伝より)
(©2020 Biblioteca Apostolica Vaticana)

図 6-4　ある神話(マレガ絵伝より)
(©2020 Biblioteca Apostolica Vaticana)

き合いを一九三五年頃までたどってみると、一九三二年のはじめ頃大分に移り、一九三三年九月の書簡には「日本神話」の翻訳を今年こそ終わりたいという強い意志が見られる。さらに、一九三五年五月二四日の書簡にも三年前から日本の最も古い書物について仕事を進めているというくだりがあり、宮崎から大分に移住してすぐその翻訳に取り掛かったことになる。そして、一九三三年にはすでに、それをイタリアで出版したいという希望も述べている。一九三四年一一月二四日付で出版社宛ての手紙も残っており、このような働きかけは前年の末ごろから始まったのであろう。また、翻訳そのものは一九三三年のうちに終えたかもしれないが、注や解説などは課題として残っていたようである。一九三四年六月には、教会の司牧的な仕事の負担が、マルジャリア神父が大分に戻ったことにより軽減したため、チェンバレンやフロレンツの翻訳文と比較している。同月二七日には、第一巻の「解説」を執筆中で、それは思ったより手間のかかる仕事だとこぼしている。だが、神話以外の部分は歴史なのでそれほど時間はかからないだろうともつけ加えている。以上の経過からして、原稿が完成したのは一九三五年であったことはほぼ確実である。両親には同年末一二月四日に「日本神話に関する本」は完成していると明言した上で、出版について語っている。刊行までの経緯として、マレガ訳『古事記』は地域的な文脈から外れていくのだが、ここでそれには言及せず、翻訳文の特徴やテキストの解釈について考察したい。

三　マレガ版の『古事記』

マレガ版『古事記』は書物として五〇〇ページ以上の分量があり、その面ではチェンバレンの英訳に匹敵するものだが、注に含まれる解説文には、それに比べて驚くほど大きなスペースを割いている。およそチェンバレン訳の倍はあるだろう。これには予想外の時間を要したことは想像に難くないが、ここまで力を注いだ理由として、それは学術的な深みを持たせるというよりは、一般読者への配慮、そしてなにより自身の未熟さにあったのではと思われる。事実、マレガ自身の勉強の成果を伝えているような箇所がところどころ見られ、解説文には、実際の布教地の光景も記載された。古代及び神話について説明するにあたり、文献資料に解釈を求めたとしても、マレガにとって「日本」は身の回りに存在しているものだったため、その経験を生かしながら、民俗学的なアプローチに近いスタンスで当時の生活文化に触れていることが多い。例えば、日本人の仕草、町の風景、日本語の特徴や文字体系などについて、読者の理解をより優先して論じている。そして、アマテラス神話の意味に言及する際も、大分で開催された講演会の内容を紹介し、その講師の見解までもを伝えた。つまりそこにはマレガの体験談が混在しているのである。

さらに、訳者が生きた時代の雰囲気は、作者不明の一五点ほどの挿絵・図面にも現れている。それらは明らかに近代日本の神話図像の流れを組んでおり、同様の感覚は、イラスト以外の三点の写真にも認められる。その画像は上記の絵伝や書簡が伝える神武天皇伝説の世界と見事に繋がっており、マレガの撮影かという憶測が自然に湧いてくるほどだ。うち一点は高千穂峯にあった天の逆矛であり、神話スポットの現状を伝えている。該当の注には天孫降臨の場所についての論説が展開され、そこには地域に関する詳しい情報やカトリック修道会の司祭が行った発掘調査などの考古学的な見識までが披露されている。また、別の写真は神武天皇神話の解説に使用され、昭和初期の宮崎神宮の姿を伝えている。このように、現代の資料と直接経験を織り交ぜ、古代の神話と歴史を介して見せるなど、布教地との太い絆が、マレガ版『古事記』の底流をなしていると言える。

これらの事柄は「場所」とマレガの関係を示しているが、彼の『古事記』紹介には昭和戦前期の一般的な古代の「活用」を受け入れ、別の意味での「現在」が現れる。それは書物の前書きに最も的確なことばで表現されている。

「ヤマト・タマシイ」この二つのことばは、文字通りヤマトの理念、日本の霊魂を意味するが、近代日本の原動精神を集約している。その精神とはたった一つの教義を有し、チュウギ（忠義）、すなわち天皇への絶対的な忠誠であり、また、コウコウ（孝行）、すなわち親に仕える道という唯一の倫理を有する。この精神は全世界から注目されるほど、国力増強と領土拡張に導いたものであり、『古事記』に根付いている。まさに聖典であり、日本の聖書だといえる。

ここで聖書を引き合いにすることは、冒瀆と取れるかもしれない。ただ『古事記』が、現代日本の生活の土台としてあることの喩えとして使っているにすぎない。まさしく聖書が西洋文明の根底をなすのと同じように。近代日本を形成したのは『古事記』であった。また、一八六四年の革命で、世界から日本を孤立させていた皇位簒奪者である将軍を王座から追い出したが、それを実現させたのが『古事記』であり、さらに、現在の政府に神なる君主を再び授けたのもこの『古事記』である。

そして、日本が現在、共産主義の諸説、個人主義、アナーキズム、集産主義などと闘っているのもこの書のおかげであり、日本が聖書の福音を拒否しているのもこの書のためである。日本が兵士を養成するのは、この書によってであり、この書は、青年教育の基礎、政治の基礎、国家及び宗教の基礎、ヤマト・タマシイという日本人の心の基礎となっている。

明治維新を一八六四年とした、単純なミスはともかく、格調の高い文章である。ここに、『古事記』は同時代の日本を理解するためのカギ、政治・社会の世俗的な倫理観念の源として説明され、同時に宗教的な側面を持ち合わせているということで、キリスト教圏における聖書と同じような位置づけができるとした。近代において『古事記』の「聖書化」および「神典化」についての議論は割愛するが、マレガの時代に重要な言説であったことは間違いない。したがって、『古事記』の翻訳史上、マレガ訳は「聖書化」の代表的なものと捉えてよいだろう。ヨーロッパに向けて同じ文献を紹介するという観点から、マレガはそれを意識的に先行のチェンバレンによる英訳及びフロレンツのドイツ語抄訳の延長線に乗せ、両者のそれと随所でくどいほど比較しているが、マレガのアプローチはその二つと立場を異にしている。チェンバレンは資料批判の問題を中心に「古典」翻訳事業を考えており、一方のフロレンツは比較神話学・宗教学の研究に役立つように『古事記』、『日本書紀』、『古語拾遺』など、「神道」の史料を集めている。それに対し、マレガのスタンスは大正、昭和戦前期における神話観、古代観に通ずる。

以上のような傾向は近年の研究によって明らかにされてきており、マレガ版『古事記』を読むのにも有用な手立てを提供してくれる。類似した例として、『古事記』への関心は同時期のドイツ語圏における翻訳事業や神道研究などにも見られる。晩年に香椎宮宮司であった、木下祝夫によるドイツ語訳の計画は一九二〇年代からあったようで、諸事情により世に出なかったものの、昭和一五年紀元二六〇〇年記念の事業の一つとして当時の日独文化交流の波に乗ったもので、マレガのイタリア語訳と同じく、日本政府機関の『古事記』の外国語訳に対する関心の高さを物語っている。さらに、言説レベルで言うと、上記のマレガ訳『古事記』序文のキーワードは、一九三五年から一九三九年にかけて日独文化協会出版、ヘルマン・ボーナー(Hermann Bohner, 1884-1963)のドイツ語訳『神皇正統記』に極めて近いことに気づく。ボーナーは、明治以来の日本における国民教育の基本図書として『神皇正統記』の重要性を指摘し、同じく現代的な意義づけを主張した。そのような受容の仕方が時代共通であったことは、上智大学発行『モニュメンタ・ニッポニカ』誌の書評にも見られる。そこでも『神皇正統記』の現代性が強調され、「日本民族の世界観にとって聖書たるものに当たる」とあり、日本理解を深めるための重要な糸口の一つだとされている。

聖書という喩えは、マレガのような聖職者にとって特別な響きを持っていた。聖書と『古事記』を引き合いに出すことは、キリストの教えと現地宗教を比較するきっかけともなるからで、このような比較を好んで演壇上でも行っていたようである。バチカン図書館所蔵文書の中からマレガの講演会の招待状が発見され、地元大分で「古事記と聖書」なる演題で講演を行ったことがわかっている。一方、『古事記』という聖典によって「聖書の福音を拒否している」ということばに、別の見解を見いだすことができる。これらは福音を広める者にとって、この書に立ち向かう動機にもなったようである。マレガ版『古事記』の参考文献リストや注解の文章を分析すると、興味深い事実が目につく。つまりこの書の同時代的な「読み」はもう一つの源流を有することであり、それはカトリック宣教師による日本宗教の研究である。マレガの関心のひとつに、九州地方を中心に二〇世紀に入ってから布教活動に携わった人たちの影も投影されている。

上記のチェンバレン、フロレンツ及び『日本書紀』の英訳などで知られるアストンのような明治期の先駆者の他、マレガにとって最も身近な参考資料だったのはパリ外国宣教会ジャン・マリー・マルタン神父(Jean Marie Martin, 1886–1975)の業績であったろう。マレガのイタリア語訳が世に出る約一〇年前、一九二四年にマルタンは『国民宗教たる神道　第一―日本古代史試論』(*Le shintoïsme, religion nationale: 1 Essai d'histoire ancienne du Japon*)、続く三年後の一九二七年には『国民宗教たる神道　第二―古代の神道』(*Le shintoïsme, religion nationale: 2 Le shintoïsme ancien*)を、香港にて同教会出版社から著していた。これらは欧米人の神道研究上では取り上げられることは少ないが、同神父は実にマレガに似た経歴を持ち、九州地方、特に鹿児島と長崎とも深い関係を持った。マレガと同様、宮崎でもしばらく過ごし、そこで別のフランス人神父から日本語を習った上、マレガが宮崎・大分にいたほぼ同じ時期、鹿児島在住であった。マルタン著『国民宗教たる神道　第一―日本古代史試論』には編集者の前書きがあり、「最古の神道伝説の本拠地である日向地域で布教したもので、その難題に取り組むのに誰より適任者である」と著者について記されていることも興味深い。何れにせよ彼の著書は九州の宣教師社会でよく知られていたと思われる。そこでは国教ともいえる「神道」をマルタン神父なりに扱っており、当時話題になっていた神社参拝の強制という「現在」を『古事記』と『日本書紀』などの「古代」文献によって理解しようとしている。そこには、神道とキリスト教との闘争という問題が生々しく感じられる。神道が宗教か非宗教かという論争は、マレガ訳『古事記』では視野に入れられていないにしても、現代的な課題の整理を古代文献に求める意識の源は、マルタンの書に見ることができる。

この他、マレガ訳『古事記』の序文に続く参考文献リストを見ると、マレガにとってマルタンの仕事の重要性は一層明確になる。マルタンが参考にしたものをマレガはそのまま受け継いだと言っても過言ではない。『古事記』のテキストとして、マレガもマルタンも、薩摩藩士で元寺社奉行も勤めた伊勢神宮大宮司、田中頼庸による一八八七年刊『校訂古事記』の原文に拠った。これは、神宮教の教化運動の一環として当時神宮教院から出されたもので、マルタン神父は「皇学院版」と呼んだ。一方、マレガは『校訂古事記』の一ページ目の写真を本の初めに掲載し、古書店で『校訂古事記』の「木版印刷本」を手に入れたと誇らしげに語っている。二人の神父はそれを『古事記』の近代的な決定版だと見ていたであろう。その上、マレガは『古事記』の解読に役立つ解説書もマルタンから継受している。一九一一年(明治四四年)刊、渋川玄耳(一八七二―一九二六)著『日本神典　三体古事記原文古訓俗語』及び一九二四年(大正一三年)刊、次田潤(一八八四―一九六六)著『古事記新講』がそれである。両書は版を重ね、昭和になっても広く使われていた。

マルタンに負うところはこの二つの文献にとどまり、マレガはそこに井上頼文校註『古事記読本』(一八九八年刊、明治三一年)も加えている。明治・大正期の古事記考証・解釈の成果はマルタンから受け継ぎながらも、原稿完成後、理解を深めるために違う性質の近刊書も使ったようである。それはほんの数点だが、ほとんどが学術的に疑わしいものだと言える。マレガは津田左右吉、加藤玄智、比較神話学などの研究成果は全く視野に入れておらず、彼の本棚には、むしろ昭和期のポピュラーな国体論の影が窺える。鈴木重雄著『日本精神生成史論　上代篇』（一九三四年刊）及び中島正風著『通俗神社講話』（一九三三年刊）に合わせて『国体の本義』（一九三七年）もイタリア語訳『古事記』が上梓する直前に追加したようである。一方で、大阪の忠文館から出た中村徳五郎著『日本神代史』（一九三三年）と秋田足穂著『神様の新研究――趣味の伝説』（一九三三年）のような大衆的な教養・娯楽書もマレガの古事記世界を形成するに役立った。まずマルタンから知恵を借り、次いで昭和初期の大衆文化に到達する。それは、初めて日本の書物を翻訳するにあたり、研究者としての経歴もなく、学知の生成から遠く離れた地域にいるまだ三〇歳の司祭であったと考えれば無理のないことであろう。

四　今後の課題

このようにマレガの冒険的事業は「地域」と「時代」に様々な形で直結しており、戦間期において「古代」の「活用」をよく表すものである。また、その現代的な意味は、その受容においてもたどることができる。イタリアでは出版元のラテルツァ社が、哲学者ベネデット・クローチェ（Benedetto Croce, 1866-1952）を中心に、文学以外の歴史、哲学関連などの書籍を主として世に出し、二〇世紀前半からイタリアにおいて「知」の体系を作り上げていた。マレガの訳本は、なかでも世界の精神書を紹介するシリーズ「秘教文庫」に入れられ、日露戦争以後ヨーロッパで讃えられた日本精神の理解を助けるものとして紹介された。そして、宣教師による現地文化の認識を示す成果の一つとして、刊行直後教皇ピオ一一世に献上されている。それに対し、日本では当時創設したばかりの国際文化振興会から、文化外交に貴重な貢献をしたと評価され、結果、日本国内でマレガの名前が知られるに至った。受容の諸要素についてはかなりの資料があり、それを有用に使えば、いずれマレガ訳の文化的価値を細部まで解明できるだろう。しかし、これは今後の課題として他の機会に譲りたい。

参考文献

Antoni, Klaus: “Creating a Sacred Narrative: Kojiki Studies and Shintō Nationalism,” *Japanese Religions*, 36, 1–2 (2011), pp. 3–30.

Id.: “Japans Heilige Schrift? Zur Sakralisierung des Kojiki in Neuzeit und Moderne,” in Katja Triplett (Hg.), *Religiöse Tradierung in Japan Proceedings des 14. Deutschsprachigen Japanologentags Martin Luther-Universität Halle-Wittenberg vom 29. September bis 2. Oktober 2009 in Halle*, Band 1 (Halle: Universitätsverlag Halle-Wittenberg, 2012), pp. 83–117.

Macé, François: “Deux interprétations croisées du shinto, le père Martin et Katô Genchi,” in Catherine Mayaux (éd.), *France-Japon: regards croisés: échanges littéraires et mutations culturelles* (Bern: Peter Lang, 2007), pp. 167–174.

Wachutka, Michael: *Historical Reality or Metaphoric Expression?: Culturally formed contrasts in Karl Florenz' and Iida Takesato's interpretations of Japanese mythology* (Hamburg: Lit, 2001).

Id.: “A Living Past as the Nation's Personality: *Jinnō shōtōki*, Early Shōwa Nationalism, and *Das Dritte Reich*,” *Japan Review*, 24 (2012), pp. 127–150.

Id.: “Tradierung durch Kanonisierung: Zur Entstehungsgeschichte der ‚Shintō-Bibel‘ Shinten (1936),” in Katja Triplett (Hg.), *Religiöse Tradierung in Japan Proceedings des 14. Deutschsprachigen Japanologentags Martin Luther-Universität Halle-Wittenberg vom 29. September bis 2. Oktober 2009 in Halle*, Band 1 (Halle: Universitätsverlag Halle-Wittenberg, 2012), pp. 167–189.

Zambarbieri, Annibale: “Per la comunicazione culturale: un'editrice e uno studioso italiano in Giappone,” in Associazione Italiana per gli Studi Giapponesi, AISTUGIA, *Atti del XXXIII convegno di studi sul Giappone, Milano, 24–26 settembre 2009*, a cura di Andrea Maurizi (Milano: AISTUGIA, 2010), pp. 351–64.

大久保正「近代の古事記研究」久松潜一編『古事記大成』一　研究史篇、平凡社、一九五六年、一一九—一七三頁。

斎藤静隆「大正・昭和初期における古事記研究」古事記学会編『古事記の研究史』高科書店、一九九九年（古事記学会編『古事記研究大系』一〇）二四三—二五六頁。

シルヴィオ・ヴィータ「豊後キリシタンの跡をたどるマリオ・マレガ神父――マレガ文書群の成立過程とその背景」『国文学研究資料館紀要　アーカイブズ研究篇』一二号、二〇一六年、一四九―一六九頁。

同「マレガ神父の日本文化研究」郭南燕編『キリシタンが拓いた日本語文学――多言語文化交流の淵源』明石書店、二〇一七年、二二二―二三八頁。

同「「マリオ・マレガの執筆活動とその「文脈」」『国文学研究資料館紀要　アーカイブズ研究篇』一四号、二〇一八年、一三一―一四六頁。

武田幸也『近代の神宮と教化活動』弘文堂、二〇一八年。

平藤喜久子「外国人が見た古事記――一三〇〇年目の古事記」『國學院大學研究開発推進機構紀要』第五号、二〇一三年、七八―九二頁。

同「海外における日本神話研究――ファシズム期の視点から」國學院大學研究開発推進センター編・阪本是丸責任編集『昭和前期の神道と社会』弘文堂、二〇一六年、五一一―五二九頁。

第3部　ヨーロッパの表象

第7章　ナチス時代の「アッシリア神話」

月本昭男

一　フォン・ゾーデン父子

一九九六年に八八歳で他界したミュンスター大学名誉教授ヴォルフラム・フォン・ゾーデンは二〇世紀の最も偉大なアッシリア学者であったといってよい。後に、ユダヤ系であるがゆえにトルコに逃れ、さらにアメリカに渡ってシカゴ・オリエント研究所を担うことになるB・ランツベルガー（一八九〇—一九六八年）の指導のもと、彼は一九三一年にライプツィヒ大学で学位を取得した。一九三四年には二六歳という若さでゲッティンゲン大学で私講師となり、翌々年には教授となっている。戦後、彼が個人で編纂した『アッカド語辞典』全三巻（一九五九—一九八一年）は、世界の多くのアッシリア学者の協力で完成した全二一巻におよぶ『シカゴ・アッシリア辞典』と肩を並べるアッシリア学の金字塔である。それに先立つ『アッカド語文法概要』（初版一九五二年）は、いまなお、これを凌駕するアッカド語文法書は刊行されていない。渡辺和子氏（東洋英和女学院大学）の指導教授であった故

K・デラー（ハイデルベルク大学）をはじめ、二〇世紀後半に活躍したドイツの優れたアッシリア学者（シュメル学者ではない）のほとんどが彼の弟子であった。

その彼は、しかし、ナチス・ドイツ時代、国家社会主義ドイツ労働者党の武装組織であった通称ＳＡ「突撃隊」（Sturmabteilung）に属していた。それゆえ、戦後、しばらくは教授職を解かれたが、かつての師であったランツベルガーの推薦もあり、一九五四年にはウイーン大学に教授として招聘され、一九六一年から定年になる一九七六年まではミュンスター大学の教授であった。

戦前のフォン・ゾーデンについて、私が不思議に感じるのは、彼が父ハンス・フォン・ゾーデン（一八八一—一九四五年）とはまったく逆の立場を選び取ったことである。マールブルク大学の新約学ならびに教会史の教授であった父ハンスは、ナチス政権とは距離を置く「告白教会」の指導者のひとりであった。同大学神学部長であった一九三三年、彼はいわゆる「アーリア条項（Arierparagraphen）」を拒否する立場を鮮明にしたために、早期引退を強制されたのであった。その息子、ヴォルフラムは、父とは逆に、ナチスの側に立ったのである。

二　セム語学者フォン・ゾーデン

ヴォルフラム・フォン・ゾーデンは古代オリエントの文献資料の中でも特にアッカド語文書に集中した。アッカド語はいうまでもなくセム語族に属する言語である。「セム語」という名称は一八世紀後半のドイツのオリエント学者アウグスト・L・フォン・シュレーツァー（August Ludwig von Schlözer）にさかのぼる。これは、インド・ヨーロッパ語と同じく、元来は、語族を表す言語学上の分類概念であったが、『セム族の宗教』（古くはE・ルナン、R・スミス）などといわれるように、民族概念としても用いられるようになり、ナチス時代、それが「アンティ・セミティズム」として反ユダヤ主義の標語とされたことはいうまでもない。ところが、フォン・ゾーデンはこのセム語の研究に打ち込んだのである。反セム主義を掲げ、アーリア民族中心主義を唱えるナチスの「突撃隊」員として、フォン・ゾーデンはその辺をどのように受け止めようとしたのか。それは若くて優秀なアッカド学者であった彼が自らに問いかけざるをえなかった問題でもあったろう。

この点で、いささか私事にわたって恐縮であるが、テュービンゲン大学の古代オリエント学教室で学んでいた一九七〇年代後半、フォン・ゾーデンと並び、二〇世紀ドイツのシュメル学の泰斗アダム・ファルケンシュタインが残した蔵書や抜刷類の整理を任されたことがあった。その中に、私はフォン・ゾーデンの手によって第二次大戦中に刊行された『アラビア語軍事用語集』を見つけ、彼のアラビア語の知識に驚くと同時に、その用途を考えずにはいられなかった。そこにはまた、フォン・ゾーデンがナチス関係の新聞に寄稿した文章もいくつか切り抜きで保存されていた。残念ながら、ナチス関係の新聞に寄せた文章の内容に関しては、正確な記憶はない（これらをコピーしておかなかったことが悔やまれる）。しかし、彼が一九三七年に一書として刊行した『歴史問題としてのアッシリア帝国の勃興』（*Der Aufstieg des Assyrerreichs als geschichtliches Problem*）から、その辺の事情を探り出してみたい。

三　『アッシリア帝国の勃興』（一九三七年）

図版を含め五五頁に満たないこの書は、古代オリエント文明の頂点をきわめ、古代西アジアの歴史において最大の版図を誇ったアッシリア帝国の歴史をその民族性という観点から取り上げて、考察したものである。それは、一九三七年三月にベルリンで開催された「ドイツ・エジプト・近東アジア学会」で語られた講演に基づく。同年、ライプツィヒの出版社から古代オリエント叢書の一冊として刊行されている。講演内容は、大きく、次の四章に分かれる。

一章　アッシリアの地誌(Die Landschaft Assyrien)
二章　アッシリア国民の民族的組成とその歴史的諸前提(Die rassische Zusammensetzung des assyrischen Volkes und ihre geschichtlichen Voraussetzungen)
三章　アッシリア大帝国の勃興と崩壊に関する基本的問題(Grundsätzliche Fragen zum Aufstieg und Zusammenbruch der assyrischen Großmacht)
四章　まとめと展望(Zusammenfassung und Ausblick)

第一章「アッシリアの地誌」においては、西アジア全域にまで版図を広げたアッシリアであるが、その本土は広大な地域でも、地形的に閉じられた地域でもないことが指摘され、したがって、「アッシリア帝国の根底を問うということは、すなわち、アッシリア人という国民性を問うことにほかならない」と結論づけられる。

第二章「アッシリア国民の民族的組成とその歴史的諸前提」では、アッシリアの歴史を跡づけながら、アッシリアを形成せしめた民族的要因を述べてゆく。アッシリア人は、けっして民族的に純粋な国民というわけではなく(kein reinrassiges Volk)、歴史の中で成立した混成民族であり、文化的にも多くの要素が混じり合った。その民族的主要素として、まずは、次の三つが指摘される。

第一に、アッシリアは、ロゼッタ紋様に典型的に見られるように、先史時代の彩色土器を残した人々(Buntkeramiker)の文化(今日でいう「ハラフ文化」)を伝えている。

第二に、同じく先史時代に矩形の大建造物を残したテペ・ガウラ文化、さらにウルク文化をアッシリアは引き継いでいる。これらの文化を担った民族は、長頭という形態人類学的特徴から見て、アラル海付近を故地とする「アラル民族」(ウングナードによる命名)であった。

第三に、前三千年紀のシュメル初期王朝文化を担ったシュメル人の血がアッシリアにどの程度まで及んだかは明らかではないとしても、シュメル初期王朝期末に領域国家を興したセム系アッカド人の血が徐々にアッシリアに浸透したことはまちがいない。それゆえ、アッシリアにおいては「アッシリア語」と呼ぶセム系言語が広まり、楔形文字をもってこれを書き表すようになった。フォン・ゾーデンはこのセム系民族を「オリエント系」(orientalisch)と呼び、西アジアにおける印欧系の民族(vorderasiatisch)と区別する。また後者をときに「北方民族的(nordrassig)」と呼ぶのは、当時のナチス流の用語法を踏まえている。

一言でいえば、これら三つの民族的要素、すなわち、彩色土器文化をもたらした民、「アラル民族」、オリエント系民族が混じり合って、アッシリア国民(assyrisches Volk)が成立した、というのである。

四　アッシリア帝国の勃興とアーリア民族

アッシリアの歴史においては、しかし、これら三つの民族に、もう一つの重要な民族的要素が加わった。それはアーリア系の民族が西アジアに移動してきたことである。とくに、アッカド王朝が滅亡する前三千年紀後半、フリ人／スバル人と呼ばれるアーリア系民族が西アジアに侵入し、前二千年紀後半にはシリアにミタンニ王国を樹立させた。前一四／一三世紀になると、フリ人はアッシリア社会に浸透し、その支配層を形成するようになってゆく。トゥクルティ・ニヌルタ一世(前一二五五―一二一八頃)が南のバビロニアを軍事的に制圧して版図を広げ、アッシリアを古代西アジアの強大国の地位にのぼらせた背景がそこにあった。

フォン・ゾーデンはこの王の勇敢さを讃えるアッカド語の『トゥクルティ・ニヌルタ叙事詩』をことのほか重視し、その原文翻訳を掲げつつ、そこに勇猛果敢なアッシリア戦士の理想像と「軍隊の精神と内なる態度」を見て取っている。それは、それまでの西アジア文学に見られなかった精神性であり、その点をフォン・ゾーデンは次のように述べている。

> 〔敗北による撤退を―訳者〕当然と受け止めるような、オリエントに広まっていた戦闘形態を軽蔑してやまない、こうした叙述がセム語の詩に表現されることはじつに意外である。戦闘叙述のそれ以外の特色と相俟って、それはインド・ゲルマン諸民族の英雄叙事詩を想起させずにはおかない。もっとも、こうした類似性は単なる偶然を超えている、といった見解は、一見、間違っているように見えるだろう。しかし、遅くとも前一五〇〇年以来、アーリア人に主導されたフリ人もしくはミタンニが数百年にわたって近東アジアを支配していたことを考慮に入れるならば、それは不可避の見解となるに違いない。そのことが、すでに見たように、ミタンニ時代以降、ある種のアーリア的、つまり北方民族的な(nordrassig)刻印をアッシリアの民の中に考慮せねばならないのではないか、という問いに私たちを導くのである。（二六頁）

要するに、前二千年紀後半に起こったアッシリア帝国の勃興と勇敢な戦闘によるオリエント支配は、フリ人をはじめとするアーリア民族によって可能になった、というのである。アーリア系民族がアッシリアに移動することにより、アッシリア社会に変容がもたらされた。具体的には、交易や商業活動ではなく、土地所有を基盤とする貴族層(Adel)がアッシリア社会に形成されたのだ、とフォン・ゾーデンは考える。「十分な文書資料が存在するとまでは言えないとしても、国家の社会的構成をこのように変化させた要因は、アッシリア人が、他の分野においてもそうであったように、アーリア人に主導されたミタンニ王国の遺産を引き継いだことにある、と推測されるのである」(二八頁)。

五　アッシリア帝国の崩壊の理由

では、そのようにして古代西アジア文明の頂点をきわめたアッシリア帝国が、前七世紀、もろくも崩壊した原因は何か。フォン・ゾーデンは、この原因を次の二点に見ようとする。

第一に、それは南のバビロニアとの関係である。アッシリアが採った対バビロニア政策は、一方に、バビロニア文化の尊重とそれへの同化・同調という面があり、他方に、アッシリアによるバビロニア支配の敢行という逆の面があった。アッシリア・バビロニア関係史を紐解くと、アッシリアはこの二つの政策の狭間で揺れ動いた。それが北方民族の「けっしてたじろぐことのない強靭性(nie erlahmende Zähigkeit)」(四〇頁)を弱めることになったからである。

第二に、アッシリアが採用した大量強制移住政策である。計画的な民族混合を伴うこの政策が「アッシリア国民の健全性を(den gesunden Bestand des Assyrervolkes)崩壊させた」のである(四一頁)。

最後に、アッシリアの芸術と文学の重要性に短く触れるとともに、経済史にも言及しなかったことをフォン・ゾーデンは次のように正当化している。

アッシリア帝国の強さは、(商業活動を重視した)バビロニアとは逆に、意図して、営利目的の商業活動を政治的な支配意志(politische Herrschaftswillen)の下位に位置づけたことにあった。アッシリア人は、つまり、商業活動を支配下に置いたバビロニア人、フェニキア人、その他の商業に通じた民族に任せ、彼らから通行税や住民税を吸い上げることで満足していたように見える。ところが、強制移住政策の結果、徐々に民族混合が起こり、そのために属州から始めて好ましからざる非政治的な商業精神(der Handelsgeist)がアッシリアに広まってしまった。(四二頁)

ナチス時代の迫害を経験したユダヤ人であれば、この記述の中に、ドイツにおけるユダヤ人排斥を正当化する論理が二重、三重に暗示されていることを読み取るに違いない。古代西アジア文明の頂点に立ったアッシリアの歴史的特質をこのようにまとめあげたフォン・ゾーデンは、そもそもアッシリア史に取り組んだ動機を本書において次のように明示している。「歴史の深い理解の助けとなるはずの民族史(Rassengeschichte)を顧慮することによって、アッシリア史に起こったいくつかの現象の中から今日でも認識しうる幾多の可能性を提示すること」がそれであった(一八頁)。

六　イデオロギーとしての文化史

三〇代の優秀なアッシリア学者フォン・ゾーデンの、このような「アッシリア」理解がナチスのイデオロギーを濃厚に投影させていることは明白である。それは「アッシリア神話」と呼んでも、「フリ人神話」と呼んでもよいような歴史理解である。そして、それはナチス政権の崩壊とともに崩壊した。なによりも、民族(Rasse)を、わけてもアーリア民族を、その発想の基本に据えて文明や文化を観察するという方法論的視座に、フォン・ゾーデンの根本的な錯誤があったからである。加えて、彼がアーリア系民族と考えたフリ人についても、戦後、ヒッタイト王国の主都ハットゥーシャ（遺跡名ボアズキョイ）から、インド・ヨーロッパ語の最古の資料と並び、フリ語の文書資料が大量に発見されるに及び、フリ語がインド・ヨーロッパ語とは無関係の、動詞が活用しない膠着語の一種であることが明らかになった（このことは、じつは、すでに第二次大戦前に、一部の研究者の間には知られていたのである）。

このようにしてナチス・ドイツの敗戦とともに崩れ去った「フリ人神話」が、戦後五〇年ばかり、ほかならぬ日本の高校の教科書『世界史』に生き続けていたことも、ここで指摘しておかねばならないだろう。日本の高名な古代史研究者たちは、戦後、フリ語研究の動向に触れることもなく、フォン・ゾーデンの学説の背後に潜むイデオロギー性さえも読み取れずに、これを受け売りしていたのである。すでに五〇年ほど前から、フリ語はウラルトゥ語に最も近く、北東コーカサス諸語に属すると見られていたにもかかわらず。

フォン・ゾーデンが、戦前、フリ人をアーリア系と断定した根拠は、楔形文書において、ミトラ、ヴァルナ、インドラといったインド・アーリア系の神名がフリ人との関連で言及されること、印欧語で騎士階層を表すマリヤンヌ（mariyannu）がフリ語の人名として伝わること、などであった。しかし、こうした印欧語的要素は、現在では、フリ人が西アジアに移動する以前（つまり前三千年紀中葉に）、おそらく東コーカサス地方において、後にインドに進出するアーリア系民族と接触をもった結果であったろう、と推測されている。

すでにフォン・ゾーデンの『アッシリア帝国の勃興』は無視されてよい書物になって久しい。それは研究史を飾る逸話にさえならないだろう。しかし、宗教を含む戦後の文化史研究において、特定の文化の担い手として「民族」に代わる概念を紡ぎ出しえているのかどうか、また現在の学問と学説が見えざるイデオロギーに毒されていないかどうか、自省の糧としたいところである。

参考文献

W. von Soden, *Der Aufstieg des Assyrerreichs als geschichtliches Problem*, Der Alte Orient, 37/1-2, Leipzig, 1937.

A. Kammenhuber, *Die Arier im Vorderen Orient*, Heidelberg, 1968.

M. Mayrhofer, *Die Indo-Arier im Alten Vorderasien*, Wiesbaden, 1966.

I. Diakonoff, Die Arier im Vorderen Orient—Das Ende eines Mythos (Zur Methodik der Erforschung von verschollenen Sprachen), *Orientalia NS*, 41 (1972), 91-120.

月本昭男「前二千年紀西アジアの局外者たち——ハビル、ハバトゥ、フプシュ」『岩波講座　世界歴史二——古代オリエント』岩波書店、一九九八年、二五三—二七〇頁。

第8章　戦間期ルーマニアの知識人と歴史表象

新免光比呂

一　はじめに

本章は「ファシズム期の古代理解に関する総合的研究」の一環として、近代におけるルーマニア知識人の歴史をめぐる苦悩とその超克をルーマニアの歴史の中で広くとらえることを目的としている。

ルーマニアを代表する特異な思想家エミール・シオラン(Emil Cioran)は、若き日、『ルーマニアの変容』(1)という書物で、「歴史なきルーマニア」について悲憤慷慨した。もちろんルーマニアに過去の営みたる歴史が存在しないわけではなくて、歴史的主体たる民族の経験と自覚がないと嘆いたのである。実際、語弊があるかもしれないがルーマニアの歴史は貧しい。古代ギリシャ人によってダチア人と名付けられた集団が存在したことは伝えられているが、そのダチア人が古代ローマ帝国に支配された後、帝国が撤収した三世紀から一〇世紀頃までは、その存在を伝える資料はなく、一〇世紀頃に成立した諸公国も周辺諸大国の支配下に入り、ルーマニア民族の国家成立は一九世紀を待たなくてはならなかった。こうした歴史は、ナエ・ヨネスク、エリアーデ、ノイカ、イヨネスコ、シオランなどファシズム期におけるルーマニア知識人にある傾向、すなわち西欧を中心とした歴史なるものへの懐疑とルーマニア民族の特殊化（聖化）をもたらした。

これらの知識人は、ドイツやフランスなどに留学するか、ブカレスト大学で教養を身につけ、近代ヨーロッパの知的状況に深く通じた人々であった。たとえばナエ・ヨネスクはドイツのゲッティンゲン大学へ留学したが、まもなく第一次世界大戦が勃発し、帰国して兵役に就くことを余儀なくされる。一九一六年に再びドイツへ旅立つが、ルーマニアの参戦に伴ない、一九一六年八月には収容所へ収監される。一九一七年になって解放され、再び研究に従事し、一九一九年には『数学の新しい基礎付けの試みとしての論理学』によってミュンヘン大学で博士号を取得した。ウージェーヌ・イヨネスコの場合には、大きな反響を得た評論集『否』出版後に奨学金を受け、一九三八年に博士論文（題名は『ボードレール以降のフランス詩における罪と死』）を執筆するためフランスへ赴くが、一九三九年、第二次世界大戦のためにルーマニアへ帰国した。エミール・シオランは一九三三年に奨学金を得てベルリンへ向かい、クラーゲスやハルトマンのもとで研究した。そのとき、ヒットラーの政権奪取を目の当たりにして、大きな影響を受ける。

彼らの西欧に対する理解と態度は、ルーマニアの伝統的ともいえる親ヨーロッパ主義者とルーマニア主義者との対立の歴史の中ではルーマニア主義の立場に立ち、特に反民主主義的、反合理主義的な言説を展開し、さらに折からの反ユダヤ主義の盛り上がりの中で率先して反ユダヤ主義的言説を広めた。反ユダヤ主義的運動の中で最も大衆的な基盤をもっていたのがヨン・コドレアヌの大天使ミカエル軍団（レジオナール）運動であったが、ナエ・ヨネスク、エリアーデをはじめとするルーマニアの知識人たちは先を争って運動に参加した。その運動の展開の中で、深い宗教性をもった幹部指導者モツァの思想とその死の影響で、ルーマニア正教会の聖職者たちも運動への参加をためらわなくなった。こうして右翼急進主義運動であるレジオナール運動は、民族主義的傾向に加えて正教会主義が大きな流れとなり、ルーマニアは宗教的民族主義運動の渦中に取り込まれるのである。

二　ルーマニアの歴史と西欧

ルーマニアは、日本から見ればユーラシア大陸西方の彼方にあり、いわゆるヨーロッパの一部として想像されるだけの存在であるといえばいいすぎだろうか。しかし、ヨーロッパ内部では、ヨーロッパ大陸の最東端に位置していることから、文化的、地政学的な意味でアジアに開かれた「オリエント」とみなされることも多い。そして歴史的経験としては、長らくトランシルヴァニア（現在はルーマニア領）を支配してきたハンガリーとハプスブルグ帝国、近世のバルカン地域に対して支配を及ぼしてきたオスマン帝国、繰り返し南下への歴史的欲求を具現化しようとするロシアなど、周辺国家との絶えざる葛藤に彩られている。

このルーマニア独自の地政学的条件は、ルーマニアが古来より諸民族の移動路にあたり、さまざまな民族集団の盛衰が繰り返されてきたことにも現れている。その中で現在に至る最大の影響をルーマニアにもたらしたのは、地中海世界を支配した古代ローマ帝国である。ローマ帝国はヨーロッパを支配した諸勢力の模範であり、ギリシアとならんで西欧なるものの表象の基礎にある巨大な存在だった。現代ルーマニア語が言語学的にラテン語の系譜をひいているばかりでなく、古代ローマ帝国の後裔国家である東ローマ帝国（ビザンツ帝国）を通して受容されたキリスト教が国民的宗教となったことの意味は限りなく大きい。このようにルーマニアはローマ帝国を通して西欧と歴史的に深く結びついてきたが、一方でヨーロッパ大陸の東端はオリエントに対しても開かれている。そのため中央アジアから小アジアへと移動し、バルカン半島にまで支配の手を伸ばしたオスマン帝国が、中世以降ブルガリア、ハンガリー、セルビア、ルーマニアなどヨーロッパの南東周辺諸国家を支配し、これらの諸国家に対して、政治的、文化的、社会的、経済的に大きな影響を及ぼしてきた。

ところが民族意識が高揚しはじめた近代以降、バルカン地域の国々はオスマン帝国の支配を脱して、民族に基づく近代国家の形成を希求し始めた。その中の一つであるルーマニアにおいても、東西からの歴史的影響にもかかわらず維持されてきた（と信じられた）民族を発見するために、自らの自画像（アイデンティティ）を探し求めるようになった。そうした自画像を探求する主体は、聖職者や地主貴族、教師をはじめとする知識人であり、一方、彼ら知識人によって自画像探求の対象素材とされたのは、農民、手工業者、漁民、羊飼い、楽師、樵など一般の民衆であった(2)。こうした民族の自画像を探求する営みは、他の諸民族と同様に近代におけるルーマニアの文化的、政治的活動の重要な領域となったが、ソ連軍に蹂躙された一九四五年以降は、啓蒙的理性を偽装する普遍主義、国際主義を標榜する社会主義／共産主義イデオロギー支配の下で、民族自画像の探求および民族意識の表現作業は、微妙なバランスをとりながら続けなければならなかった。

この社会主義／共産主義イデオロギーによって作られた「鉄のカーテン」の下で、東欧バルカンで民族形成の基礎の一つとみなされ、また実際にも大きな形成要因となった宗教もまた厳しい弾圧と管理の下に置かれた。無神論を公式のドグマとする共産主義体制下では、国家統合、民族統一に寄与する限りにおいて、宗教は存立を許容されたにすぎないのであった。もともと諸民族がモザイク状に混在する東欧地域では、それぞれの民族に対応して、さまざまな宗教的伝統が存在してきた。これらの諸宗教は、その機能としては隣接あるいは共住する他の民族との差異を構築し、個別の民族アイデンティティを強化する働きを果たしてきたが、社会主義体制下でそれぞれの伝統をなす宗教は新たに国民統合の手段として利用された。そうしたなかで国内における少数民族は、新たな同化や抑圧の圧力をはねのけるために宗教的伝統へ依存するようにもなった。このように宗教は、現在でもさまざまな民族的立場に対応して、統合の機能や抵抗拠点としての機能を果たしている。

具体例を挙げると、東方正教会を構成する独立教会の一つで、ルーマニア民族の大多数が信仰するルーマニア正教会は、社会主義が立脚する啓蒙思想の産物である無神論の建前にもかかわらず、伝統文化と民族の統合に寄与するかぎりにおいて宗教活動の自由を享受していた。ソ連の宗教政策やレーニンの戦闘的無神論などに見られる社会主義的な建前とは大きく異なり、ルーマニアの宗教事情は開放的な印象を与えていたのである。しかし、実際のルーマニアの社会主義体制下においては、民族的本質を語る言説、民族的誇りといった感情、民族の政治的独立などの民族主義イデオロギーと宗教は結びついており、キリスト教もまたルーマニア民族主義を肯定する限りで体制と共存できていたにすぎなかったのである。

しかし、東欧において民族や国家の対立をまねいているのは民族や宗教ばかりではない。もう一つの機軸である西欧的な近代国民国家という尺度が、東欧諸国の人々や諸地域を差異化している。たとえば、ロシアとポーランドの関係においてポーランドでは、自国の方が西欧的な文化水準が高いと歴史的に考えられてきた。ルーマニアにおいては係争の的になってきたトランシルヴァニアのハンガリー系住民やドイツ系住民が自分たちの西欧的文化水準の高さを誇り、さらに同じルーマニア人同士でもトランシルヴァニアのルーマニア系住民は、旧ルーマニア王国のルーマニア人に対して自分たちの西欧的文化水準の高さを誇ってきた。現在は解体して独立した国家になった旧ユーゴスラヴィアにおいても、スロベニアは西欧的風土を誇り、南部の地域に対して先進地域としての誇りを持ってきた。このように、ヨーロッパという観念と表象が、それぞれの国民や民族のアイデンティティに関わるとき、当該の国家や民族の断片化という効果をもたらしてきた。

歴史的にキリスト教と深く関わってきたルーマニア知識人たちもまた、こうした構造に深く組み込まれていた。近代以前のヨーロッパにおいて、一般に知識人とは教会聖職者のことを指す場合が多く、世俗的な知識人というものの出現は近代以降の産物と思われるが、ルーマニアでも教会聖職者などは西欧に留学したり、アトス修道院で修業を積んだりして、知識を集積する役割を果たしてきた。また西欧の民族主義思想の影響を受けて展開した独立運動の過程では、土地貴族階層から世俗的な知識人が生まれ、ルーマニアの国家的独立、やがて資本主義の展開とともに知識人は政治と深く関わっていった。すなわち、戦間期の右翼急進主義運動では運動に参加するばかりでなく、その周辺での活発な知的活動に従事し、同時期の労働運動でも主たる役割を果たし、社会主義体制のもとでは国家イデオロギーを担った。それに対して、人口の大多数をしめる農民や職人、牧人など一般の民衆は、隷属的な状態に長く置かれていた。零細な土地と人口過剰によって悲惨な生活を送らざるをえず、政治的に受動的な立場に置かれ続けたが、この民衆がさまざまな政治運動の受動的な支持者となった。

三　宗教、民族、ファシズム

ルーマニアを含むバルカン地域において、歴史的な「宗教」といえばキリスト教、イスラーム、ユダヤ教などを指す。バルカンの政治的中心地であるコンスタンティノープル（後のイスタンブール）がキリスト教の重要な中心地の一つでもあり、かなり強力な正統化への圧力があったと考えられるが、バルカン地域には多くの異端や異教が存在していた。またイスラームに関しても、オスマン帝国で迫害されたアレヴィー（ベクターシュ）がバルカン半島、特にアルバニアに定着し、現地化の過程でキリスト教的慣習と融合した部分もある。バルカン地域にはさまざまな宗教集団が存在し、それぞれの宗教集団は地域の共通性をもちながらも独自の文化様式をもっていたが、人々は複数言語をあやつりながら共存を実現していた。

一方、多くの問題を引き起こしてきたとみなされるのが、バルカン地域における「民族」という観念である。

ヘルダーの唱えた近代的な民族概念は、東欧の人々を民族に目覚めさせ、オスマン帝国の支配から脱して近代的な国民国家を求めさせるようになった。民族主義／ナショナリズムは、西欧とは異なる文脈で東欧の歴史に大きく介入していくことになる。数世紀にわたるオスマン帝国支配が西欧に誕生した国民国家の進出によって揺らぎ始めたとき、その影響下で独立と解放を求めたバルカン諸国では、地政学的、歴史的特殊性ゆえに、国家や国民の在り方に独特の性格をもたざるをえなかった。

さらに東欧、バルカン地域において歴史的な特殊性を与えてきたのが、権威主義体制あるいは独裁主義体制（ファシズムを含む）である。権威主義体制というのは全体主義的な政治体制の一つで、バルカン地域では、ルーマニア、ブルガリア、セルビア、ギリシャなどの国王独裁として戦間期に顕著な現象となっていた。一方、独裁主義というのは、特に理念があるわけではなく、民主的手続きがないままにすべての政治的決定が可能な体制のことをいう。

バルカン地域の民族と宗教

近代に入ってからのバルカン地域で、人々の集団に名が与えられたのは、国家と雑多な人々とを媒介していた宗教および言語に基づいた民族であった。一般的に学術用語として使用されている概念を検討してみると、民族／ネイションというのは一定の文化的特徴を基準として他と区別される共同体とみなされている。この文化的特徴という基準には、土地、血縁関係、言語の共有（母語）、宗教、伝承、社会組織などが含まれる(3)。ただし、ネイションの歴史的変遷ではなく研究者による理論的定義という観点から見ると、言語をはじめとする客観的特徴による定義と、個人の意識に基づく主観的特徴による定義が代表的な考え方であるが、それぞれの難点を克服するために、さらに第三の定義が試みられている。

定義問題に難点を抱える「民族」なのであるが、東欧・バルカンにおいては、いわゆる民族／ナショナリズムが歴史の大きな動因になったことを具体的に見てみよう。スラブ語族という大きな括りの中で、現在ではセルビア民族、ブルガリア民族、クロアチア民族、スロベニア民族、マケドニア民族などの南スラブ族があり、さらにラテン語族という大きな括りに入るルーマニア民族があり、アルタイ語族に入るトルコ民族、ウラル語族のハンガリー民族があり、独自とされるギリシア民族、アルバニア民族など、バルカンで民族は満載である。これらの民族は、しばしば言語と宗教で分類される。とはいえ、言語といってもセルビア語、ブルガリア語、クロアチア語、スロベニア語、マケドニア語などはスラブ語派と呼ばれる大きなまとまりに属しているので、お互いの間で大きな差異はない。宗教に関しても、ルーマニア正教会、ブルガリア正教会、ギリシア正教会、セルビア正教会、アルバニア正教会などは、東方正教会という大きなまとまりに属していて、典礼の仕方や教義でたくさんの共通性がある。それでも、こうした言語と宗教を使った差異化の上に、歴史的体験や神話などによって、我々意識といったものが強化されていくのだと考えられる。こうしてバルカン地域というのは、民族を語るときに紛争や形成条件に関して一つのタイプとして言及される特徴をもった地域なのである。

さらにバルカン地域に際立つ特徴を与えているのが、諸宗教の排外的傾向である。バルカン地域には、キリスト教、イスラーム、ユダヤ教などの宗教のほかに歴史的にはボゴミールなどといわれる教派もあった。キリスト教といっても、その中には正教会、カトリック教会、プロテスタント教会などがある。また正教会の中には、ルーマニア正教会、セルビア正教会、ブルガリア正教会、ギリシア正教会、アルバニア正教会がある。イスラームには、スンニ派とともにアレヴィー（ベクターシュ）がある。これらの教派が共通に宗教として一つの姿をとって立ち現われるのは、バルカン地域においては民族との結びつきにおいてである。広域的な帝国の支配のもとで、我々意識を涵養したのは教会などでの集まりだった。人々が一堂に集まり、同じ儀礼行動に参加することが、一つのまとまりを生んだのである。これはやがて民族というまとまりに名を変えていく。バルカン地域で指摘される宗教の排外的傾向というのは、民族とともに集団を形成するという宗教の機能と結びついているのかもしれない。

ファシズムとは何か

ルーマニアをはじめとするバルカン諸国の戦間期においては、国王をはじめとする独裁的な政治体制（国王独裁とも呼ばれる権威主義体制）が成立した。特にルーマニアやハンガリーの独裁的政治体制に顕著な特徴を与えたのが、右翼急進主義運動あるいはファシズムと呼ばれる政治運動である。ファシズムというのは、イタリアのムッソリーニ（Mussolini）と国家ファシスト党（ファシスト党）が提唱した思想や政治運動、および一九二二年から四二年までの政権獲得時に行った実践や体制の総称であるが、[4]広義にはドイツのナチズムなど他国の類似の思想・運動・体制も含まれることがある。ただし、その範囲について意見の一致は見られていない。[5]

ファシズムの起源をたどると、第一次世界大戦中にイタリアの国家サンディカリストが、[6]ソレル主義サンディカリスト[7]の政治的視点とナショナリズムを結合することで最初に構築したといわれる。通常は極右とみなされるが、実際にはファシズムは右翼と左翼の両方の影響を受けているといえよう。ムッソリーニはファシズムを右翼かつ集産主義[8]とみなしたが、ファシズムは階級闘争や社会主義や社会民主主義などの左翼政治運動の高まりから発生した状況の改善に共感する一方で、同時に左派が唱える平等主義に反対すると宣言しているからである。

歴史学者や政治学者をはじめとする諸分野の研究者は、ファシズムの正確な本質や特徴を長年議論してきた。宗教や民族の概念と同様に、研究者によるファシズムの定義はそれぞれ異なっており、非常に幅広すぎる定義や狭い定義など多数の定義が存在している。ファシズムは急進主義的で権威主義的なナショナリストの政治運動ということは明確なようであるが、その細部に関して定義するということは難しい。そもそもファシズムに関して代表的な理論家というものがいないのも、ファシズムを理解しがたくしている。ムッソリーニやヒトラー、あるいは取り巻きたちによる著作はあるが、理論的な整合性はないようである。

ファシズムに対する評価は、ファシズムをどう考えるかという立場によって大きく異なるであろう。ファシストはナショナリズムの立場からコーポラティズム(9)などの集団主義を肯定的に主張するし、自由主義者や民主主義者は、ファシズムは自由主義と民主主義を破壊する全体主義と批判する。マルクス主義者はその唯物史観や階級闘争論の立場から、ファシズムを社会主義を暴力的に破壊し労働者階級を支配するための資本主義や帝国主義の一形態と批判し、リバタリアニズムなどのレッセフェールを重視する立場からは、ファシズムや共産主義は集産主義の一種と批判される。

バルカン地域で歴史的な課題となっているのは、本章でも取り扱うようにオスマン帝国による支配のもとで停滞した社会の問題である。それが本章で論じられるルーマニア知識人の歴史意識にも大きく反映している。また繰り返し述べるように、バルカン地域に対するまなざしは、前近代的、後進的、未発達、無秩序、混沌など、西欧近代が描いた自己像としての理想像の対極を表現する言葉によって表される。独裁的、非民主的、非倫理的などの価値判断は、遅れたバルカン地域なら当然のこととみなされがちである。

しかし、ファシズムとの連関でいえば、ファシズムは必ずしも遅れた地域に出現するわけでもない。ドイツ、イタリアがある種の前近代性を抱えていたのは否定できないのであるが、一方で、ドイツ・ナチズムの効率性、大衆性、経済性、イタリア・ファシズムのもっていたモダンな傾向は、いわゆるファシズムを前近代地域の特性とみなすことを否定している。では、バルカン地域にはファシズムはなかったのであろうか。それは全体主義的権威主義体制の変種にすぎなかったのであろうか。これは難しい課題である。本章では、その問いに答えることはできないので、本章で言及しているルーマニアのレジオナール運動は右翼急進主義運動として扱う。ただし、ファシズムとの連関を忘れるわけではない。バルカン地域もまた、いかに前近代的とみなされようとも、近代の大きな流れから無関係ではいられなかったのである。

四　ルーマニア知識人の歴史的課題と超克への試み

最初に述べたように、近代ルーマニア知識人の苦悩の源は、ルーマニアの歴史の欠如あるいは歴史の主体の欠如である。さまざまな世界史的な評価を得たルーマニア知識人がいう、その貧しいルーマニアの歴史はいかなるもので、知識人たちはいかなる強迫観念、あるいは打開の思想的投企を行ったのかが、これから論じられる主題である。

ファシズム期のルーマニア知識人

ルーマニアのファシズム期を彩る代表的な知識人として、おおまかに以下の人物を挙げることにしよう。大きな潮流としては西欧文化の普遍性を信じ、ルーマニアの西欧化、近代化を目指す親ヨーロッパ主義者と、その西欧文化に圧倒されつつルーマニアの独自性を民衆文化の中に見出し、ヨーロッパ近代そのもののゆきづまりをルーマニアの独自性によって超克しようとするルーマニア主義者たちである。

親ヨーロッパ主義合理主義者であり、ルーマニア主義者との接点にあった人物は、コンスタンティン・ラドレスク・モトル(Constantin Rădulescu-Motru, 1868-1957)である。彼は、一八六八年生まれで一九五七年ブカレストで死亡している。哲学者、心理学者、教育学者、政治家、劇作家、ルーマニア劇場支配人、ルーマニア・アカデミー会員および一九三八年から一九四一年までアカデミー会長を務めた二〇世紀前半のルーマニアを代表する人物である。ドイツ留学中にはヴントの助手を務め、大きな影響を受ける。ブカレスト大学教授となってからは精力的に雑誌を発行し、やがて助手であるナエ・ヨネスクとの激しい対立に巻き込まれる。

一九二〇年代から一九三〇年代にかけてルーマニアの政治的、文化的サークル内部で指導者として圧倒的な存在感を示したのは、ナエ・ヨネスク（Nae Ionescu, 1890–1940）（本名 Nicolae C. Ionescu）であった。哲学者、論理学者、数学者、教授、ジャーナリストという多くの顔をもち、反ユダヤ主義者、極右政治の支持者として知られた。後の右翼思想家としては興味深いことに、高校生のときに社会主義思想に触れている。ブカレスト大学に入学すると文学哲学部で学び、一九一二年哲学専攻科を修了した。同年、マテイ・バッサラブ高校の教師に任命され、しばらく雑誌の編集を手伝った後で、ドイツのゲッティンゲン大学へ留学したが、まもなく第一次世界大戦が勃発し、帰国して兵役に就くことを余儀なくされる。一九一五年には結婚し、一九一六年に再びドイツへ旅立つ。ルーマニアの参戦に伴い、一九一六年八月には収容所へ収監される。一九一七年になって解放され、再び研究に従事し、一九一九年には『数学の新しい基礎付けの試みとしての論理学』によってミュンヘン大学で博士号を取得する。同年、ルーマニアに帰国し、大学とジャーナリズムの分野での活躍が始まった。当時、ジョルジュ・エネスクとその妻をめぐっての醜聞も有名である。反ユダヤ主義、反合理主義、そして特に反政党制という政治的信条ゆえに逮捕と投獄が繰り返され、最後にはレジオナール運動との関係を問われて投獄され、解放された後の一九四〇年三月一五日にブカレスト郊外にあるバネアサの別荘で生涯を閉じた。

彼の知的スタイルは独自なものであった。ブカレストの若き知識人たちをレジオナール運動に導き、自らも深く関わったヨネスクは、生涯において、ただ二冊の書物と二〇〇〇を超える雑誌記事、論説を残したにすぎない。しかも、この書物は自らが執筆したものではなく、聴講した学生たちが講義録を編集したものである。つまるところ、彼自身は著作にまったく意義を認めていなかったらしい。彼は生きた哲学、生きた言葉を欲して、自分を取り巻く状況とのアクチュアルでリアルな関係を望んでいたという。講義の一瞬一瞬が知的な活動の輝きであり、実際に起こっている状況の中で論陣をはることが彼の学問の実践だったのである。講義における学生たちの知的な興奮と影響によって、彼にはルーマニアのソクラテスという名が献上された。

彼は大学ばかりでなく政治の世界でも活躍したが、それは思想的指導者、悪くいえばデマゴーグとしてであった。ブカレスト大学での講義で彼に魅了された弟子たちはそうそうたる顔ぶれをそろえ、それはルーマニア「一九二七年世代」とも呼ばれる。[10] エリアーデ、チョラン、ノイカ、エウゲン・ヨネスク、ヴルカネスクなど枚挙にいとまがない。世界的な名声を博した人物だけでも、エリアーデ、チョラン、ウージェーヌ・イヨネスコ（エウゲン・ヨネスク）がいる。

残された講義録や当時の学生が成長し後に思想家となってから記した言葉からは、絶大な影響力をもつ偉大な教師としてのカリスマが際立ち、思想の内容にはとりたてて思想史の中で見るべきものはないようにも思われる。彼に影響を与えたといわれるのは、当時のヨーロッパで一般的であったシュペングラーやベルジャエフであり、[11] ナエ・ヨネスクが示した反近代主義的、終末論的な気分はヨーロッパ全体に共通する傾向なので、とりたててルーマニア、特にナエ・ヨネスクに特徴的といえるわけでもない。一九三〇年代のルーマニア知識人のほぼすべてに影響を与えたとみなされるヨネスクであるが、その思想を独自なものとして扱うのは難しい。

彼の政治的立場は、ルーマニア民族主義、反ユダヤ主義、国王独裁支持、指導者崇拝などによって示され、ある意味で右翼反動の極みとでもいうべきである。彼の学問的実践と関連する特徴は、哲学的な用語を政治学的な用語に転換して、自らの政治的立場を主張するというものだった。[12] その哲学的な基礎は、反合理主義、反西欧主義、反近代主義の上に立っており、特に近代政治思想、その基礎にある近代哲学の父として、デカルトとルソーへ激しい批判を行った。そして政治的には、政党政治を否定し、カロルの帰国と国王就任を支持して国王による独裁を肯定し、後にはコドレアヌへの「指導者崇拝」ともとれるレジオナール運動の有力な思想的支持者となった。また反ユダヤ主義という点では、弟子のひとりミハイ・セバスティアンが出版した小説の序文に、ユダヤ人はユダヤ人であるかぎり救われることはないなどと書き、物議をかもした(13)。彼を敬愛する弟子たちですら反発を示し、論争が巻き起こるほどであった。

当時の知識人に深い影響を及ぼしたのがレジオナール運動の指導者であったコルネリウ・ゼレア・コドレアヌ(Corneliu Zelea Codreanu, 1899-1940)で、一八九九年にポーランド系ルーマニア人ヨアン・ゼレンスキの長男としてルーマニア北東部モルドバ地方の中心地ヤーシに生まれた。この地方は歴史的にポーランド、ロシアと接し、大きな影響を受けてきた。父親ヨアン・ゼレンスキは、一九一〇年にニコラエ・ヨルガとクーザによって創設された「民主民族主義党」の地方指導者となった。ポーランドからの移民でありながらルーマニア民族主義と反ユダヤ主義を強く信奉していたことが、この時代の地方知識人としてヨアン・ゼレンスキに強い個性を与えている。

コドレアヌの政治的活動はヤーシ大学法学部の頃から始まる。当時の学部長は、先に述べた「民主民族主義党」創設のクーザであり、その政治的影響力がコドレアヌを民族主義へ導いた。当時、ヤーシでは隣国から迫害を逃れてきたユダヤ人(アシュケナジーム)の社会的進出が著しく、弁護士、医者、大学教授など知的階層の多数をユダヤ人が占めるようになり、その結果、左右両勢力の対立が激化していた。コドレアヌは、民族キリスト教社会主義を掲げる反共組織「民族意識防衛団」(Garda Constiintei Nationale)に加入し、続いてヤーシ大学法学部学生協会会長(のちキリスト教学生協会)に就任し、反ユダヤ主義を実践すべく華々しく政治的キャリアを開始する。一九二二年にはベルリン大学へ留学したが、反ユダヤ主義的学生運動の高まりに伴って帰国し、「キリスト教民族防衛連盟」に参加した。これは、第一次世界大戦後にヨーロッパ諸国からの圧力を受けたルーマニア政府が国内に居住するユダヤ人に市民権を賦与しようとした憲法修正案に署名運動によって反対する団体で、クーザを議長としていた。この組織への参加で、コドレアヌに対するクーザの思想的影響はさらに深まった。一九二三年一〇月八日には、政府関係者に対する襲撃の謀議を疑われ投獄された。このとき獄中で大天使ミカエルの顕現という神秘体験を経験し、コドレアヌ思想(後のレジオナリスム)の萌芽が生まれた。同時期に投獄されていた仲間五人が、コドレアヌ思想実現のための組織である大天使ミカエル軍団(レジオナール)の創立メンバーになる。

ナエ・ヨネスクによって引き立てられたのがミルチャ・エリアーデ(Mircea Eliade, 1907-1986)で、ルーマニアの宗教史学者、幻想小説家、哲学者、シカゴ大学教授として知られる。今日に至るまで宗教学研究におけるパラダイムを打ち立て、宗教体験研究の指導的立場にあった。レジオナール運動に関与し、亡命を余儀なくされた知識人の代表格であった。一九〇七年ルーマニアの首都ブカレストに生まれた。一四歳で論文を執筆したという神童ぶりで、一九二五年にブカレスト大学に入学し一九二九年に卒業。この間、ナエ・ヨネスクと知り合い、生涯の師として仰ぐ。卒業後、エリアーデはインドへ留学し三年間を過ごす。この間に小説「マイトレーヤ」のもととなる恋愛事件を経験する。帰国後一九三三年に小説「マイトレーヤ」を発表し、一躍小説家としての名声を得る。この時期にブカレスト大学においてナエ・ヨネスクの助手となり、ナエ・ヨネスクが刊行した右翼的政治新聞 *Cuvîntul* の編集協力者を務める。同時に、師ナエ・ヨネスクとともにレジオナール運動へ関与し、指導者コドレアヌと親しく交わるが、一九三八年にコドレアヌが射殺され、レジオナールへの弾圧が強まると、エリアーデもレジオナール運動との関与を咎められミエルクリャ・チュウク監獄へ投獄される。しかし、幸運にもエリアーデはサナトリウムへ送られ、そこで解放された。さらに一九四〇年にはコンスタンティン・ジュウレスク宣伝省大臣の厚意で、ロンドンへ外交団の一員として送られた。同年、ルーマニアではアントネスク将軍率いる民族軍団国家が成立し、その新体制のもとでエリアーデは文化参事官に任命され、リスボンへ赴任して一九四五年までそこにとどまり、宣伝プロパガンダ活動、情報収集活動に従事した。ルーマニアのファシズム国家崩壊後、エリアーデはパリへ亡命し、一九五六年まで流浪生活を送る。だが、この間に著作を発表し世界的な名声を得る。一九五六年にアメリカへ招待され、一九六〇年からシカゴ大学に奉職し、一九八六年に七八歳で亡くなるまでジョセフ・キタガワなどの保護のもとで恵まれた立場を享受することとなった。

迫害にもかかわらずユダヤ知識人として生きたのが、ミハイル・セバスチャン（Mihail Sebastian, 1907–1945）（本名 Iosif Hechter. ペンネームとしてほかに Victor Mincu）で、ルーマニアのユダヤ系文学者、小説家、劇作家、文芸批評家として知られる。音楽にも精通し、ヨーロッパの音楽史も記した。ブカレスト大学法学部で学び、そこでチョラン、エリアーデ、イヨネスコなどとともに、ナエ・ヨネスクの影響が次第に強まったクリテリオングループに属した。小説家として頭角を現したが、ナエ・ヨネスクに依頼した自作の小説 de doua mii の序文で、反ユダヤ主義的な言説を加えられ、大きな物議をかもす。一九四五年に交通事故で亡くなるが、それまでの日記ではブカレストにおける知的サークルに属する知識人について多くの記述がなされている。

エリアーデと同じく戦後フランスに亡命したのがウージェーヌ・イヨネスコ（Eugène Ionesco, 1909–1994）で、その作品はほとんどがフランス語で書かれており、フランスアヴァンギャルド劇場を代表する脚本家となった。日常世界を風刺する以上に人間存在の孤独と無意味さを具体的に描き、アイルランド出身のサミュエル・ベケット、カフカース生まれのアルチュール・アダモフとともに、フランス不条理演劇を代表する作家の一人とみなされる。一九二九年ブカレスト大学へ入学し、エミール・シオラン、ミルチャ・エリアーデと出会い、三人は終生の友人となる。この頃から詩や評論を書き始め、多くの雑誌に寄稿し、評論集『否』は大きな反響を呼ぶ。一九三八年奨学金を受け、博士論文（題名は『ボードレール以降のフランス詩における罪と死』）を執筆するため再びフランスへ。しかし一九三九年、第二次世界大戦のために一時ルーマニアへ帰国。一九四二年に再びフランスに戻り、在ヴィシー・ルーマニア公館文化部職員（後に文化担当官）。戦後は出版社に勤務し校正を担当。イヨネスコは戯曲を発表するかたわらで、政治への関心を示し、特にソ連をはじめとする共産主義体制、さらにサルトルに代表される左派知識人を厳しく批判し続けた。ルーマニア出身のイヨネスコのもとには、東ヨーロッパ出身の政治亡命者が多く集まっていたがため、イヨネスコは当時のフランスではとかく理想的にとらえられていた共産主義社会の現実に通じていたためであろう。

社会主義体制下のルーマニアに留まり、後に大きな影響を後進に及ぼしたのが、哲学者、随筆家、詩人であったコンスタンティン・ノイカ（Constantin Noica, 1909-1987）である。関心は認識論、文化哲学、哲学的人類学から存在論、論理学、哲学史からシステム論哲学、古代哲学から現代哲学、翻訳と解釈から批評と創作にまで及ぶ。一九二八年から一九三一年までブカレスト大学文学部で学び、卒業論文はカント哲学だった。そこでナエ・ヨネスクに出会う。図書館員として働きながら数学の講義に出席し、さらにクリテリオンサークルの一員となる（一九三二―一九三四年）。そこで、ミルチャ・エリアーデ、ミハイル・ポリフロニアデ、ハイグ・アクテリアンなどと知り合い、レジオナール運動に参加することになる。一九四〇年一〇月、ベルリンでセクスティル・プシュカリウ（Sextil Puşcariu）のルーマニア・ドイツ研究所で査読者に就任し、一九四四年に帰国するが、第二次世界大戦中はほとんどドイツに滞在していた。戦後、ノイカは新体制のもとで迫害を受ける。一九四九年に共産主義政府によって強制居住一〇年間の刑を宣告され、一九五八年までとどまった。その年の一二月に、エミール・シオランが『歴史と楽園』という本を出版した後、彼は政治犯として二五年間のジラヴァ（Jilava）での強制労働刑を宣告され、所有物はすべて没収された。六年後の一九六四年八月にようやく一般恩赦の一部として解放された。一九六五年からルーマニアアカデミーの論理学センターの主任研究者としてブカレストに住む。彼のアパートで、ヘーゲル、プラトンとカントの哲学についてセミナーを開いた。参加者の中には、論理学センターの同僚であるソリン・ヴィエル（Sorin Vieru）や、後にルーマニアを代表する哲学者で民主革命後に政界でも活躍するガブリエル・リチェアヌ（Gabriel Liiceanu）やアンドレイ・プレシュ（Andrei Pleşu）がいた。

グループの中で最年少者であるエミール・シオラン（Emil M. Cioran, 1911-1995）は、ルーマニア語とフランス語で作品を出版した作家、哲学者、随筆家である。父親は正教会司祭であった。若年期のエクスタシー経験と、鬱、不眠など生涯にわたる精神的苦悩をもとに、特異なニヒリズム的思索を展開した。ブカレスト大学に学び、一九二八年ウジェーヌ・イヨネスコ、ミルチャ・エリアーデと出会い終生の友人となる。一九三四年に処女作『絶望のきわみで』を出版する。イヨネスコの『否』（*Nu*）とともにカロル二世王立財団出版から出版された著作は好意的に迎えられ、王立アカデミー賞も授与され知識人としてデビュー。後にルーマニアの右翼急進主義運動である鉄衛団にも関わり、その機関誌に多くの政治論文を寄せる。シオランは鉄衛団の暴力的手法には賛同してはいなかったとされるものの、第二次世界大戦初期まで支持する。彼は後に、この運動に対する共感と民族主義、反ユダヤ主義を捨て去り、それに傾倒した若年期の態度に対してしばしば後悔・良心の呵責の念を表した。

ルーマニアの歴史的課題と超克の試み

さて、以上の知識人を見渡して、そこから共通の傾向をどう読み取るべきであるのか迷うところであるが、ここではルーマニアの「歴史」と知識人との関わりを主題にする。これらの知識人の中でも、エリアーデとシオランは直接に「歴史」に言及している代表格である。彼らの著作からルーマニアの歴史が抱える問題をあぶりだしてみることにしよう。

まず彼らが反感の対象としているルーマニアの「貧しい歴史」とは何か。ルーマニアの一般的な通史によると、紀元前二〇〇〇年頃にトラキア人から派生したダキア人が住み始めるのが最初とされる。ダキア人というのはルーマニアにおける建国神話の出発点である。紀元前六〇年頃にはダキア人による統一国家が成立したが、古代ローマ帝国の侵攻を受け、二世紀初めにはトラヤヌス帝がドナウ川以北で帝国唯一となる属州ダキアを置いた。その後、ローマ人の植民地化が進められ、ダキア人はローマ人と混血しローマ化が進み、これが今のルーマニア人の直接の祖先となる（というのがルーマニアの通説である）。さらにキリスト教がこの地域にもたらされ、二世紀から三世紀にはキリスト教が普及したとされる。二七一年ローマ帝国がダキアを放棄すると、地域は西ゴート族支配下に入る。三七八年からはフン族の西進によって西ゴート族がイベリア半島へと移り、その後のフン族の四散によってスラヴ系民族の移住が進み、さらにブルガール人が一〇〇〇年頃まで支配する。このように異民族の侵入・支配が続いたもののローマ人（ラテン民族）の特色は残ったというのが、特に領土問題をめぐるハンガリーに対するルーマニアの主張である。ただし、この間の状態について資料的には確認できるものが一切なく、歴史的暗黒時代ともいわれる。

一〇世紀には各地に小国がいくつか成立し始め、ワラキア、トランシルバニア、モルダヴィアに収斂していく。一〇五四年東西教会分裂のときには、ルーマニア地域は東方教会に組み込まれる。その一方で、トランシルバニアは早くからカトリックを奉じるハンガリー王国の支配下に入り、さらに一三一〇年にはアンジュー家、次いでハプスブルク家の支配下に入る。他方、ワラキア、モルダヴィアは一三世紀にタタール人に征服される。一四世紀にはタタール人を退け、ワラキア公国とモルダヴィア公国が成立した。しかし周辺からハンガリー王国、ポーランド王国、オスマン帝国などの脅威にさらされ、一四一五年にはワラキア公国がオスマン帝国の宗主下に入り、モルダヴィア公国も続く。一六九九年カルロヴィッツ条約以降、この地域はオーストリア帝国とロシア帝国の影響を強く受ける。一八二一年ギリシャ独立戦争の嚆矢としてトゥドル・ウラジミレスクによってワラキア蜂起が勃発したが、オスマン帝国によって鎮圧される。一九世紀にロシアが占領したが、再びオスマン帝国の宗主下でワラキア、モルダヴィア連合公国が成立した。

一八五九年アレクサンドル・ヨン・クザが両公国の公となり、一八六一年ルーマニア公国へと統合されたが、保守貴族が反発し、クザは退位を余儀なくされる。一八六六年新憲法が起草され、ドイツからカロル一世を迎える。カロル一世は国内の近代化を推進し、一八七七年露土戦争に参戦する。一八七七年五月九日に独立を宣言し、オスマン帝国と独立戦争を展開した。一八七八年のサン・ステファノ条約とベルリン協定で列強の承認を得て、一八八一年、カロル一世は国王に即位し、ルーマニア王国となる。第一次世界大戦では一九一六年八月二七日に連合国側で参戦するが、開戦から三ヶ月後の一九一六年一二月六日には首都ブカレストが陥落する。休戦後の一九一八年一二月一日、ブコビナ、トランシルバニア、ドブロジャ、ベッサラビアを獲得し、念願の大ルーマニアを実現した。

このような歴史を担い、歴史に対峙するルーマニア知識人がどのような思想を展開したのかが、ここでのテーマである。ここで取り上げるエリアーデの著作は、「聖と俗」の概念とともに「永遠回帰」というニーチェ的概念でエリアーデを世界的に有名にした『永遠回帰の神話』(14)（以下『永遠回帰』）、シオランの著作は、若きシオランがブカレストでの青春時代に上梓した『絶望のきわみで』（一九三四年）および『欺瞞の書』（一九三六年）につぐ『ルーマニアの変容』（以下『変容』）である。この書は、二〇世紀を迎えたルーマニアのルーマニア人論としての性格をもつ。先駆者としてラドゥレスク・モトルは、『ルーマニア文化と政治』（一九〇四年）でルーマニアはヨーロッパと政治が結びついた圧力のもとで一九世紀に変容したと書き、資料の裏づけ、叙述の迫真ぶりで類を見ないとみなされるのが、ルーマニア性についての研究書の一つドラギチェスク『ルーマニア民族の心性について』（一九〇七年）で、その内容から「二〇世紀のルーマニア思想の近代主義的、民主的、親ヨーロッパ的路線の最初の代表者」とみなされている。この路線に入る者としては、特にイブライレアヌ（『ルーマニア文化における批判精神』一九〇九年）、ゼレティン（『ルーマニアのブルジョアジー、その起源およびその歴史的役割』一九二五年）、ロヴィネスク（『近代ルーマニア文明の歴史』三巻、一九二四―二六年）などが挙げられる(15)。

シオランは、彼にとって「体系的な唯一の、また〈ルーマニア性〉を、ルーマニアの特殊性を扱っている点でも唯一の著作(16)」である『変容』の中で、以下のようにルーマニアを蔑み、否定する。

まずはルーマニアへの罵倒から始まる。

「ルーマニア（二流の運命の文化の典型的なケース）の生まれついての無能は、権力への意識的な愛でもって矯正されたこともなければ、埋め合わされたことも一度もなかった」（『変容』七七頁）

ここには二流の文化、無能という言葉でシオランの憤りが見える。そして、歴史の名に値する過去がないことを創世記になぞらえる。

「私たちはみなアダムの境遇にある。（あるいは私たちの状態はアダムのそれよりずっと悲惨なものかもしれない。なぜなら私たちの背後には何もなく、哀惜すべき何ものもないから。）すべては、絶対的にすべては開始されなければならない。アダム的な文化には創るべき未来しかない」（『変容』一一五頁）

さらに、ルーマニアの過去を徹底的に否定する。哀惜すべきものはなにもなく、ただ破壊の後で創造が始まるという。それを具体的に取り上げる。

「数百年に及ぶ逆境を――蛮族の侵入、トルコ人とハンガリー人の圧政、ギリシャ人大公による統治――正当化しようとしても無駄であろうし、またできないだろう。歴史とは説明であって言い訳ではない」（『変容』一一六頁）

さらに、ルーマニアの歴史そのものへの憎悪をあらわにする。

「ルーマニア民族の現在の欠陥は、その歴史の産物ではない。その歴史こそ構造的な心理的欠陥の産物である……私たちが無-歴史であるという事実を強調しただけ……」（『変容』七七頁）

ルーマニアの民衆文化もまた批判の対象となる。ルーマニアは他のバルカン諸国と同じくオスマン帝国の支配下にあった時代を自分たちの無歴史時代とみなして、正教信仰とともにある民衆文化を民族の伝統であり、本質とみなしていた。それに対して、シオランは不十分であるという。

「民衆文化の創造だけにとどまった民族は、歴史の敷居を乗り越えたことはなかった」（『変容』一四一頁）

「私たちのキリスト教は牧歌的であり、そしてある意味で非歴史的である」（『変容』一五九頁）

さらに、一九世紀からルーマニア知識人が熱中した民間伝承詩「ミオリッツァ」の解釈もまた一刀のもとに切り捨てられる。知識人たちが美しく歌い上げたルーマニア人の特徴である運命という考え方は、単に歴史を理解しないからなのだという。

「ルーマニア人は実際には歴史を理解していない。歴史に代わるのが彼らの運命という考えである」（『変容』一六九頁）

そして、「ミオリッツァ」の中で歌われた宿命論、ルーマニアの諦めやすい運命論的な態度をニヒリズムという強い言葉で非難する。

「ルーマニア人ほど挫折しやすい者はいない。……ルーマニア人の曖昧なニヒリズムの帰結が挫折であるのは当然である。歴史をもたず、国家になることなく存続する民族、こういう民族はニヒリズム的である」（『変容』二二七頁）

西欧文化に対するルーマニア人の模倣についても、それはルーマニア民族の劣等性の証であるという。

「西欧が私たちルーマニア人に及ぼした魅惑は、私たちの劣等性の、ならびにそれについての私たちの自覚の、

繰り返されてきた、明白な証拠である」（『変容』二八八頁）

「バルカン半島はヨーロッパの地理上の辺境にあるだけではない。同時に――そして特に！――ヨーロッパ精神の辺境にある。残飯、廃棄物、精神の壊疽、本能的な痴愚、閉ざされた地平、こういったすべてのものからはっきり見て取れるのは、意気阻喪させるようなグロテスクなものの滑稽で悲しげな様相である」（『変容』三〇八頁）

これらの言葉からは、「ルーマニアの現実の凡庸を、矮小を、不安定を嘆いているが、それは彼がルーマニアの現実をヨーロッパの文化を基準で判断しているから」(17)であり、「ルーマニアの歴史と文化、さらには自分の世代の文化の創造と構築の可能性についての彼の低い評価は、ドイツでは紛れもない劣等コンプレックスと化す」(18)ことが読み取れる。エミール・シオランはもともと政治には関心をもたなかったようであるが、ドイツ留学でヒトラー体制下の熱狂を目の当たりにして、完全に集団主義にとりこまれていったのである。『変容』自体も、ほとんどがショーペンハウアー、シュペングラー、ニーチェを構成要素としているというところからも明らかである(19)。

このシオランに対して、エリアーデは同じ「一九二七年世代」ながらも、ヨーロッパに対して異なる見方を『永遠回帰』において示している。そこでは明快にドイツ的な歴史主義が否定されている。

「意識的かつ自発的に歴史を創造する「歴史的人間」（近代人）を、すでに考察してきた歴史に対して否定的態度をとる伝承文化人と対決させる必要があろう」（『永遠回帰』一八三頁）

この言葉からは、エリアーデが研究してきた神話的人間への深い愛着とヨーロッパ近代に対する抵抗が感じられる。

「二つの歴史観の型を比較することは、すべて近代の「歴史主義」なるものの分析を暗示する」（『永遠回帰』一八三頁）

「意識的かつ自発的に歴史的であるような人間の問題にあえて触れておかねばならぬ」(『永遠回帰』一八四頁)

エリアーデの師ナエ・ヨネスクも影響を受けた社会主義思想も正当にドイツの歴史哲学の中に位置づけられ、エリアーデはドイツ歴史哲学の終末論的歴史主義に反論を加えようとする。

「ヘーゲルからマルクスに至る「歴史主義的」解決の正当性に暗々に疑問をなげかけてみよう」(『永遠回帰』一九〇頁)

ルーマニアの歴史的運命についても、エリアーデはオスマン帝国のみ責任を転嫁しようとはしていない。エリアーデにとって運命とは受容する側の世界観に大きく左右されるものであって、神話的時間、神話的解決を受け入れるか、歴史主義を受け入れるかが問題となる。

「南東ヨーロッパが数世紀にわたって苦しまねばならなかった事実、そしてそれゆえに、より高い歴史的存在へ、世界的規模における精神的創造への何らかの衝動を放棄しなければならなかった事実を、ただ一つの理由、すなわちそこがたまたまアジアの侵略者たちの通路にあたり、のちにはオットマン帝国の隣邦であったという、ただそれだけの理由でいかにして正当化し得るであろう。」(『永遠回帰』一九四―一九五頁)

このようにエリアーデがいうとき、そこにはあくまでもヨーロッパの普遍主義、近代主義の見地からルーマニアを卑下し、劣等感にさいなまれるシオランとは異なるルーマニア人意識を見て取ることができる。一般にエリアーデは比較宗教学の大家であり、謎めいた幻想小説作家とみなされるのであるが、実のところは、まっとうなルーマニア知識人の系譜に属し、キリスト教思想とその実践に深い関心を抱いていたのだと考えられる。大胆に言えば、「私が久しい間問題として抱いてきた「民間伝承」なるものの、極めて根強く、社会の変革に堪え、また久しき時間の流れに堪え得てきた持続性と継承性の解明に、一つの光を与えるものとして、高く評価され得る……単に宗教史、歴史哲学の書であるだけでなく、また民俗学理論としてもすぐれた示唆を与える」(『永遠回帰』二一七頁）という堀一郎をはじめとして、博覧強記で多言語話者というエリアーデの側面を強調しすぎ、あるいは誤解をすることによって、「あるだけでなく」と軽く通り過ぎてしまったエリアーデの歴史哲学を再度、ルーマニアのキリスト教思想の光の下で考察する必要がある。

五　むすび

ミルチャ・エリアーデの『永遠回帰の神話』に違和感を覚えたのはいつのことだっただろうか。「歴史」なるものに何の疑いも抱かず、「歴史への恐怖」などという言葉に感応する能力どころか、キリスト教というものの経験もなかったころのことである。素朴に『古事記』や『日本書紀』のおおまかな内容を学校の歴史教育の中で暗記して、さまざまな偉業に彩られた「聖徳太子」も実在と思い込んでいた。さらには、数々の古墳や登呂遺跡などを通して、「日本」の歴史もまた自明であるかのごとくであった。また、竜安寺の石庭や金閣寺、数々の仏像によって、「日本人」の精神性などという幻想もいだいていた。その中で歴史の不在や欠如などという問題意識は生まれようがなかったといえよう。

調査対象としてルーマニアを訪れ、人々の暮らしを垣間見て、ルーマニアを理解しようとしていたとき、まっさきに違和感を覚えたのが「ルーマニア」なる言葉であり、「ルーマニア主義」ともいえる民族主義的な態度であった。違和感を覚えたものの、そこで語られる言葉の端々に、長年にわたって支配されてきた人々の集団的怨念の響きを聴きとらずにはいなかった。オリエントたるオスマン帝国とトルコ人に対する歴史的反感はあるものの、現代のヨーロッパ優勢の状況ではトルコというのはやや軽蔑的に語られるだけであるが、ルーマニア人の反感が特に向けられるのはハンガリー人であり、言葉の端々ににじみ出る偏見と反感は、まるで日本と韓国との相似性を思わされて戸惑うばかりであった。

偉大なる世界的宗教学者エリアーデという言葉に惹かれてルーマニアを研究し始めたのだが、やがて反ユダヤ主義者、ファシスト、イデオローグという悪名を知るようになる。左から右へ、右から左へと転向者に満ち溢れた日本に住まう人間から見ると、なぜエリアーデがそこまでいつまでも批判されるのか理解できなかった。生涯苦しみ続けたシオラン、世界に対して距離をとるイヨネスコ、ほとんど隠遁生活を送ったノイカなど、あらためてルーマニアの一九二〇年代の知識人群像を振り返ると、世界史に参加していると思われる偉大な人物にあふれて、日本など比較にならない思想水準の高さである。にもかかわらず、彼らはみな何かの欠落に苦しみ続け、その欠落を埋めようとした若き日の過ちを指弾され続けた。これらのルーマニア知識人は、まさに歴史の中の悲劇の主人公たちであろう。もちろん、死者にまさる悲劇はないのであるが。

ルーマニアというバルカンの小国(意外に人口は多く、国土も広いのであるが)に住むことの困難さを貧困にあえぐ農民とともに映し出しているのが、ファシズム期におけるルーマニア知識人であったと思われる。

(1)　エミール・シオラン『ルーマニアの変容』金井裕訳、法政大学出版局、二〇一四年。
(2)　ピーター・バーク『ヨーロッパの民衆文化』中村賢二郎・谷泰訳、人文書院、一九八八年。
(3)　ただし、これはスターリンによる民族定義の一般化にすぎない。
(4)　「ファシズム」という言葉の語源は、イタリア語の「ファッショ」(束、集団、結束)という言葉であり、この「ファッショ」の語源はラテン語「ファスケス」(束桿)になる。ファスケスというのは斧の回りにロッド(短杖)を束ねたもので、古代ローマの執政官の権威の象徴とされた。ファスケスの象徴的意味は「統一による力」で、一本のロッドは簡単に壊れるが束になると容易に壊せないことに由来している。ムッソリーニは一九一九年に「イタリア戦闘者ファッシ」、一九二一年に「国家ファシスト党」を結成し、また一九一九年七月にはファシスト・マニフェストを出版している。これらの時期以降、「ファシズム」とは主にこれらの思想や運動を指して呼ばれるようになった。

（5）ロバート・パクストン『ファシズムの解剖学』瀬戸岡紘訳、桜井書店、二〇〇九年。山口定『ファシズム』岩波書店、二〇一〇年。アンリ・ミシェル『ファシズム』長谷川公昭訳、白水社、一九八七年。

（6）労働組合主義、組合主義、労働組合至上主義とも訳され、資本家や国家主導の経済運営ではなく、集産主義的な労働組合の連合により経済を運営するという思想。

（7）ゼネラル・ストライキ、ボイコット、サボタージュによって資本主義を分裂させ、労働者による生産手段の統制をもたらすことを目指す思想。

（8）集産主義とは経済思想の用語の一つで、生産手段などの集約化・計画化・統制化などを進める思想や傾向のことをいう。対比語は個人主義（個人主義的自由主義経済、自由放任経済など）で、主な例としては社会主義やファシズムなどである。

（9）一九世紀ヨーロッパで当時の個人主義的自由主義による個人主義的な社会観に反対する形で発生し、共同体を人間の身体のようにみなし、個人の間における有機体的で社会連帯的で機能的な特質と役割に基礎を置く思想。

（10）Pavel, Laura 2006 "Eliade and his generation—metaphysical fervour and tragic destiny," *JSRI*, No. 15-Winter: 6.

（11）Surugiu, 2009 "Nae Ionescu on Democracy, Individuality, Leadership and Nation Phisophical (Re)sources for a rightwing Ideology," *Journal for the study of religions and Ideologies*, 8, 23: 69.

（12）ibid.: 68.

（13）Calinescu, Matei, 2002, "The 1927 Generation in Romania: Friendship and Ideological Choices (Mihil Sebastian, Mircea Eliade, Nae Ionescu, Eugene Ionesco, E. M. Cioran)," *East European Politics and Societies*, 3: 656.

（14）ミルチャ・エリアーデ『永遠回帰の神話』堀一郎訳、未来社、一九七八年。

（15）マルタ・ペトレウ、序文『ルーマニアの変容』エミール・シオラン、金井裕訳、法政大学出版局、二〇一四年、一三頁。

（16）マルタ・ペトレウ、前掲書、七頁。

（17）マルタ・ペトレウ、前掲書、一五頁。

（18）マルタ・ペトレウ、前掲書、一五頁。

（19）マルタ・ペトレウ、前掲書、二四、二八頁。

第9章　表象しえぬ「古代」の表象
——ドイツ・プレファシズムにおける視覚文化

深澤英隆

一　はじめに

ファシズムがさまざまなメディア戦略を展開したことは、よく知られている。とりわけ視覚メディア（ポスター、写真、映画、政治儀礼など）は、ファシズムの意図するところを直接的に伝達する役割を果たした。特にナチズムでは、視覚的インパクトに訴える手法が徹底的に利用されたと言える。それでは、ナチズム以前のドイツ、とりわけナチズムと直結するプレファシズム[1]の諸運動における視覚的なるものの動員はどのようなものであっただろうか。またそこでは「古代的なもの」はどのように表象され、視覚化されていただろうか。本章では、プレファシズムの精神圏に属するひとりの画家の足跡をたどりながら、この問題を考えてみたい。その際、分析のための枠組みとして、「視覚文化」をめぐる近年の議論を参照することとしたい。

二　視覚文化と宗教

「視覚文化（visual culture）」という概念が、文化論や文化史のキーワードの一つとなってから、すでに久しい年月が経っている。一九九〇年代前後より、人文・社会科学において「視覚的」なるものに着目する研究が増加した。これは単に（映）像的なものを対象とするといったことではなく、視覚的な対象や経験を契機として社会や文化の全体に迫ろうとの意図を持っていたという意味で、新たなパラダイムの提案とも言えるものだった。こうしたことから、当時は、「イメージ的転回（imagic turn）」、「イコン的転回（iconic turn）」、「画像的転回（pictorial turn）」などといったことばも語られ（Liebush, 2007: 12）、やがて研究対象と研究パラダイム＝視座の両者を表す「視覚文化」の語が一般的となっていった。もっとも視覚文化という分析概念は、いくつかの問題をかかえている。まず視覚文化そのものの定まった定義はなく、論者によってさまざまな意味が与えられており、概念としてはいささか茫漠としている。また近代が「視覚の時代」としばしば呼ばれるにせよ、視覚はあくまで人間の諸感覚・諸能力の一つであり、それのみをもって社会や文化の総体に迫ることは難しい。加えて、人文・社会科学の学問領域において、歴史と現在を把握するための主たるデータとなるものは依然として言語形成物である。このように、視覚文化論の十分な展開をはばむ要因はいくつも挙げることができる（cf. Schwarz and Przyblyski, 2004）。とはいえ、この概念を用いることが有効であるような歴史事例も確実に存在する。

さて、簡潔に言えば、視覚文化論とはさまざまな文化媒体を通じて伝達される視覚的なものの文化的機能や視覚的経験の様相を論じる議論であるということになるが、宗教研究の領域でこれまでこの視座が十分生かされてきたとは言えない。とはいえ、英語圏を中心に、すでに一定程度の議論がなされている。なかでも、D・モーガン(David Morgan)の研究、とりわけモーガンが提唱する「視覚的敬虔」(visual piety)の概念は、本章の議論にとっても有用な参照点となる。

視覚文化と関わりの深いものとして、「物質文化」(material culture)という概念がある。すでに文化学で長く用いられているこの概念は、歴史上人間の文化的営みによって生み出された、物質的性格をもつ文化的産物を総称するものである。宗教について言えば、宗教建築、彫像やフェティッシュ、儀礼用具、宗教画、さまざまなエフィーメラなど、物質文化に属する物品が豊富にある。こうしたことから、マテリアル・レリジョン、マテリアル・クリスチャニティー、マテリアル・セオロジーなどの概念を用いた研究が近年重ねられている。モーガンも宗教的物質文化を広く論じており、その下位概念として、宗教的視覚文化を考えている。モーガンは、大量生産され広く流通しているイエスの通俗的な肖像画など、宗教的ポピュラー・カルチャーに属する視覚的図像やオブジェがもつ諸機能を考察し、そこから上述の「視覚的敬虔」の概念を案出した。モーガンによれば、

> これらのイメージやそれと同様の多くのものはアメリカのプロテスタントやカトリックの敬虔において、強力なシンボルとしての役割を果たした。なぜなら信者たちは幼い頃より、それらを自らが信じることの説明図として、無制約な視覚化としてみなすことを学んできたからである。なぜそうであるのか、またいかにしてそうしたことが生じたのかを理解するためには、私たちは大衆的な宗教イメージを視覚的敬虔の一部とみなさなければならない。この視覚的敬虔の語で意味しているのは、宗教信仰の視覚的な形成と実践である。そのようにみなすにあたり、私たちは積極的にイメージを活用する宗教にのみでなく、ほとんど書かれてこなかった大衆宗教芸術の文化史と美学に注意を払わねばならない。(Morgan, 1998: 1-2)

モーガンによれば、この視覚的敬虔の概念により、従来の宗教芸術の概念やその美術史的な考察につきもののモノと心や思念と行為の二元論的視点の克服が可能となる。つまり「見ることという行為そのものが宗教的形成に寄与し、実際のところ信仰の強力な実践を構成する」ことが確認されるのである（Morgan, 1998: 3）。モーガンはさらに、「視覚的実践」（visual practice）の多様性と、視覚的敬虔による世界構築的機能について言及している。モーガンの観点については、本章の結論部で再び言及することとし、ここでは宗教的視覚文化と呼びうるものがあること、それはモーガンの言う「視覚的敬虔」を喚起する作用をもちうるものであることを確認しておきたい。

三　ドイツ国民主義と視覚文化

ドイツの（プレ）ファシズムを考えるためには、言うまでもなくそれをさらにさかのぼり、それを準備した地平であるドイツ国民主義の勃興ということを考えなければならない。元来ドイツ語を母語とする地域は近世においてなお三百近い領邦国家からなるゆるやかな集合体であったが、下って一九世紀初頭のナポレオンによる侵略戦争を契機として、国民意識とナショナリズムが高まり、ビスマルクの主導によるドイツ帝国の成立（一八七一年）に至ったことはよく知られている。こうしたナショナリズムと既成宗教との関係は、地域によりさまざまであるが、近代ヨーロッパのナショナリズムに共通の特徴がある。それは既成の教会キリスト教の影響力と宗教的実在論の後退を受けて、ナショナリズムが一種の宗教的機能を担い、準宗教的とも呼ぶべきものとなっていったとの事実である。これについてはすでに多くの指摘があるが、例えばP・ベルクホフ（Peter Berghoff）は、近世まで支配的であった「キリストの神秘の体」（corpus Christi mysticum）というキリスト教ヨーロッパの統合性の観念が相対化し、それに代わって諸国家や民族といった「政治的集合性の世俗的超越」が前景化してきたと言う。べ

ルクホフによれば、

民族の、国民の神秘的体は創造的な母体となり、それは生ある者、やがて来るべき者を、死せる者たちの生命的・神秘的な実体から生み出すのであった。国民神話と祖先崇拝において死者を表すことは、一つの絆を証するものとなった。その絆は、そのときどきに生きる者を拘束し、また死者に集合性における生きた場所を与えるかに思えたのだった。(Berghoff, 2009: 33)

ドイツの国民主義が勃興した時代、解放戦争以降、とりわけ一八七一年のドイツ帝国成立前後を見るとき、ドイツ国民の歴史的系譜化の試みの中で視覚文化が前景に出た事例が数多く見られる。最も目につきやすいのは、一九世紀を通じて長期の立案・建築期間を経て建てられた一連の大がかりな国民記念碑であろう。またこれと連動し、国民主義的主題の彫像や絵画なども数多く制作された。さらにさまざまな機会に行われた国家儀礼も、国民主義の諸理念を遂行的に可視化し、仮構の集合的記憶を喚起したのだった。

一方、視覚文化のより身近な例としては、歴史書等における挿絵や、より下っては写真図版の飛躍的増大が挙げられる。歴史学では、リトグラフ等の印刷術や写真技術の発展により、当時の欧米の歴史書一般において図版挿入が著しく増大したことが指摘されている(Samuels, 2004)。ドイツにおけるその代表的なものとしては、中世の祈祷書のような大冊に数多の銅版画図版を収録したJ・シェル(Johannes Scherr)の『ゲルマニア　ドイツ人の二千年の生活』(Scherr, 1880)が挙げられる。あるいは、ゲルマン神話やドイツの伝説を集成したアンソロジーがこれ以降数多く出されたが(例えば、Schalk, 1921)、豊富な挿絵が入ったこれらの書籍は、著しい部数が発行された。

以上挙げたような、建築から書物に至るドイツ国民主義の視覚文化は、一つの共通の特徴をもつ。すなわちそれらは、「古代ゲルマン」から伝説的中世、ルターによる「ドイツ的キリスト教」を経て、統一帝国の成立に至るまでを、ある実体的な民族性の連続としてとらえる歴史観に立っているのである。その際問題となるのは、古代世界の扱いである。ある程度の遺跡や遺構、出土品、タキトゥスの『ゲルマニア』やカエサルの『ガリア戦記』における記述、キリスト教時代に成立した北欧神話の『サガ』や『エッダ』等の伝承などの資料があるものの、古ゲルマンの社会や宗教については、それを十分に明らかにすることはおよそ不可能であり、また同時代のドイツ世界との連続性も決して自明ではない。ところがこうした国民主義の歴史理解は、そこに実体的連続性があることを前提としてしまう。それに加えて、そこではこのいわば表象しえない古ゲルマン世界の生活の有りようが、想像的に仮構される。そしてそこで大きな機能を果たすのが、さまざまな媒体を通じて実現される視覚的想像であり、記念碑から歴史書の挿画にまで至るそのたくましい想像の具体化なのである。

四　ドイツ・プレファシズムと視覚文化

より時代が下って、一九世紀末以降のドイツにおけるプレファシズムの時代、ないしプレファシズムの運動において、宗教的視覚文化はどのような役割を果たしただろうか。ナチズムの直接の淵源の中核をなした、いわゆるフェルキッシュ運動について見てみよう。

フェルキッシュ運動とは

ドイツ国民主義にとって最も重要な概念は、民族（Volk）の概念であった。「遅れて来た国民」（プレスナー）としてのドイツは、西欧的啓蒙思想（理性、人権、民主主義等）を原理とするネーション形成になじまず、ネーションの正統化原理として「民族」概念を呼び覚ました。その際民族の概念の理解のしかたはさまざまであったが、なかでも国民国家として成立したドイツ帝国とその「非精神的」な近代主義に著しい不満を抱き、反啓蒙主義・反近代主義の方向に傾く度合いが強まるほどに、民族概念の理解はまた「非合理性」の度合いを高めていった。Volk の形容詞型の「フェルキッシュ（völkisch）」は、もともとは「民衆的」の意味であったが、一九世紀にフィヒテが「国民的」との意味で使いはじめ、次第に「国民／民族／人種（至上主義）的」といった意味を帯びるようになる。

当時のドイツの保守政治の諸潮流の中でも、この Volk 概念を一種の究極概念・極限概念にまで高めて信奉した陣営は、しばしば「フェルキッシュ派」と呼ばれる。フェルキッシュ思想においては「民族」の概念は、生物学＝自然的概念とされた「人種」概念に引き寄せられ、人種の淘汰の表象と純化・発展／混血・劣化の二分法的表象が好んで語られることとなった。

フェルキッシュ派の特徴は、こうした非合理的な「民族的根源」のエネルギーを汲み取り、それを活力としてドイツ民族とその国家の革命的な刷新や真の民族共同体の実現を目指した点にある。その際の終極的志向性は、近代国家としての完成というよりは、想像の「根源」のある種の啓示的現実化に向けられる。また以上の特徴は、おのずとフェルキッシュ派と宗教構想との親近性を示す。非ナショナリズム陣営はもとより、青年保守派や国民革命派にとっても、このフェルキッシュ派の思想はしばしば奇矯さの極みと見えた。しかしナチズムはまさにこのフェルキッシュな要素をその中核として成立し、そのうえで新たな国家形成を実現したのであり、その意味でフェルキッシュ運動は、プレファシズムを代表する運動であると言えるだろう。(2)

フェルキッシュ宗教運動

このフェルキッシュ運動群の中に、「ドイツ民族主義宗教運動」、「ゲルマン主義宗教運動」、「フェルキッシュ宗教運動」、「新異教主義宗教運動」など、さまざまな名で呼ばれる、一群の宗教運動がある。(3)これらの運動は、一九世紀末前後より数多くの運動体として生まれ、離合集散を繰り返した後、ナチス期に禁止ないし抑止され、戦後小規模に復活して後、現在にまで系譜をつなげている。その教義内容としては、Volk概念の明白に宗教的な超越化・非合理化・絶対化、「人種」の生物学的・文化的「純化」による「自己超越」ないし「超越」との接触や同化という考え方、キリスト教の断固たる拒絶ないし「キリスト教の『ゲルマン化』」の意志、「原宗教」としての想像的「ゲルマン宗教」への言及とその「現在化」の呼びかけ、「神性」の曖昧な、どちらかと言えば内在的な性格などが、まずは特徴として挙げられる。宗教史的には、キリスト教の信憑構造の崩壊の後に出現した当時の「流浪する宗教性」(ニッパラダイ)の一事例であるとも言える。「宗教」運動としてはマイノリティーではあったが、政治運動やアカデミズムとの連動により、また書物を通じて享受される「読書宗教」として、この潮流は小さからぬ影響力をもった。

フェルキッシュ運動の美学的側面

フェルキッシュ宗教運動に関わる資料の多くが失われてしまった現在においては、プレファシズム期のこれらの運動が儀礼などにおいてどのような宗教的視覚文化を展開していたかを明らかにすることは難しい。とはいえ絵画作品や印刷物などに、そうした視覚文化の発露を見出すことができる。

この点でまず注目すべきは、当時のキリスト教側のフェルキッシュ宗教批判文書において、フェルキッシュ運動の「美学的」潮流について言及がなされているという事実である。ナチ政権発足後、フェルキッシュ宗教陣営がカトリックおよびプロテスタントの両キリスト教に続く「第三の教派」たることを主張していることに対し、プロテスタント側から『第三の教派？　北方-宗教運動資料集』と題する小著が刊行された。その資料集の筆頭に挙げられているのが、「ゲルマン的敬虔の美学的方向性」であり、資料集はこの見出し語のもとに、フィドゥス（Fidus）、ルートヴィヒ・ファーレンクローク（Ludwig Fahrenkrog）、フランツ・シュタッセン（Franz Stassen）の三名の画家の名を挙げ、それぞれに関わるテクストを載せている（Anon., 1934: 5-8）。フィドゥスはユーゲントシュティルの最も名の知れた画家であるが、フェルキッシュ宗教の人脈とも関わりが深く、自身もフェルキッシュなアクティヴィストであった。またフェルキッシュ派が聖書に擬して編纂したドイツ的テクストのアンソロジー、『ゲルマン人聖書』（Schwaner, 1918）の挿絵も担当している（詳しくは、深澤二〇一〇）。ファーレンクロークは、美術アカデミーの教授を務めるとともに、代表的なフェルキッシュ宗教運動である「ゲルマン的信仰共同体」の創設者でもあった（詳しくは、深澤二〇一六）。シュタッセンは、下記のヴェルダンディ同盟にも所属するなどやはりフェルキッシュな傾向を強くもつ画家であり、また幾種類もの『エッダ』やドイツ伝説集などの挿絵入り本を手がけていた。

これらの画家はいずれも芸術家として一定の評価を得ている点、画風としてはいずれも世紀末のユーゲントシュティルと象徴派の影響が色濃い幻想画家と呼びうる点で共通している。またいずれも当時のいわゆる生活改革運動にコミットしており、フェルキッシュなものへの接近はそうした方向からなされたとも考えられる。フェルキッシュな潮流に視覚表現を与えた画家はほかにも数多くいるが、美的インパクトと運動そのものへの関与という点で、これら三者の存在は際立っていたと言うことができる。さて、ここで上記の資料集には言及がされていないものの、同様の傾向をもち、またフェルキッシュな視覚文化への独自の貢献をなしたひとりの画家に着目してみたい。

五　ヘルマン・ヘンドリッヒとその作品

ヘンドリッヒとヴェルダンディ同盟

今日の美術史ではまったく顧みられることはないが、ヘルマン・ヘンドリッヒ(Hermann Hendrich, 1854-1931)は、その生前には一定のポピュラリティーをもった画家であった。中部ドイツのヘーリングに生まれたドイツの画家であり、上記三者よりも一世代年長であるが、美術史的にはやはり象徴派に属する幻想画家と特徴づけられるだろう。知られている作品のほとんどは、モニュメンタルな油彩の大作であり、それらはゲルマン神話や伝説、中世叙事詩、ヴァーグナーの楽劇やゲーテのファウストなどからモチーフをとって描かれている。こうした主題選択に、すでにヘンドリッヒのフェルキッシュな傾向がうかがわれるが、フェルキッシュ運動との関わりで言えば、ヘンドリッヒは「ヴェルダンディ同盟(Werdandi-Bund)」と称するフェルキッシュ芸術運動の中核メンバーでもあった。

北欧神話の女神の名からとったこのヴェルダンディ運動は、建築家のフリードリッヒ・ゼーセルベルク(Friedrich Seeßelberg)の提唱により、一九〇七年に創設された団体であった。構成員は五〇〇人以上と非常に多く、画家マックス・クリンガー(Max Klinger)や作曲家フェリックス・ドレーゼケ(Felix Draeseke)などの著名な芸術家を含む諸分野の非常に多くの芸術家・文筆家により組織されていた(第一次大戦期に自然解散)。この同盟は、保守的で文化批判的な基調のもとで、芸術を通じて「ドイツ性(Deutschtum)」を再興することを目指していた。同盟の芸術家はそれぞれのジャンルの芸術作品において、神話や古代的なるもののモチーフを用いることで知られていた。こうした一方で、モダニティやモダニズムをまったく排除する復古主義ではなく、両者の共存を図る側面もあった（cf. Parr. 1999）。同盟の結成時のマニフェスト的な書物、『民族と芸術』の中で、ゼーセルベルクは次のように言う。

いずれにせよ、そうした同盟への呼びかけは、みずからのうちに芽生えつつある衝動をもち、またドイツ的であることを欲し、ドイツ的たりうる者に向けられている。／すぐれたドイツの芸術家および芸術学者の新たなる共同体のそもそもの目的は、ドイツ的遺産をその素材の多形性と（いかなる折衷主義をも避けたかたちで）その心魂的生命力において認識せしめることに、さらにその遺産をあらゆる仕方で育成することへと意識的に歩み出し、健全な時代にかなったドイツ芸術を私たち国民のこころと嗜好になじませることに置かれねばなるまい。（Seeßelberg. 1907: 242）

ヘンドリッヒも当然ながら、この同盟のこうした傾向を共有していた。その自伝的記述からも、ヘンドリッヒのゲルマン主義的志向性は明らかである。最晩年のテクストには、以下のようにある。

私は遺産として、ドイツ民族にこれらの創作物を遺す。それらにおいて、私は自らの芸術家としての信仰告白を行ったのである。私たちの偉大なる太古の物語や伝説の記憶が生き生きと保たれ、また新たに喚起されること、またそれによって私たちを現在包んでいる陰鬱な霧が、新たな輝かしい曙光によって振り払われること、こうしたことに私の創作物が寄与せんことを、私は願っている。この希望を、私は彼岸までもっていっていいだろう。なぜならすでに今私は、これら民族精神から生まれた作品が毎年幾千もの訪問者を迎えているさまを目にしているからである。さらに、こころのこもった言葉や手紙をも受け取っている。ここからして私は、これらの作品がまさに真の民族（民衆）性を獲得しようとしているものと感じている。これは私にとってはこのうえなく豊かな褒賞である。（zit. in Rohling, 2014: 20）。

ヘンドリッヒの作品とその展示

さて、ヘンドリッヒの創作活動には、古今のほかの画家たちとまったく異なる独自の特徴がある。それはすなわち、その代表作のほとんどが、一連の疑似ゲルマン的宗教建築の内部に常設展示されたものであったという点にある。上記のゼーセルベルクは、先の引用に続けて次のように記している。

これに加えて、中心点となる場所、芸術意識を喚起せしめ、目覚めたままにさせるような拠り所——何らかの聖別された場所が必要である。私が思い浮かべるのは神殿である。しかも理想のうえでのそれのみではなく、かたちある古ゲルマン的神殿である。そこでは時に応じて招聘されたドイツの芸術家たちが共同で包括的な助言者となり、年ごとに創作されたものを展示し、ともかくもいかなるかたちであれ芸術に尽くすことになる。それは大いなる祝祭となり、そこでは我らが民族は自らの芸術を再びこころに抱くことになるだろう［……］。（Seeßelberg, 1907: 243）

こうしたことばの背景には、当時のフェルキッシュ運動で共有されていた、ゲルマン的神殿建立への熱望があるが、(4) あるいはここではヘンドリッヒの先行する作品展示のあり方がイメージされていたのかもしれない。以下に順次、その展示施設を紹介してみたい（以下各建築の記述は、Rohling, 2001 および Rohling, 2014 を参照した）。

①ヴァルプルギス・ハレ(Walpurgishalle　一九〇一年建設、現存、図9-1、2)　ハルツ山地に位置する街ターレは、ドイツの伝承では、魔女の祭典であるヴァルプルギスの夜の舞台となっている。ターレ市より山中の土地の供与を受け、ベルリンの著名な建築家のベルンハルト・ゼーリングス(Bernhard Seelings)との共同作業で建立された。大がかりな木造建築であり、また随所に近郊から採取された石材が用いられている。様式は想像上のゲルマン様式であり、ユーゲントシュティルの影響もうかがわれる。扉や内装などに古ゲルマンの文様などがふんだんに取り入れられているが、もとより制作者の側も、古代の建築のリアルな再現をうたってはいない。ファサード上部には、ゲルマン神話の主宰神ヴォータンの大きな木彫のマスクが掲げられ、その他のゲルマン神話に関わる彫刻等がなされてい

図9-1　ヴァルプルギス・ハレ外観(撮影筆者)

図9-2　ヴァルプルギス・ハレ内部(撮影筆者)

る。当時の記事などを見ると、同時代人にとってもこの建物はきわめて異形の建築物と目に映ったようである。内部はおよそ一〇メートル近い高さの天井を戴くホールになっており、そこにゲーテの『ファウスト』から題材をとったヘンドリッヒの五点の油彩画（「鬼火の舞い」「グレートヒェンの幻影」「つむじ風」「マンモンの洞窟」「魔女の踊り」）が固定展示されている。このように、題材は『ファウスト』の物語から取られているが、それが古ゲルマン建築に擬せられた器の中に収められていることになる。これについては開館時のパンフレットで、P・クラエマー（Paul Kraemer）が次のように説明している。

> ヴァルプルギスの夜の伝説が形をなすきっかけを与えたのは、〔……〕没落しつつあるゲルマン異教とその祝祭儀礼であった。この儀礼は、キリスト教信仰に改宗した民衆にとっては、つまるところ秘密めいた、また了解不可能なものとなった。したがって、ヴァルプルギスの伝説の記憶を生き生きと保つべき建物の外装の造形にそうした古代ゲルマンの儀礼に関わる豊富な象徴財が活用されていることは、自然でもあり、また理にかなったことなのである。（Kraemer, 1901: 3）

②ザーゲン・ハレ（Sagenhalle＝「伝説ホール」、一九〇三年建設、図9-3）　シレジア地方シュライバーハウに建立された木造建築（高さ約一四メートル、幅約一〇メートル、高さ約五メートル）であり、設計にはアナーキストの思想家、ブルーノ・ヴィレ（Bruno Wille）なども関わった。外装にはゲルマン神話・伝説に関わる意匠がふんだんに凝らされており、入口ホールには、リューベツァール（山の精）の像が置かれていた。メインホールには、「ヴォータン・リューベツァール神話」を題材とするヘンドリッヒの大作油彩画八点が展示されていた。ヘンドリッヒによれば、伝説のリューベツァールはキリスト教会によってゆがめられたヴォータンにほかならず、ヘン

ドリッヒの製作意図は、この貶められたヴォータン＝リューベツァールの復権にあった（図9-4）。一九二六年には、「聖杯の神殿」が増築され、新たにパルシファル神話を描いたヘンドリッヒの油彩二〇点が追加展示された。第二次大戦末期の赤軍の侵攻とポーランドによる領有の後、ザーゲン・ハレは荒れるにまかされ、今日では石造りの階段が残存するのみである。作品群の行方も分かっていない。

図9-3　ザーゲン・ハレ（Rohling, 2001: 32）

図9-4　ヘルマン・ヘンドリッヒ作「ヴォータンの別れ」（1926年）
（Rohling, 2001: 68）

図9-5　ニーベルンゲン・ハレ(Rohling, 2001: 42)

③ニーベルンゲン・ハレ(Nibelungenhalle 一九一三年建設、現存、図9-5)　ライン川畔、ケーニヒスヴィンターに、ヴァーグナーの顕彰の意味を込めて建てられた。もともとの発想はヘンドリッヒのもので、ベルリン・ヴァーグナー協会の経済的支援を受けて、数多くの芸術家の共同作業で実現に至った。堅牢な石像建築で、他と異なり、中央ホールの天井はドームとなっている。建物の内外には、古代ゲルマン神話・文化に関わる造形のほか、錬金術や占星術の象徴などの意匠がふんだんに盛り込まれている。ヘンドリッヒの一二の絵画は、ヴァーグナーの神話的オペラから題材を取っている。一九三三年には、ヴァーグナーの没後五〇年を記念して、一三メートルのドラゴンの像と「ドラゴンの洞窟」が増築された。大戦を生き延びたこのホールは、一九八七年には保存記念物となり、二〇一三年以降、本格的な修復がなされた。

④ドイツ伝説サークル・ホール(Halle Deutscher Sagenring 一九二六年建設、図9-6)　ゾーリンゲン近郊、ブルクに建てられた石造の記念碑的建築物で、ヘンドリッヒの崇拝者であるベルンハルト・ユッフマン(Bernhard Juchman)の発案になる。外観は他の建造物とは異なり、ユーゲント様式を取り入れたより簡素なものだが、一つの指輪を争う二匹のドラゴン等の象徴的意匠も施されている。このホールはいわばヘンドリッヒの作品の全体像を展示するためのホールで、内部は三つのホールに分か

図9-6　ドイツ伝説サークル・ホール（Rohling, 2001: 60）

れており、それぞれ「北方の先史時代」、「キリスト教神話」、「英雄叙事詩と新旧の民族伝説」を主題としていた。最終的には、総計九四点もの油彩画が展示されることとなった。収蔵されていた絵画は、戦乱を見越してニーベルンゲン・ハレに移されたが、建物自体は一九四四年の空襲で灰燼に帰した。

以上見てきたこれらの建築はいずれも、フェルキッシュな美学を同じくする建築家や彫刻家との共同作業で建立されたものであり、祝祭的催しや、コンサート、演劇等の会場でもあった。これらのホールの発想は、ヴァーグナー的な「総合芸術」(Gesamtkunst-werk)の理念の影響下にあったものと思われる。実際、上に引用したクラエマーは、ヴァルプルギス・ハレに関して、次のように記している。

これらの〔ヘンドリッヒの〕絵画の印象とともにホールを後にし、再び大いなる開かれた自然の中に歩み出るとき、その自然は総合芸術の最も外側の枠組みとして広がっている。立ち去ろうと歩む者は、自然と芸術が祝祭的に響きあうという稀な悦びに満たされるのだ。(Kraemer, 1901: 15)

フェルキッシュ思想は、先に述べたドイツ的なるものの古代からの連続性という歴史観をより実体的に理念化し、信奉していた。これらの建築は、そうしたゲルマン・ドイツ的なるもの、本来表象しえぬものを想像的に構築し、享受するための空間であったと言うことができる。その背景にはまた、教会キリスト教の衰微と連動して芸術的なるものに救済論的意味を見出す、いわゆる「芸術宗教」(Kunstreligion)の広汎な潮流があることも見逃しえない。

六　視覚的敬虔とフェルキッシュ美学

ヘンドリッヒの作品は言うまでもなく視覚文化の一部であり、それが収められた諸建築も、視覚に強く訴える「物質文化」に属するものである。もっともヘンドリッヒの作品とそれが展示された空間には、その宗教文化としての意味合いを考えるとき、ある種の両義性がつきまとっている。それらはいかなる実定宗教とも関わりなく、狭義にはあくまで文化的施設として、芸術作品の展示スペースとして建てられたものである。とはいえ、その背景には明らかにフェルキッシュ運動があり、またヘンドリッヒ等のテクストからも、ゲルマン的宗教性への強い志向がうかがえる。ここからすれば、その意図においても、鑑賞者の側にとっても、ヘンドリッヒの作品とその展示空間は、宗教的視覚文化であり宗教的物質文化と形容されてもいいものであった。それでは、それらは先に見たモーガンの言う「視覚的敬虔」を体現する事例と考えていいだろうか。

モーガンは、自らの観点を集約するかたちで、次のように言う。

視覚的敬虔の実践は、日常生活に根を下ろしたものとして、人間文化の世界――制作活動の一部である。この過程の中核にあるのは、自己とその社会的習慣の構築である。日常生活における自己の形成は、この一種類の実践に還元しうるものでは到底ないが、ポピュラーなイメージを驚くべきしかたで活用する。〔……〕大量生産された工芸品であっても、特定の信仰共同体のローカル文化に適用され、それへと変容せしめられるのだ。(Morgan, 1998: 207-208)

すでに見たように、モーガンは通俗的で民衆的な、ポピュラー・アートの画像やオブジェが、宗教的日常を構成し、信念世界を維持し、信者の自己理解を提供する役割を果たすことを強調している。つまり「信心深いイメージとの儀礼的相互行為の反復とルーティーン化された使用」(Morgan, 1998: 204)が、宗教的世界を再生産してゆくことに、モーガンは着目したのである。この点からすると、ヘンドリッヒの事例はどのように見るべきだろうか。

まずヘンドリッヒ、あるいは他のフェルキッシュ美学の担い手たちの作品は、製作者の意図としても当時の美術市場の扱いにおいても、第一義的にはファイン・アートであった。もちろん現在の美学的・美術史的評価からそれらがある種のキッチュであるとみなされることも十分考えられるが、ここではまずは同時代的な位置づけが問題となる。さらにこれらの作品はいずれも、通常のリアリズムを超えた象徴主義的様式を採用しているが、通俗的リアリズムを克服しているという意味では、それらはある程度のアヴァンギャルド性を持っている。ところがアヴァンギャルド的なものを、モーガンはまさに宗教的ポピュラー・アートの対極にあるものとして位置づけている。モーガンによれば、「ポピュラー・イメージがしばしば(世界における分裂や矛盾を)修復ないし隠蔽することに役立つのに対し、アヴァンギャルドのイメージは、それらの断絶を煽る」(Morgan, 1998: 9)ものである。こうした観点からすれば、ヘンドリッヒらの作品はポピュラー・アートのカテゴリーには属さず、また民衆の家庭にまで浸透したわけではないことから、モーガンの言う意味での「視覚的敬虔」を広く喚起するものたりえてはいないことになる。

とはいえ、次のような見方も成り立つ。ヘンドリッヒらのフェルキッシュ美学の目指すところは、たしかにある種の超現実主義的なリアリティーの表現であったが、それは同時にドイツの社会と文化において現実化することが望まれたフェルキッシュな理想の表現でもあった。それはまさに、近代ドイツ社会の分裂や葛藤を「修復ないし隠蔽する」ものであった。ヘンドリッヒの作品が、パブリックな宗教的物質文化の中に常設されていたことは、ギャラリーや美術館における展示とは明らかに異なる意図をもつ。すなわち、ヘンドリッヒらの試みは、「イメージのイデオロギー的機能と世界構築の力」(Morgan, 1998: 20)を用いて古代以来の実体的ドイツ性の存続と現存とを一般に知らしめるべく構想されたものであり、その意味でポピュラリティーを、ある種のポピュラー・アートたることを志向していたのである。その意味では、それらは少なくともゲルマン的な「視覚的敬虔」を喚起することを目指したものであった、と言うことができるだろう。

こうしたプレファシズムの時代の後に続いたナチズムと古代的なものとの関係という主題は、また別の慎重な考察を必要とする(ナチズム期の「古代」表象は第10章久保田論文でも詳しく論じられる)。ナチ指導部の人間たちの古代的なものへのコミットメントには、大きな個人差がある。しかし少なくともヒトラー自身に関して言えば、宗教的アルカイズムに対しては強く軽蔑的であったことが知られている。実際、一九三七年から一九四四年まで、ヒトラーの肝いりで開かれた公募展覧会である「大ドイツ美術展」では、様式的には通俗的リアリズムのみが容認されていたことはもとより、古代的・神話的テーマの作品の出展はほとんど無かった。[5] そこには、ヘンドリッヒらフェルキッシュ陣営の目指したかたちでの「視覚的敬虔」のための余地はなかったのである。[6]

(1)　プレファシズムという語はさまざまに用いられるが、本章では、ナチズムの直接の淵源の一つをなすフェルキッシュ運動

（後述）およびその活動期である一九世紀末前後よりナチ政権の成立までの時期を表すものとする。

（2）ナチズムとフェルキッシュ陣営との関係は、連続性と断絶（ナチズムによる抑圧）の複雑な様相を呈している。理念的な意味での連続性を詳細に論じたものとして、Mosse, 1981を、フェルキッシュ宗教運動とナチ政権との関連は、Poewe, 2006を参照。

（3）これらの運動群の包括的研究はなお存在しない。問題別の論集として、Schnurbein/Ulbricht, 2001, さらに、Puschner, 2001: pp. 203-240, また深澤二〇〇六ａ：第3部を参照。

（4）これについては深澤二〇〇六ｂを参照。

（5）これは、一九三七年から一九四四年に至る同展覧会の年ごとのカタログを通覧することによって確認できる。

（6）この問題については、深澤二〇一〇を参照。

Anon. (1934), *Die "Dritte Konfession?"*, Berlin: Evang. Preßverband für Deutschland.

Berghoff, Peter (2009), Vom corpus Christi mystic zur Identität der Nation, in: Silvio Vietta & Stephan Porombka (Hgg.), *Ästhetik, Religion, Säkularisierung II*, München: Wilhelm Fink, pp. 21-35.

Jansen, Robin M. and Kimberly J. Vrudny (eds.), *Visual Theology*, Collegeville: Liturgical Press.

Kraemer, Paul (1901), *Walpurgishalle auf dem Hexentanzplatz*, Berlin: o. V.

Liebusch, Dimitri (2007), Pictorial Turn and Visual Culture, in: Liebusch etc. (eds.), *Visual Culture Revisited*, Köln: Herberr von Halem Verlag, pp. 12-26.

McDannell, Colleen (1995), *Material Christianity*, New Haven & London: Yale U. P.

Morgan, David (1998), *Visual Piety*, Berkeley etc.: Univ. of California Press.

Mosse, Geroge L. (1981), *The Crisis of German Ideology*, NY: Schocken Books.（＝モッセ、ジョージ『フェルキッシュ革命』植村和秀他訳、柏書房、一九九八年）

Parr, Rolf (1999), Der »Werdandi-Bund«, in: Uwe Puschner et al. (Hgg.), *Handbuch zur »völkischen Bewegung« 1871-1918*, München, K. G. Saur, pp. 316-327.

Poewe, Karla (2006), *New Religions and the Nazis*, London/NY: Routledge.

Puschner, Uwe (2001), *Die völkische Bewegung im wilhelminischen Kaiserreich*, Darmstadt: Wiss. Buchgesellschaft.

Rees, Philip (ed.) (1984), *Fascism and Pre-Fascism in Europa, 1890-1945*, N. Y.: Bernes & Noble Imports.

Rohling, Elke (Hg.) (2001), *Hermann Hendrich, Leben und Werk*, Eutin: Selbstverlag Werdandi.

Rohling, Martin (2014), *Hermann Hendrich. Das Werk eines spätromantischen Malers*, Eutin: Selbstverlag Skuld.

Samuels, Maurice (2004), The Illustrated History Book. History between Word and Image, in: Vanessa R. Schwarz / Jeannene M. Przyblyski, (eds.), *The Nineteenth-Century Visual Culture Reader*, N. Y./London: Routledge, pp. 238-248.

Schalk, Gustav (1921), *Meisterbuch deutscher Götter und Heldensagen*, Berlin: Ullstein.

Scherr, Johannes (ca. 1880), *Germania. Zwei Jahrtausende deutschen Lebens*, Stuttgart: Spemann.

Schnurbein, Stefanie v./Ustus H. Ulbricht (Hgg.) (2001), *Völkische Religion und Krisen der Moderne*, Würzburg: Königshausen & Neumann.

Schwaner, Wilhelm (1918), *Germanen-Bibel*, 4. Auflage, Schlachtensee: Volkserzieher Verlag.

Schwarz, Vanessa R./Przyblyski, Jeannene M. (2004), Visual Culture's History: Twenty-First Century Interdisciplinarity and its Nineteenth-century Objects, in: idem, *ibid*. pp. 1-14.

Seeßelberg, Friedrich (1907), *Volk und Kunst*, Berlin: Schuster und Busleb.

深澤英隆（二〇〇六ａ）『啓蒙と霊性』岩波書店。

——（二〇〇六ｂ）「異界としての建築——フィドゥスの『神殿建築』の構想」細田あや子・渡辺和子編『異界の交錯』リトン、四四七—四六四頁。

——（二〇一〇）「宗教的プレ・ファシズムと宗教の「拒絶」——フィドゥスの場合」竹沢尚一郎編『宗教とファシズム』水声社、一二五—一五九頁。

——（二〇一六）「美的モデルネ・民族主義・スピリチュアリティ——L・ファーレンクロークをめぐって」鎌田東二編『スピリチュアリティと宗教』ビイング・ネット・プレス、九二—一二九頁。

第10章　ナチズム期の〈古代〉表象の形成
——H・ヴィルトの〈アトランティス母権制〉論をめぐって

久保田　浩

一　問題の所在——ブレーメンのベトヒャー通りから出発して

北ドイツの都市ブレーメンの観光案内書には例外なく、重要な観光名所の一つとしてベトヒャー通り（Böttcherstraße）が挙げられている。全長一〇七メートルのこの通りは、その名前（「桶屋通り」）が示唆するように、中世以来手工業者が工房を連ねる通りであった。現在の様相は、「コーヒー王」と呼ばれたカフェー・ハーク社主ルートヴィヒ・ロゼリウス（Ludwig Roselius, 1874-1943）の構想に由来し、完全に荒廃してしまっていた通りは一九二二年から三一年にかけて整備された。一九四四年一〇月の連合軍空爆によって大打撃を受けたものの、戦後ほぼ元通りに再建され、現在は、手工業者の工房や店舗をはじめ、美術館、ブティック、洒落たレストラン、ホテル等が軒を並べ、鉄琴を奏でる仕掛け時計が演じられる毎定時には観光客がそれに耳を傾け、また撮影に勤しんでいる。

観光ツアーの参加者は、ロゼリウスの建築ならびに美術への造詣、そしてロゼリウスが全幅の信頼を寄せた表現主義芸術家ベルンハルト・ヘトガー（Bernhard Hoetger, 1874–1949）の作品の特徴について多くの説明を受ける。一方でこの通りが、一九二〇、三〇年代の政治史・宗教史について多くの情報を提供してくれる歴史的資料でもあることに言及されるのは稀である。

ロゼリウスは通りの整備を構想した理由について、「わたしは、人類に対して我らが民族の起源に関する真実の歴史を、信じるに足る方法で教示せねばならない。ベトヒャー通り……は〔その〕手段である」と述べている（Saal 1989: 250）。このようにロゼリウスは、「北方民族」の文化的に卓越した歴史を大衆に教育的に提示することを目指していたのである。

観光客は、通りの一方の入口の上部にある『光をもたらす者（Lichtbringer）』（以下『光』と略）と題されたヘトガーの手になる金色に輝くレリーフ（図10-1）に迎えられて通りに足を踏み入れることが多いが、このレリーフの下で観光ガイドから、ヘトガーの表現主義的作品の傾向とこの「大天使ミカエル」について説明を受ける。通り全体は、北ドイツに多く見られるレンガゴシック様式（Backsteingotik）によって統一感が与えられているが、それに対し、空爆で損傷を免れたこの『光』は、金箔が施され、周囲の茶褐色で統一感を持たされたレンガ造りとはきわめて奇妙な対照をなしている。

ヘトガー自身（そして後述するように、ロゼリウスも）、現代人向けのキリスト教文化的に中和化された説明（大天使ミカエル）とは異なる解釈を『光』に与えていた。ヘトガーは自らの芸術創作の思想的背景について次のように述べている。

北方人は、自分たちの人種がかつて強力な文化を生み出していたということをまったく忘却してしまった。

図 10-1　ヘトガー『光をもたらす者』(1936)

> ……自らの内に垂直的感覚、つまり太陽に向けて上昇していく感覚が生きているということを忘却してしまった。……あらゆる垂直的な〔文化的〕産物は北方の精神によって……生み出されたのだと主張できるのである。
> (Saal. 1989: 305)

右の引用で示されているのは、過酷な寒さを生活環境とし、冬至から夏至にかけての太陽の動きに触発されて文化的創造を行う「北方民族」の精神的・創造的価値である。ロゼリウス同様、ヘトガーも二〇、三〇年代にドイツ知識人の一部を捉えていた「民族主義的（フェルキッシュ）」思考の枠内で動いており、「民族主義的・北方主義的（nordisch）建築芸術」を目指していたと言える（Saal, 1989: 316）。

ベトヒャー通りの入口上部に、周囲と不調和な『光』がはめ込まれるに至った理由は、ナチズムの芸術政策に求められる。通りが完成した三一年の時点では、現在『光』のある箇所は、同じくヘトガー作の、レンガ造りのアール・デコ的な幾何学模様によって装飾されていた。しかし、ナチ党が政権を掌握した三三年以降、ロゼリウスとヘトガー――両者は必ずしもナチ体制に批判的ではなかった――は、通りの芸術性が「非ドイツ的」であるとの廉で非難の対象となったのである。(1) 三六年にはヒトラー自身も次のように述べている。

> ナチズムのことを知っていても聞きかじっているだけで、それゆえに、北方がどうのこうのといった説明不能な文句とナチズムとを簡単に取り違えてしまうような連中、伝説的なアトランティス文化圏といったようなものの中に〔ドイツ民族の象徴的〕モチーフの探索を始めているような連中とは、我々は何らの関係もない。ナチズムはこの種のベトヒャー通り文化をまったく容赦なく拒絶するものである。(2)

通りの取り壊し案もあったが、最終的に翌三七年に、ワイマール共和国期の芸術の「いまわしき一例」として文化財保護が決定されることになる。その代償としてロゼリウスとヘトガーが支払わなければならなかったのが、通り入口上部の装飾であった。こうして三六年中に、元来のレンガ装飾が現在のレリーフによって隠される形で覆われることとなった。こうした状況の中でロゼリウスは、ベトヒャー通りはナチズムの目に「ドイツ的・北方的思考に嫌悪の念を起こさせる」ものと映り、「我らの時代の芸術は美に奉仕するものでなければならず、……

これは北方的なレンガ建築にも妥当する」と述べ（Saal, 1989: 321f.）、新たに設置されたレリーフを、「闇の諸力に対する総統〔ヒトラー〕の勝利の表現」と解説し、ナチズムからの批判をかわそうと試みている（Golücke, 1984: 194）。一方、ヘトガーの「民族主義的表現主義」がいかなる程度ナチズムの芸術観と親和的であったかはともかく、彼の作品の一部は三七年七月からミュンヘンを皮切りに開かれた「退廃芸術展」で、芸術の「非ドイツ的」「ユダヤ的」歪曲の例として展示され、また公的な美術館から押収されることとなる（Golücke, 1984: 2）。

本章は、一九二〇、三〇年代のドイツにおける〈古代〉表象の形成過程の一例を分析するが、冒頭でロゼリウスとヘトガーのベトヒャー通りに言及したのは、それが有していた民族主義的性格ならびに三三年以降のナチ政権との潜在的葛藤や齟齬を示唆したいがためである（フェルキッシュ運動と宗教・視覚文化については第9章深澤論文を参照）。さらに、ここにはヘトガー設計のもう一つの民族主義的建造物があり、それは以下で詳述するヘルマン・ヴィルト（Herman Wirth, 1885-1981）という在野の民族主義的学者の思想に基づいて成立したものだからである。そしてその建造物は、当時の〈古代〉表象の特徴を通りの他の建造物よりも明瞭に示しており、ヒトラーの「ベトヒャー通り文化」という揶揄はまさに、この建物を念頭に置いているからである。

二　ベトヒャー通りの『アトランティス・ハウス』

空爆によって被害を受けた建物で、戦後に再建され*な*か*っ*たほぼ唯一と言ってもよい建造物（ファサード）がある。それは、空爆前のベトヒャー通りを象徴する建物で、そのファサード（図10-2）のデザインから、通り全体の中で圧倒的な存在感を示していた。

それは三一年に完成した『アトランティス・ハウス』である。ロゼリウスは二七年に、ベトヒャー通りの完成には決定的な建造物がまだ欠けており、それは「原初の時代に遡って、われらの民族の過去について語ってくれるもの」でなければならないと指摘している(Roselius, 1927: 198)。このように述べる彼の念頭に置かれていたのは、ヴィルトが説く「アトランティス・北方(atlantisch-nordisch)人種」説であった。ロゼリウスは、ヴィルトの思想に共鳴し、経済的に常に困窮していたヴィルトを支援し続け、彼の研究とその成果の普及に尽力していたのである。

『アトランティス・ハウス』前面を覆うように設置された木製の造形物は「生命の樹」と名づけられている。つまり、それは『創世記』冒頭のエデンの園との連関を示唆しつつ、表現主義的に造形された像はキリスト磔刑像を想起させる。他方、「生命の樹」――ロゼリウスは別の箇所でそれを「世界樹ユグドラシル」とも呼んでいる――の下部は建物への入り口となっており、

> 三人のノルニル[3]が〔生命の樹の〕巨大な根を支えている。それは太古の解釈によれば精神的な犠牲を指し示しており、永遠の生命の循環に抱かれ、救い主の十字架を天に向けて高く掲げている。そしてこの十字架像は、人間的な造形から解放されており、太陽という真理の盾を担っているのみである。(Roselius, 1932: 104)

ロゼリウスが「太陽という真理の盾」と説明している円環には、ルーン文字による一節とそのドイツ語訳文が彫り込まれている。「我知る。我、九昼夜、樹上で風にさらされ、槍によって傷を負い、オーディンに対し、我が我を我自身に対し奉献したことを[4]」。この文章を彫り込むにあたって、ロゼリウスは、この『エッダ』からの一節を引用したいこと、そしてそれがヴィルトの世界観・宗教観に相応している文章であることをヴィルトに対して念を押して確認している(Saal, 1989: 269)。図10-2の左側にあたる外壁の窓と窓の間には、木版のレリーフが

一二枚はめ込まれており、古高ドイツ語に由来する一二カ月の旧称がラテン文字で彫り込まれ、それに対応する一二の銅製のルーン文字がその上部に組み込まれている。「生命の樹」つまり「世界樹であるユグドラシル」が、「母胎」であるノルニルから天上の「永遠なる光に向けて」そびえ立ち、「太陽の盾」を背負う「救い主」が、「一年の車輪」すなわち太陽の循環運動を象徴する(Saal, 1989: 276f.)。これがロゼリウスによれば、キリスト教的解釈の余地を充分に残しつつも、「ドイツ民族の起源に関する真の歴史」――キリスト教化される以前のゲルマン宗教にまで遡った歴史――を教育的に提示するものなのである(Saal, 1989: 278)。

図 10-2　ヘトガー「生命の樹」(1931)(Roselius, 1932)

三　親衛隊研究協会「祖先の遺産」とヘルマン・ヴィルト

では、この造形化の背景にいるヴィルトとはいかなる人物であったのだろうか。オランダのユトレヒト生まれのヴィルト[5]は、ヨーロッパの諸大学で文献学、歴史学、民俗学等を学び博士学位を取得した後、第一次大戦中はドイツ陸軍に志願し従軍するとともに、フランドル独立運動に身を投じている。二〇年代中葉には、ドイツ中部の大学都市マールブルクに定住し、ドイツ文献学講座の無給助手となり、先史時代の壁画に見られる数々の象徴的図像に関する調査に取り組んだ。一方、大学での教授職を模索したが叶わず、先述のロゼリウスや、ドイツ青年運動や生活改革運動に密接に関与した出版者オイゲン・ディーデリヒス(Eugen Diederichs)等からの経済的な支援を受けてなんとか研究を進め、二〇年代後半から三〇年代前半にかけてその成果を精力的に刊行している。

二五年にナチ党に入党したヴィルトは、一年足らずで離党し、三三年に再び復党している。彼は離党している間、大学での教授職を模索していくが、三二年に再び党と接触する機会を得た。ドイツ北部メックレンブルク＝シュヴェリーン州文部省(この時点で州政府はナチ政権)から、彼の説く「原北方的原信仰(urnordischer Urglaube)」を大衆に向けて解説する野外博物館計画の支援を得ると同時に、ロストック大学に彼のために「ドイツ先史学」講座を設置するという提案を受けたのである(しかし、双方とも実現には至っていない)。一方ヴィルト自身も二〇年代末から再びナチ党幹部との接触を試みていたが、三〇年代に入ると積極的にナチズムを再評価するようになり、自らの象徴研究に基づく鉤十字解釈を開陳し、「原ドイツ的な神信仰のこの太古の救済のしるし(鉤十字)」が、ナチズムによってドイツ民族の「刷新と上昇のための象徴」となったとして、ナチズムの歴史的意義を称揚するようになる(Wirth, 1934: 55; Wirth, 1933b)。

しかし彼の「学説」は学界の内外で激しい論争を惹起した（Strom, 2002: 83）。その状況で、長年待望していた学界進出への足がかりとなったのは、三四年にオカルト的な嗜好を有していた親衛隊指導者ヒムラー（Heinrich Himmler）、そして農業ロマン主義的傾向の強い農業大臣ダレ（Walther Darré）という知己を得たことである。翌年ヴィルトは、親衛隊主導の研究協会「祖先の遺産」（Forschungsgemeinschaft Deutsches Ahnenerbe）――「祖先の遺産」はヴィルトが従来好んで使用してきた概念である[(6)]――の設立に際して、その会長に任命された。研究協会は何よりも、ヴィルトの研究の支援と推進を目的とする機関として設立されている。その後、精力的に壁画研究に従事し、協会の多額の資金を用いて、三五、三六年にスウェーデンで大々的な調査旅行も行っている（Pringle, 2006: 67–75; Jüninger and Åkerlund, 2013: 247–249; Löw, 2016）。

けれども、親衛隊とヴィルトとの蜜月期間は短命に終わっている。学問行政の分野で党内で対立関係にあった、ナチ党世界観担当官ローゼンベルク（Alfred Rosenberg）[(7)]に対抗するために、ヒムラーは在野の学者ヴィルトの思弁的解釈に基づく象徴研究に共感を覚えつつも、ナチズムによって「強制的同質化」された既存の学界を利用することを優先した。ヴィルトはまずは名誉会長という閑職に追いやられ、そして三八年には研究協会から放逐されることとなる[(8)]。

四　〈古代〉表象の想像力

このように、四五年まで続く研究協会の活動にはほとんど関与していないヴィルトではあるが、世界各地に移住した「北方人種」が各地に高度な文明を持ち込んだ、その形跡（「遺産」）が残っているはずである、という彼の基本的な発想が、ヒムラーの研究協会に一定の方向性を与えたことは疑いえない。事実、研究協会はチベットに

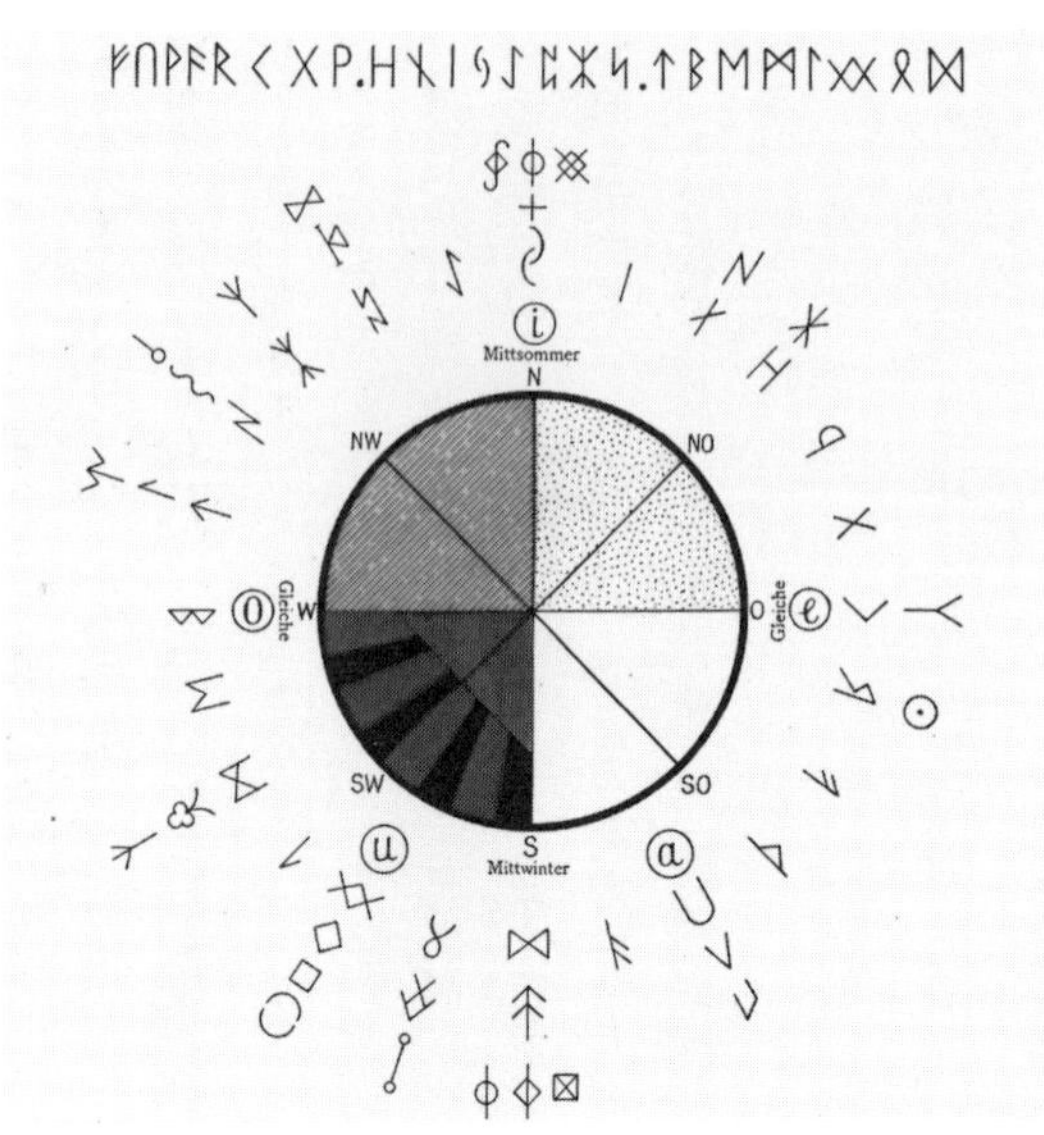

図10-3　太陽年(Wirth, 1928)

調査隊を派遣し「科学的」調査を行い、戦争勃発で実現はしなかったものの、南米(アンデス)への調査旅行等が計画されていた(Kater, 2006: 211ff.; Pringle, 2006: 182f., 195)。

人類の「原文字」の追求

ヴィルトの研究の基盤をなしているのは、世界各地に残されている旧・新石器時代の壁画(図像)である。彼の前提は、それらの図像が「原史(Urgeschichte)」時代の「文字」――つまり「文字」を有した「歴史」時代の「遺産」――であるという理解であった。そこから彼は、世界各地の先史時代の膨大な量の図像比較を通して、それらに共通の基本形となっている、線分から構成される「文字」体系――彼はそれをゲルマン民族のルーン文字と同一視した――の存在を仮定した。彼が特に注目したのは、世界各地に見出される一つの図像であった(図10-3)。それは、円形が垂直方向並びに水平方向にそれぞれ分割され、円が四分割あるいは八分割されている図像である。彼によれば、この図像を構成する線分およびその組み合わせがすべてのルーン文字を内包しており、これこそが「人類の興隆(Aufgang der Menschheit)[9]」期つまり「歴史」時代の端緒に見られる原初の文化活動の存在を証明する「原文字(Urschrift)」であるとされる。

彼は世界各地の類似の図像と文字体系の比較検討を行う際に、漢字等の非ヨーロッパ諸文字を含む古代の諸文字体系、とりわけシュメール文字と王朝成立以前のエジプトの文字(象形性の高いヒエログリフではない、線状形のヒエラティック文字)に着目している。こうした比較研究は彼を、あらゆる文字体系の基盤となっている「アトランティス・北方的祭祀の象徴体系」の存在という結論へと導いていく(Wirth, 1928: 556)。これは、道筋を逆にたどれば、歴史的に確認しうるあらゆる文字体系は、「原文字」の「凋落」形態であるというテーゼとして現れてくる(Wirth, 1928: 578f.)。

表意文字としての「原文字」と「アトランティス文化圏」

しかし彼によれば、これは「文字」であるのみならず、「北方人種」が構築した世界像(地平線上に現れる太陽の位置に基づく太陽年)であり、一年の循環を示す表意文字でもあるとされる。つまり、円を垂直に分割している線分は、太陽が最高あるいは最低の位置にある時期(夏至と冬至)と北南の方位を、一方で水平の線分は、春分と秋分ならびに西東の方位を示すとされる。この人種は元来居住していた北極圏を離れ南方に移住していったとヴィルトは考えており(後述)、その移動の過程で太陽の位置を示す座標も複雑化した(ゆえに、北東・南西の軸と北西・南東の軸が加わり、四分割から八分割へと展開した)と述べ、その結果生み出された「天体学」の成果がこの図像であるという(Wirth, 1928: 558–565; Wirth, 1934: 26ff.)。

ヴィルトのいう「北方人種」の「文化圏」は、ヨーロッパのみならず大西洋両岸にも及んでいたとされる。彼によれば、壁画、文字体系、宗教儀礼等の比較研究に基づけば、例えば「北米の諸民族（インディアンとエスキモー）の祭祀に関する諸伝承と……諸言語」にも、西欧のそれらとの並行現象が観察され、とりわけ、太陽年を表す表意文字が、多様な変種を伴って大西洋両沿岸各地に見出されるのである。この「一つの広範囲にわたる、共通の精神的傾向を持つ文化圏」は新石器時代の「巨石墓文化」であり、その痕跡は、北および西欧をはじめ、地中海全域、エジプト、パレスティナ、アラビア半島に至るまで顕著に見出されるという（Wirth, 1934: 10）。

ここから導き出されるのが、大西洋海域（北海）の極北に存在したとされる「一つの偉大なる文化圏」、「一つの、原初の、旧石器時代のアトランティス人文化」、つまり「一つの純粋な一神教である原宗教」に基づく社会であり（Wirth, 1928: 18）、その文化の担い手の南方への移動と、果ては世界各地への伝播という壮大なテーゼである（Wirth, 1934: 10; Wirth, 1928: 61ff.）。そしてこの文化圏は、プラトンの『ティマイオス』と『クリティアス』で描かれている「アトランティス」の謂いであり、同じく古代ギリシャ以来伝承されてきた「トゥーレ」、すなわち「北大西洋の両沿岸を包摂していた……精神文化」の起源の地、「今日の北極圏にあったアトランティス、かの「ウルティマ・トゥーレ」[10]」であると結論づける（Wirth, 1934: 11）。そしてこの文化圏の南方への移動の原因を、急激な気候変動による天災に求め（Wirth, 1934: 47）、それにより原初の文化的統一体が崩壊し、各地に分散し、新石器時代の「巨石墓文化」を生み出すが、その時期を紀元前八〇〇〇年前後と推測している（Wirth, 1934: 12）。

人類の「原宗教」

ヴィルトは、「アトランティス／トゥーレ」における「原宗教」の中に人類の「原史」の表出を見出しており、「原宗教」の核心が「原文字」に隠されていると考えている。

自然の中のあらゆる生命が改めて覚醒し復活すること、その体験は北方人にとって、陽光が冬の死の夜から再び立ち上ってくるという体験と解き難く結びついていた。しかし、北方人の精神文化と、神についての意識が高尚なものであったことを証明しているのは、……北方人が知っていた以下の事実である。すなわち、彼らが知っていたのは太陽神などではなく、神が光、暖かさ、命を授けてくださる際の一要素としての太陽、つまり神の息子の実質的啓示――父なる神はその息子をとおして時間と空間において再び自らを啓示する――であった、という事実である。（Wirth, 1928: 565）

こうして、太陽の一年すなわち太陽の死と復活の循環こそが、人類のあらゆる文化の起源である「純粋な「原始一神教」であり、そして、全世界に見出される「原文字」（の凋落形態）こそが、その原初的北方文化の痕跡であるということになる（Wirth, 1928: 21）。それは「宇宙における変化の内にある永劫回帰、つまり宇宙の偉大なる道徳法則としての生成と衰滅、そして自らの息子を通して時間と空間の中で世界霊（Weltgeist〔世界精神〕）たる神が自らを啓示するという出来事としての生成と衰滅を重要視する人種の「世界観」であり（Wirth 1928: 18）、「神の息子」が「人間となり、苦しみ、そして死に」、そして再び「神の息子」として生みなおされる、という循環を示す「原文字」がその象徴であるとされる（Wirth, 1934: 16）[11]。

「原宗教」を中心とする「母権制社会」

時空間における「神の息子」による「父なる神の啓示」という、キリスト教を想起させるこの教説の根底にあるのは、ガリラヤ人イエスが歴史に登場する遥か以前、人類の原初時代にすでに存在していた、キリスト以前の「原キリスト教」というヴィルトの理解である。そして、この「神の啓示」において決定的な役割を果たしているのが、「母」なる表象である。

彼の太陽年の説明からも見られるように、死する「神の息子」つまり「死にゆく太陽」を抱擁して受け止め、新たに生命へと生みなおすのは「生きとし生けるものの母なる大地（Allmutter Erde）」である。太陽の「永劫回帰、つまり生成し、衰滅し、再び生み出される」という循環は、

> 神の息子が毎年、冬の、そして夜の闇の中を歩む過程で、生きとし生けるものの母なる大地の母胎の中へ、「水」（海・羊水）の中へ、「深みと力と知恵の家」の中へと入り込んでいき、冬至において「母の家」から再び生み出されて、新たな生命へと復活していくという、生きとし生けるものの母なる大地に関する教説（Wirth. 1928: 18f.）

を意味しているというのである。

ヴィルトは、人類の「原宗教」においては、「神に由来する生命を自らの内に抱く女性は、自らの内に神の知識をも持っている」と指摘し、そうした「知恵ある女性」は、例えばエッダでは先述のノルニルや三女神ディーシル[12]として表現されていると指摘する。すなわち、「「救急隊員」、医者、助産婦」といった社会的機能を帯び、「その活動において司法を担い、教育者でも、至聖なる伝承の保持者でもあり」、「「世界樹の根元に」三人で現れる」存在であるとされる（Wirth. 1934: 61）。以上のように、ヴィルトのいう「原宗教」を根幹として形成されていた社会は、「民族の母たち（Volksmütter）」によって指導されていた「母権制社会」として表象されているのである。

五　〈古代〉表象と近代批判——ナチズム期の「学問」理解との関連で

ある時代・社会状況において〈古代〉を表象するという営為は、きわめて複合的なものである。そこで表象される〈古代〉は通常、〈今ここにはない〉と表象されているもので、かつてどこかにあったもの、現在のここではないどこかにあるもの、あるいは将来どこかで存在するであろうもの、それらのいずれか、またはそのいくつかの複合体である。ゆえに、この表象行為の前提となっているのは、〈今ここにある〉と表象されているものである。一方で、この〈現状〉に対する評価が否定的、肯定的のいずれであれ、その陰画が〈今ここにはない〉と表象されているものの具体的内実を構成している。すなわち、その内実だと主張されるものと、今ここを形成していると想定されているもの、という二つの表象行為の相互作用によって、多様な〈古代〉言説が形作られている。

〈古代〉が、現在のここではない〈過去のどこかにあった〉という前提から出発する言説の典型は、歴史学に見られる。けれども歴史学は、語る主体の現状判断やそれが置かれた社会・政治・文化・宗教状況次第では、現在学でも未来学でさえもありうる。つまり、現在が創り出し、現在の中に——学的認識という装いで——組み入れられた〈過去〉としての〈古代〉は、〈現在〉として表象されたものの陰画、つまり過ぎ去ったものとして描き出されるだけではなく、この過ぎ去ったものがもはや再来し(え)ない〈現在〉、あるいは再び到来しうる、または到来することが望ましい〈将来〉等々として描き出されさえもする。

ヴィルトが描き出す原初的社会は、過ぎ去ってしまったと一般的に、あるいは学問的に想定されている〈古代〉が、実は過ぎ去っておらず、人類の「原史」以来、凋落形態であったとしても、その痕跡をかつても今も、ここにもそこにもあそこにも残しているような〈今もここにある古代〉である。したがって、〈今ここ〉と表象されている〈現在〉の虚構性を暴くという文化批判的かつ近代批判的な発見的性格を帯びている。ゆえに、ヴィルトの主張が同時代の学界においてとりわけ否定的反応を惹起したことは、しばしば指摘されるように、単に彼の主張が「非学問的」だとみなされたといった理由だけで説明し尽くされるものではない。ヴィルトの主張の何が、〈現在〉の何に向けて批判をしていたゆえに、このような激しい反論を惹起したのか、そして逆に受容されさえしたのかという観点からの検討が必要とされる。

一見して明らかなように、彼の「原史」学が表象する〈古代〉は、学界が表象する〈古代〉をはるかに遡った時点と、それからはるかに隔たった地点にあり、また先史解明の史料的制約をもはるかに超えてしまっているゆえに、学界の目からすれば「非常識」であり、歴史研究の方法論や史料論の基礎を度外視した「非実証的」で「非学問的」な思弁にほかならなかった。彼の著作は「いずこの箇所も証明されていない主張にあふれており、論理が欠如しており、非学問的方法がとられている」とされ、「結論は、確かに学問的な装いをしてはいるが、学問的な根拠づけを欠いている」と峻拒された（Wiegers, 1932: 4）。けれども彼はまさにこの点で、「先史」と言われてきたもの――すなわち、今ここにおいて〈歴史以前〉として想定されているもの――は、実は先史ではなく、原史であることを強調し続けた。なぜなら、史料的制約など彼には端から存在しなかったからである。文字資料はすでに「原文字」とともに所与のものであり、石器時代の図像――彼にとっては文字体系の断片――が豊富に存在しているからである。ヴィルトは、学界において資料的価値が確定しているアイスランドやスカンディナヴィアにおける伝承資料（サガやエッダ）を、すでに、「迷信が添加され、偶像崇拝の儀式を伴った、男権主義的で権力政治的要素」が加わってしまった「後世の創り物」（Wirth, 1934: 20）であり、それに唯一の資料的価値を与えるのは、現在の「男権主義的で自由主義的な国家とその学問」自体であると述べ（Wirth, 1934: 62）、体制的学問の側にこそ〈古代〉認識における致命的な問題があることを暴露しようとしたのである。

この論争に応答するかのように、三三年にヴィルトは『ウラ・リンダ家年代記』のドイツ語訳(とそれに付された長大な解説文)を上梓した。これは一八七二年にオランダで「発見」されて出版されたもので、古フリース語で書かれているとされていたが、出版後即座に偽書であると断定された。それに対し、ヴィルトはその内容と資料としての価値を強調したのである(Wirth, 1933a: 135ff.)。この文書は、フリース民族の「原史」の社会・文化を叙述しているが、ヴィルトの主張の一部を裏づける資料であり、それによって、「原ゲルマン的母権制」が証明されたと彼は考えていた(Fehlmann, 2011: 335f.)。その概略を示すと、おおよそ以下のようになる(Wirth, 1933a: 44-61)。

原初のフリースランドはヴラルダ神[13]への一神教的信仰に基づき、「原母フルヤ[14]」が与えた法——それは自由と平等を説く——の下で、選出されたおとめたちによって統治される母権制社会である。この社会は、近隣諸民族と接触することなく平和裡に生きていた。しかし、「アルトラント」または「アトラント」と呼ばれていたこの社会は、紀元前二一九三年に天災により海中に沈んでしまい、生き残った人々は新たな地に移住し、その地の諸民族と交わりながら、現在のヨーロッパ各地へと広がっていった。けれども、この地が海に沈没した後、フルヤの法の下で自由と平等を旗印としていた母権制も没落し、聖職者と貴族の台頭に屈していくことになり、限られた小集団のみが、民族としての純潔を守っていった。

信憑性のきわめて疑わしいこの文書を——まさに自らの学問性が根本的に否定されようとしている時期に——世に問うことは、ヴィルトからすれば逆に、「資料」に基づいて、学界で〈今ここにない〉と想定されている〈古代〉を根底から否定し、〈今もここにある古代〉を対置する作業であったと言える。

この翻訳の出版がもたらした重大な結果は二つあった。一つは、翌三四年にこの文書の信憑性とヴィルトの主張に関する公開討論会が開催され、歴史学者や文献学者がこの文書の真正性とヴィルトの解釈に対して根本的な疑義を呈し、ヴィルトの学問的信憑性が完全に否定された(かに見えた)こと[15]、そして二つ目は、それにもかかわらず、翌三五年には研究協会「祖先の遺産」の会長にヴィルトが任命されたことである。すなわち、この時点では、少なくとも二つの〈古代〉表象が併存しているのである。ヴィルト批判の学者たちが定説として前提にしている、〈現在〉に〈過去〉として組み入れられている〈古代〉と、こうした〈古代〉を産出する〈現在〉を批判する、もう一つの〈今もここにある古代〉である。前者は〈現在〉として表象されたものを自己肯定する機能を付与された〈古代〉であり、後者はそうした〈現在〉ではない、別の〈現在〉の構築の試みである。その意味で後者は、定着している学問に対する批判という形で現れた近代批判でもある。そして、別の〈現在〉が単なる構想にとどまらず、短期間ではあったが、ヒムラーの研究協会という形で現実化しかけたのが、ヴィルトが活動した時期だったのである。

　このような〈今もここにある古代〉の提示は必然的に、一般的に共有されている〈現在〉の超克へと向かう。〈今もここにある古代〉は、現在にも生き続けている「相続財産」すなわち「遺伝素質」(Erbmasse)として絶えず「覚醒」(Wirth 1934: 54)しようとする。原初的文化の凋落は他人種との混血に起因するが、継承されている「遺伝素質」がことあるごとに覚醒してくるとヴィルトは考えるのである。それは「アトランティス・北方的精神の相続財産〔遺伝素質〕による改革運動」であり、例として、ザラスシュトラ、バラモン教、サーンキヤ学派、仏教、ギリシャ哲学、イエスの運動、ルターの宗教改革、ドイツ観念論などを挙げている(Wirth, 1928: 19)。

　この「遺伝素質」が現在、ナチズムにおいても覚醒しているとヴィルトがとらえていることは、先述した彼の鉤十字解釈にも見られる。しかしヴィルトはそこに不十分な点を見出す。なぜなら、「将来のドイツ民族の指導者」が歩むべき「道は、「母たち」に向かう歩みとならねばならない。それは神的なるもの、永遠なるものへと向かう歩みであり、民族の女性たちと母たちのもとへと昇っていく歩みである」からである。「「ドイツ」の刷新は男性だけでは完遂できない。かつて、我らが古から持ち続けてきた、神のこの自由を、つまり……われらのドイツ精神を担い、かつ保持していたのは女性であった」ゆえに、「「ドイツ」の刷新は「ドイツ」女性を介して進んでいく」のであり、ドイツ民族にその「民族の母たち」を取り戻さねばならないのである(Wirth, 1934: 53-63)。

この点でも、ヴィルトの〈今もここにある古代〉は、〈過ぎ去った古代〉を生み出す〈現在〉と対照的である。周知のように、「母権制」をめぐる議論は、バッハオーフェン(Johann Jakob Bachofen)の『母権制論』(一八六一年)以来、完全に拒絶されない場合でも、バッハオーフェンに倣って父権制社会へ向かう人類史の過ぎ去った一段階の説明としてとらえられることが多かった。彼の著作の新版が次々と世に出された一九二〇、三〇年代においてもこの事情は大きく変わることはなかった。ナチズムとの関連でいえば、人種学者ギュンター(Hans F. K. Günther)は、母権制から父権制への移行を人類史的発展の一段階と認めつつも、父権制こそが「北方人種」の顕著な特徴だと考えていた(Fehlmann, 2011: 340)。またヴィルトと近い立場にあった民族主義運動においても男性結社的な発想が支配的であった。したがって民族主義運動の中では、母権制社会をユートピア的な理想社会とみなす人々は周縁に追いやられ、「フェミニスト」のレッテルが貼られることに甘んじなければならなかった(Davies, 2007: 101-103)。一方で、ナチズムの「血と大地」言説が容易に母性的なるものを連想させたにもかかわらず(Hermand, 1984: 654f.)、男性結社的な社会形成が進行していた状況で、〈今ここにない古代〉としてではなく、〈今もここにある〉あるいは〈覚醒する古代〉としてユートピア的母権制社会を描き出すことは、それがいかにナチズムと親和的なものとして提示されていたとしても、ナチズム国家、とりわけ親衛隊国家形成の阻害要因として捉えられたのである。ゆえに、理想社会像としての母権制を説くことは、ナチズム期に許容された学問——それがヒムラー的学問であったとしても——の中で承認を得る可能性はほとんどなかったのである(Davies, 2007: 108)。

ヴィルトの〈今もここにある古代〉の一要素としてアトランティス表象が認められるが、これも母権制言説と同様、当時の出版界を賑わせていた語りである。[16] プラトンに由来するこの伝説の地に関する伝承は、一七世紀スウェーデンでの再評価を経て、一九二〇、三〇年代には特に、神智学者、人智学者、アリオゾーフ、[17]「保守革命」

知識人、「宇宙氷」仮説[18]の支持者といった幅広い知識人層で受容され、高貴なる「北方人種」の故郷の地として表象されることが多く、民族主義的・人種主義的言説の中に一定の地歩を占めていた（Wegener, 2003: 10; Strom, 2002: 81）。この議論は学界においても、アトランティスにおけるゲルマン人の高等文化、そのキリスト教による破壊といった主張が――もちろん学界中枢ではないとしても――なされることがあった（Wegener, 2003: 41f.）。しかし、アトランティス言説は、母権制に関する議論と比較すると、制度化された学問の中で議論の対象となる機会は圧倒的に少なかった。それは、学問によって〈今ここにない古代〉としてさえ〈現在〉の中に位置づけられない表象であったからである。

ここで興味深いのは、ヴィルトを非学問的であると批判しているローゼンベルクもアトランティス伝承を自らの人種主義的世界観の構築のために援用していることである。彼によれば、古来の伝承が描き出す伝説の地が事実ではないとしても、「先史時代に北方に一つの文化の中心地があったことは想定せざるを得ず」、「「世界史の意味」は北方から発せられ、〔世界の〕果てまで届き、碧眼で金髪の人種によって担われてきた……ことは偉大なる事実」である（Rosenberg, 1934: 24, 28）。この引用に現れているように、彼にとっては、アトランティス自体についての検証よりも、人種主義的な解釈枠組みの枠内でそれを位置づけることの方に価値が置かれている。

ローゼンベルクは『ウラ・リンダ家年代記』をめぐる論争でヴィルト批判の陣営の背後にいた人物であるが、この著作以前のヴィルトの業績について、特に母権制社会論に関して、以下のように述べていた。

> 母権制を原北方・アトランティス的生活様式のように見せかけようとし、同時にしかも太陽神話さえも北方の財産と認めているヘルマン・ヴィルト〔の主張〕は……まったく人を惑わすものである。母権制とは常に、神々への信仰と慢性的に結びついており、父権制は常に、太陽神話と結びついている。北方の人々の間で女

性が高く評価されるのは、まさに〔人間の〕生存そのものの男性的構造に基づいているからである。キリスト教以前の西南アジアの女性的構造は常に、ただヘテリズムと性的集団主義[19]をもたらしたにすぎなかった。したがって、ヴィルトが挙げている証拠は、不十分極まりないものである。（Rosenberg, 1934: 135）

ここで示されているのは、ヴィルトとは異なってはいるものの、別のタイプの〈今もここにある古代〉である。それは学界内部でも生粋のナチ的イデオローグであった学者たちが共有していた〈古代〉、すなわち民主主義、自由主義、フェミニズム、とりわけユダヤ教によって男性支配の構造が弱体化させられていると表象された〈現在〉に対置させられた、〈本来ここにあるべき古代〉であった。

ヴィルトの母権制およびアトランティス表象を以上のように見ていくと、当時の〈古代〉表象と〈古代〉知の生産現場は、たしかに学問世界を巻き込んではいるものの、政治的特に党内政治的イデオロギーの覇権闘争の場であることが垣間見えてくる。とりわけ、ナチ党が政権を握った当初は、（一）〈今ここにない古代〉（歴史学・先史学・文献学）と〈今もここにある古代〉（ヴィルトの「母権制的アトランティス」、ローゼンベルクの「人種主義的父権制社会」、ヒムラーの「世界各地のアーリア人の遺産」）の間での緊張関係が見られ、それは学問的専門知と非専門知との間の葛藤ともとらえられる。別の見方をすれば、これは体制化していた学問と、ナチ的イデオロギーによる強制的同質化との緊張関係という文脈で生じた一時的緊張ともいえる。（二）しかし他方では、複数の〈今もここにある古代〉表象の間における錯綜した対立関係も観察される。上に見てきたように、〈今もここにある古代〉の内容は多分に折衷主義的であり、多様な——学問的とみなされていようがいまいが——情報からの恣意的な選択と組み合わせという手続きの産物であり、これが学界からの方法論的な批判を惹起する一因である。

しかし、ここで現れてくる差異は、表面的には狭義の学問的方法論や資料論として議論が展開していたとしても、実際にはそれに直結するものではなく、それぞれの〈古代〉すなわち〈現在〉が指し示している「期待の地平」(R・コゼレック)[20]の差異に起因するものである。

〈今もここにある古代〉は、体制化した学問の論理からすれば、原理的には賛同を得られることはない。ゆえに、学界側が公に批判することが許された、在野の一介の研究者ヴィルトに対しては、「宗教創唱者」、自らが創り出した宗教の「最高祭司」、「文化予言者」等々との揶揄が繰り返された(Wiwjorra, 2012: 410)。しかし問題となるのは、ヴィルトの〈古代〉をめぐる論争は決して、「非学問的」ヴィルトと「学問的」学界との対立ではなく、現実の学問世界に対する覇権をめぐる闘争であったことである。事実、先述の討論会でヴィルトの学問性を否定した学者たちの多くは、ローゼンベルクの庇護下にあった。一方でそこでヴィルトを弁護したのは、後にヒムラーの研究協会で活躍することとなる学者たちであった(Hübner, 1934)。両陣営の学者たちはイデオロギー的同質化を強いられた状況の下で、党内の対立を多分に反映した、ローゼンベルク的学問とヴィルト／ヒムラー的学問との対立という文脈の中に組み入れられている。戦後、オカルト的、非学問的、ナチ的学問として失笑を買うことになる研究協会「祖先の遺産」に協力した学者たちに比べて、ローゼンベルクの庇護下にあった学者たちは、ナチ党の政権掌握以後も、体制化した学問の伝統を──しかし、「ドイツ的」学問であるとの意識とともに──継承していると自負していた。ヴィルトの「アトランティス文化圏の母権制」論が学問世界の中で何とか救い出されたのは、ヒムラーによってローゼンベルク的学問への対抗軸として構築が図られた「祖先の遺産」においてであったのである。

三五年にヴィルトは研究協会の会長に就任したが、ヴィルトの思想に基づいて完成したベトヒャー通りは──ヘトガーのアール・デコ装飾は覆われて隠されたが、ヴィルト／ヘトガーの「北方主義的」建造物「生命の樹」

は壊されずに残された――三七年に、ヴァイマール共和国期の芸術の「おぞましき一例」として文化財に指定された。翌三八年には、ヴィルトは研究協会「祖先の遺産」から放逐されている。この過程は、この時期の〈古代〉表象も、その根拠となる学問も、決して一元的ではなかったことを示している。ただし、ヴィルトの「祖先の遺産」からの離脱から察せられるように、ヴィルト的〈古代〉は最終的には、ヒムラー的学問からも駆逐されていくことになる。「北方的なるものへの回帰」を謳ったナチズムの中で、体制化した学問が提供しうる〈古代〉を超えた〈超古代〉への回帰を説いたヴィルトは、こうして舞台から姿を消していくこととなったのである。

（1）ナチズムの芸術観は当初から統一的であったわけではなく、ヘトガーの「民族主義的表現主義」を評価する声も挙がっていた（例えばゲッベルス（Joseph Goebbels））一方で、党内の民族主義急進派のローゼンベルク（Alfred Rosenberg）から攻撃された。
（2）*Völkischer Beobachter*, September 11, 1936.
（3）北欧神話において、運命を司り、生命を育むとされる巨人族の三姉妹。
（4）この一節は、オーディンがルーン文字の魔術的奥義を獲得するために行ったとされるオーディンの自己犠牲のエピソードを物語る『エッダ』からの引用である。
（5）以下のヴィルトの履歴に関する叙述は、Kater, 2006: 11–16; Löw, 2016: 29–86; Nösler, 2008; Wiwjorra, 1995; Wiwjorra, 2012に基づく。
（6）「祖先の遺産」概念は、他の類似概念（「相続財産（Erbmasse）」、「遺産の想起（Erberinnern）」）と並んで使用され、「我らの精神と魂に関わる相続財産」と説明されている（Wirth, 1934: 7）。ただし、Erbeは生物学的な「遺伝」の意味合いも含んでおり、Erbmasseは「遺伝素質」、Erberinnernは「遺伝的想起」でもある。
（7）党内でのローゼンベルクとヒムラーとの学問をめぐる闘争は、前者の「ローゼンベルク部局（Amt Rosenberg）」とヒムラーの研究協会の対立として顕在化している。「ローゼンベルク部局」については、例えば、Rupnow, 2008を参照のこと。
（8）戦後は再び信奉者を集めつつ、先史学研究を継続し、念願の野外博物館も完成させている。詳細はLöw, 2016: 86–96を参照のこと。

(9)　これはヴィルトの著作(Wirth, 1928)のタイトルでもある。

(10)「トゥーレ(Thule)」は古代ギリシャ以来、極北にある――ゆえにラテン語の ultima が付加される――とされる場所である。

(11)　この循環を説明する際にヴィルトが好んで繰り返すのは、ゲーテに由来する「死して成れ(Stirb und Werde!)」という定型表現である。

(12)　ノルニルと同じく北欧神話に登場し、豊穣あるいは運命を司る三女神として理解されることが多い。

(13)　ヴィルトによれば、この Wralda は、そこから後のゲルマン諸語の Welt (世界)が派生するもので、ゲルマン人は所与の世界自体(太陽の運行、時間、土地、民族等々)を崇めていたとされる(Wirth, 1933a: 145f.)。

(14)　ヴィルトはこの名を、北欧神話で生命と豊穣を司る女神フレイヤと関連づけて理解している。

(15)　ヴィルトの主張への「学問的」反駁の声はきわめて大きく、特にローゼンベルク派の学者たちから酷評され、公衆の面前で著作が破り捨てられるといったことさえあった(Davies, 2007: 108; Hübner, 1934: 38; Strom, 2002: 84-89)。

(16)　一七世紀スウェーデンの自然科学者ルドベック(Olaus Rudbeck)は、アトランティスの地理的同定を試み、結論的にスウェーデンであると結論づけた。

(17)　ルーン文字の独自の解釈に基づくエソテリックな民族主義宗教思想であるアリオゾフィー(Ariosophie)の信奉者。

(18)　宇宙に存在する天体はほとんどが氷から成り立っているという仮説。ヒムラーの研究協会では一定の評価を受けていた(Kater, 2006: 51ff.)。

(19)　ヘテリズム・性的集団主義は、バッハオーフェンが人類の文化史的発展の最初の段階として仮定したもので、乱交と雑婚、そして男性による女性の暴力的支配の段階である。

(20)　コゼレックは、歴史的認識の基礎づけとして、アウグスティヌスの時間理解から示唆を得た独自の時間論を展開している。彼はその中で、発見的な概念として「経験の空間(Erfahrungsraum)」と「期待の地平(Erwartungshorizont)」という、相互補完的な対概念を提案している。彼は「経験」を「現在している過去(gegenwärtige Vergangenheit)」と、「期待」を「現在にあるものとされた未来(vergegenwärtigte Zukunft)」と特徴づけた上で、前者の特質を、過ぎ去った出来事がその時系列とは無関係に蓄積されている「空間」という、そして後者を、あくまでも現在において、現在の彼方にあるものとして思い描かれつつも、決して、到達しえない（近づこうとすれば果てしなく遠のいてしまう）「地平（線）」という空間的隠喩を用いて表現している（Koselleck, 1989: 354–359）。

主要参考文献

Davies, Peter (2007) 'Männerbund' and 'Mutterrecht': Herman Wirth and Sophie Rogge-Börner and the Ura-Linda-Chronik, *German Life and Letters*, Vol. 60, No. 1, pp. 98–115.

Fehlmann, Meret (2011) *Die Rede vom Matriarchat*, Zürich: Chronos.

Golücke, Dieter ed. (1984) *Bernhard Hoetger. Bildhauer, Maler, Baukünstler, Designer*, Worpswede: Worpsweder Verlag.

Haar, Ingo et al. eds. (2008) *Handbuch der völkischen Wissenschaften*, München: Sauer.

Hermand, Jost (1984) All Power to the Women: Nazi Concepts of Matriarchy, *Journal of Contemporary History*, Vol. 19, No. 4, pp. 649–667.

Hübner, Arthur (1934) *Herman Wirth und die Ura-Linda-Chronik*, Berlin: Walter de Gruyter.

Jünginger, Horst (2013) Nordic Ideology in the SS and the SS Ahnenerbe, in Jünginger and Åkerlund (2013), pp. 39–69.

Jünginger, Horst and Andreas Åkerlund eds. (2013) *Nordic Ideology between Religion and Scholarship*, Frankfurt am Main: Peter Lang.

Kater, Michael (2006) *Das „Ahnenerbe" der SS 1935–1945*, 4th ed., München: Oldenbourg.

Koselleck, Reinhart (1992) *Vergangene Zukunft. Zur Semantik geschichtlicher Zeiten*, 2nd ed., Frankfurt am Main: Suhrkamp (original 1989).

Löw, Luitgard (2009) Völkische Deutungen prähistorischer Sinnbilder. Herman Wirth und sein Umfeld, in Uwe Puschner and G. Ulrich Großmann eds., *Völkisch und national*, Darmstadt: WBG, pp. 214–232.

Löw, Luitgard (2016) *Gottessohn und Muttererde auf bronzezeitlichen Felsbildern*, Frankfurt am Main: Peter Lang.

Nösler, Daniel (2008) Forschungsinstitut für Geistesurgeschichte Bad Doberan, in Ingo Haar et. al. (2008), pp. 178–182.

Pringle, Heather (2006) *The Master Plan*, N. Y.: Hyperion.

Puschner, Uwe and Clemens Vollnhals eds. (2012) *Die völkisch-religiöse Bewegung im Nationalsozialismus*, 2nd ed., Göttingen:

Vandenhoeck & Ruprecht.

Roselius, Ludwig (1927) Die Vollendung der Böttcherstraße, *Die Weser*, Vol. 6, No. 6, p. 198.

Roselius, Ludwig (1932) *Reden und Schriften zur Böttcherstrasse in Bremen*, Bremen: G. A. V. Halem.

Rosenberg, Alfred (1934) *Der Mythus des 20. Jahrhunderts*, 33rd-34th print, München: Hoheneichen-Verlag (original 1930).

Rupnow, Dirk (2008) Institut zur Erforschung der Judenfrage in Frankfurt am Main, in Ingo Haar et al. (2008), pp. 288-295.

Saal, Walter E. (1989) *Bernhard Hoetger. Ein Architekt des norddeutschen Expressionismus*, Diss. Universität Bonn.

Strom, Sönje (2002) Die öffentliche Aussprache über Herman Wirths Ura-linda-Chronik in Berlin (1934), in Birgitta Almgren, ed., *Bilder des Nordens in der Germanistik 1929-1945*, Huddinge: Södertörns högskola, pp. 79-97.

Wegener, Franz (2003) *Das atlantidische Weltbild*, 2nd revised ed., Gladbeck: KFVR.

Wiegers, Fritz ed. (1932) *Herman Wirth und die deutsche Wissenschaft*, München: J. F. Lehmann.

Wirth, Herman (1928) *Der Aufgang der Menschheit*, 2nd ed., Jena: Eugen Diederichs, 1928 (original 1928).

Wirth, Herman (1933a) *Ura Linda Chronik*, Leipzig: Koehler & Amelang.

Wirth, Herman (1933b) Vom Ursprung und Sinn des Hakenkreuzes, *Germanien*, No. 6, pp. 161-166.

Wirth, Herman (1934) *Was heißt deutsch?* 2nd ed., Jena: Eugen Diederichs (original 1931).

Wiwjorra, Ingo (1995) Herman Wirth. Ein gescheiterter Ideologe zwischen „Ahnenerbe" und Atlantis, in Barbara Danckwortt et al., eds., *Historischer Rassismusforschung*, Hamburg: Argument, pp. 91-112.

Wiwjorra, Ingo (2012) In Erwartung der „Heiligen Wende" — Herman Wirth im Kontext der völkisch-religiösen Bewegung, in Puschner and Collnhals (2012), pp. 399-416.

第11章　ファシズム期の比較神話学

松村　一男

一　はじめに

一九世紀にはヨーロッパにおいて、「創られた伝統」を用いて民族意識を高める試みが盛んに行われ、神話、叙事詩、フォークバラード、民族舞踊、民族衣装などさまざまなものが民族固有性の象徴としてプロパガンダ的に賞賛された(1)。これはそれまで政治的・文化的独立を願いつつもそれが必ずしも叶わなかったヨーロッパ周辺地域の弱小国で主に見られた現象である。

大国ではそうした民族固有の象徴の活用はそれ以前からすでに行われていた。そして一九世紀には、弱小集団の自立の主張を退けるかのように、大国の優越性、ひいてはその帰結としてのより弱小そして進化論的言説によって、より劣位に位置づけられた集団を支配することの正当化の主張はさらに加速化したのである。例えば、植民地主義の一九世紀英国はギリシア・ローマ文化の継承者を任じ、西洋古典学教育が盛んであった(2)。それは古代ギリシアが多くの面において知的創造者であったことを、産業革命以降の英国が同じように繰り返していると主張し、また、ローマが広大な領土に多くの異民族を含んだ大帝国を維持したように、大英帝国もまたアフリカやアメリカ大陸やアジアにおいて広大な植民地を保持する権利があると自ら信じ、そして対外的に主張するためであった。

どこの国家でもそしてどこの指導者（支配者）でも、国民を統合しようとする際には、建国の神話、指導者の家系・祖先の優秀さや過去の国家への貢献の神話などのさまざまな「神話」を必要とする。イギリス、フランスといった先進国に比して統一が遅れ、近代化も遅れた日本、ドイツ、イタリアなどの後発国家では、先進国に追いつくために国民に国家の方針を周知させ、個人より国家のために挺身するように求める傾向がより強かった。これら三国において、過去の栄光とその復活を標榜する超国家主義、ナチズム、ファシズムが登場してくるのはある意味必然であった。その過程でこれらの国家は、過去の栄光を語る物語によって民族の優秀性を誇示し、併せて近隣諸国侵略、植民地化の根拠としようと試みた。その際に依拠した神話とは以下のようなものであったと思われる。

一、日本　　天皇は皇祖神に由来する特別な家系。日本はかつて朝鮮半島まで進出。
二、ドイツ　　優秀なゲルマン民族。かつてはゲルマン民族大移動によってヨーロッパ全域がゲルマン世界であった。最も優れた特別なアーリア人種。
三、イタリア　　かつて大帝国ローマ帝国として北アフリカまで支配した。

日本の場合については、他の論考に譲り（第1章平藤論文、第3章臼杵論文参照）、ここではイタリアとドイツの場合を主に考察する。またドイツ語圏・ドイツ文化圏（以下、ドイツ圏と呼ぶ）およびフランスの場合も比較のために取り上げる。

イタリアもドイツも、自国あるいは民族の古代の栄光を継承すると主張することで侵略による領土拡大と植民地化を試みた。イタリアの場合にはローマ帝国の復活と称して、エリトリア、エチオピア、ソマリランド、リビアなどアフリカに領地を拡大した。ドイツもまた、太平洋ではマーシャル群島、カロリン群島、ビスマルク諸島などを占領し、アフリカではトーゴ、カメルーン、南西アフリカ、東アフリカなどを植民地とした。ドイツの場合、ギリシア・ローマ文化の継承者としての位置づけのために他のヨーロッパ諸国と同様に西洋古典の教育が行われていたが、それと並んで、グリム兄弟によるメルヘン、伝説、神話、法律、言語の蒐集が示すように、ゲルマン民族としての連続性も重視された。

こうした枠組みの中では、過去と現在の連続性を強調し、過去の歴史的栄光を示すことで現在の政治的・軍事的支配を正当化することが意図された。もちろん、神話的言説によって他民族・他地域への支配を正当化することとは普遍的な現象であり、上記の枢軸三国に限られたものではない。たとえば、アメリカ合衆国は異なる民族集団が移住してきて集まって理念に基づいて生み出されたという、歴史や地理によらない一種の人工国家であるため、やはり自分たちの存在を正当化する「マニフェスト・デスティニー」という神話を必要とした。また共和国としてのイスラエルは一九四八年に成立したが、パレスチナのアラブ人を追い出して自国の領土を主張する根拠となったのは旧約聖書であった。

しかし、必ずしもそうでない場合もありうる。それは過去と現在の連続性の図式を当事者以外が礼賛するのではなく批判するために指摘する場合である。つまりあたかも自然であるかのように提示することが意図されていた過去との連続性が、実は作り物であることがわかるように示しながら提示する場合である。両者は表面的には似通っているので、どのような状況で発信されているかという視点から区別する必要がある。以下で取り上げるフランスの研究者ジョルジュ・デュメジル（Georges Dumézil）のゲルマン神話論はそうした批判的要素を含むものとみなしうる。

さて、ファシズム期を経験した諸国においては、上記のように神話性を無視することはできなかった。その点を明らかにするために、ファシズム期以前、ファシズム期、そして戦後という三つの時期において、神話研究において変化が認められるかを検証していく。その際、対象は神話性を最も帯びやすい古代の多神教となるが、その中でもインド＝ヨーロッパ語族（ギリシア、ローマ、ゲルマン、インド・イラン）の神話・宗教を主として取り上げる。理由は、イタリアにとってはローマの神話と宗教が、そしてドイツにとってはゲルマンの神話と宗教がファシズム国家の古代との連続性を示すための対象であったからである。そしてその結果、ローマ、ゲルマンと同じ言語や文化の起源を共有する他のインド＝ヨーロッパ語族の神話学にまでがファシズム期には研究の射程に入ることになった。

二　ファシスト・イタリア

まず、イタリアとドイツの代表的な宗教学の学会誌を取り上げ、年度を追って、ファシズム期に研究課題に大きな変化が認められるかを検討してみたい。

イタリアの宗教誌としては、『宗教史の研究と資料（*Studi e Materiali di Storia delle Religioni*）』（以下ＳＭＳＲと略す）がある。同誌は一九二五年に創刊され、四二号（一九七二―七六年）が最終巻となっている。[3]

同誌はイタリア宗教学の創始者ラッファエレ・ペッタツォーニ（Raffaele Pettazzoni, 1883-1959）が独力で始めた研究誌であり、当初は彼個人の研究が多い。しかし彼の国際的な人脈を利用して、海外からの論文も多く、当初から個人誌的傾向と国際的傾向という二つの相反する特徴を示している。

イタリア宗教史については優れた包括的研究がある。(4) 江川(二〇一五)の第二部第一章(六五―八九頁)「宗教史学講座の設置をめぐって」は、イタリアにおける宗教史学講座が一九二四年、ペッタツォーニによってファシズム政権の下で始められたと指摘する。そして第二章「ファシズム期のイタリア宗教史学」(九一―一二二頁)では、ファシズム期のイタリアでの宗教史学、民族学、ユダヤ人問題や植民地に関わる政治の動きなどが紹介され、相互の関係が分析されている。また第四部第二章「ペッタツォーニ宗教史学の継承」(一九五―二一四頁)では、講座創設者ペッタツォーニ以降のイタリア宗教史学の系譜が簡潔にまとめられている。しかし、『宗教史の研究と資料』誌の内容を検討する限り、ファシズムが研究に直接影響を与えたという証拠は認められない。

三　ナチス・ドイツ

ドイツの代表的研究誌としては『宗教学アルキーフ(*Archiv für Religionswissenschaft*)』(以下ARWと略す)を取り上げる。同誌は一八九八年にトマス・アケリス(Thomas Achelis, 1850–1909)によって創刊されたが、一九〇四年以降はライプツィヒの古典学の出版社として著名なトイブナー社(B. G. Teubner)が著名な古典文献学者アルブレヒト・ディートリッヒ(Albrecht Dieterich, 1866–1908)を編集者として迎え、国際的研究誌とした。ディートリッヒは古典学とギリシア・ローマ宗教史の専門家で、ヘルマン・ウーゼナー(Hermann Usener, 1834–1905)に学び、一九〇三年からハイデルベルク大学古典文献学の教授となった。著作には魔術パピルスについての『アブラクサス(*Abraxas*)』、『ミトラス儀礼(*Eine Mithrasliturgie*)』、『母なる大地(*Mutter Erde*)』などがある。

宗教学の国際的な研究誌としては一八七九年創刊のフランスの『宗教史レヴュー(*Revue de l'histoire des religions*)』(以下ＲＨＲと略す)が著名だが、ＡＲＷはほどなく、ＲＨＲと肩を並べる存在となった。[5] もちろん掲載論文はドイツ語中心であり、ドイツ以外からは北欧諸国と英国からの寄稿が多い。ドイツ国内の研究者としては、ケルン(Otto Kern)、ノルデン(Eduard Norden)、プロイス(K. Th. Preus)、ライツェンシュタイン(Richard Reitzenstein)、ヴィッソヴァ(Georg Wissowa)、ラッテ(Kurt Latte)、ドイブナー(Ludwig Deubner)、オルデンブルク(Hermann Oldenburg)など、そして海外からはニルソン(M. P. Nilsson)、マレット(R. R. Marett)、ファン・デル・レーウ(Gerardus van der Leeuw)、アイスラー(Robert Eisler)などの錚々たる面々が名前を連ねている。

ディートリッヒが第一一巻(一九〇八年)の編集を最後に亡くなった後は、第一二巻(一九〇九年)から第一八巻まではディートリッヒの友人のリヒャルト・ヴュンシュ(Richard Wünsch, 1869-1915)が編者を務めた。彼はケーニヒスベルク(Königsberg. 現在のロシア領カリーニングラード Kaliningrad)大学に職を得たが、第一次大戦で戦死した。そして第一九巻(一九一六―一九年)からはオットー・ヴァインライヒ(Otto (Karl) Weinreich, 1886-1972)が編者となった。チュービンゲン大学で古典文献学の教授であったヴァインライヒは、一九一六年から一九三九年にかけて宗教学叢書(*Religionsgeschichtlichen Versuche und Vorarbeiten*)の第一六巻から第二七巻の編者も務めている。

大きな変化は、第二一巻(一九二〇―二一年)からの、ストックホルム宗教学会の研究誌(*Beiträge zur Religionswissenschaft*)との合併であろう。第一次大戦敗北後の経済的貧窮と国際的孤立の中にあって、この合併によってＡＲＷは存続することができたと思われる。そして第二二巻(一九二三―二四年)からは、スウェーデン側の編者としてニルソンが加わり、二人による共同編集が第三二巻(一九三五年)まで続く。Ｍ・Ｐ・ニルソン(Martin Persson Nilsson, 1874-1967)はスウェーデン、ルント大学の古代史教授であり、古代ギリシア宗教史の業績で有名である。外国人であるニルソンが一二年もの長きにわたって編集の任にあったことからも、この時期の同誌の国際性がうかがえるだろう。

しかしこの体制に第三三巻（一九三六年）に変化が起こる。第三の編者としてフリードリヒ・フィシュター（Friedrich Pfister, 1883-1967）が加わったのである。彼はヴュルツブルク大学の古典学教授であった。この三人態勢は第三五巻（一九三八年）まで続く。

一九三三年にヒットラーが総統になり、一九四五年の第三帝国崩壊までその地位にあった。その結果、以下により詳しく述べるように、全体主義の理念が宗教研究にも強制されるようになっていく。その最初の段階がフィシュターの編者参加である。

そしてさらなる変化も起こる。第三六巻（一九三九年）と最終の第三七巻（一九四一―四二年）では三人の編者のすべてがいなくなり、代わりにハインリッヒ・ハルムヤンツ（Heinrich Harmjanz, 1904-1994）とヴァルター・ヴュスト（Walther Wüst, 1901-1993）が編者となっている。この簡単な見取り図だけでも、ナチスの影響が一九三八年に始まり、それがその後さらに強化されていく過程が推測できるだろう。

ハルムヤンツは一九三〇年から国家社会主義ドイツ労働者党（ＮＳＤＡＰ）と親衛隊（ＳＳ）の党員であり、一九四一年親衛隊中佐（Obersturmbannführer）となっている。学者としては一九三五年にケーニヒスベルク大学で民俗学の講師、三七年に正教授、そして三八年にはフランクフルト大学の正教授となっている。こうした昇進がナチスの意向によることは明らかであろう。しかし以下で明らかなように、彼はＡＲＷには何も寄稿していない。名前だけの編者である。実質的な運営はヴュストが掌握していたと考えられる。ヴュストはミュンヘン大学教授でインド学者であったが、親衛隊ＳＳの指導者であったハインリヒ・ヒムラー（Heinrich Himmler, 1900-45）に気に入られ、一九四一年にはミュンヘン大学の総長に、そして翌四二年には、アーリア人種の優秀性を研究する目的で一九三五年に設立されたナチスの研究機関アーネンエルベ（Ahnenerbe.「（ドイツ）先祖遺産」の意）の長官になっている（アーネンエルベについては第10章久保田論文の第三節を参照）。

次にもう少し具体的に論文の傾向が変わったかどうかを検討してみたい。ＡＲＷは第三〇巻（一九三三年）からスウェーデンの研究者の論文は第二部として、第一部のドイツおよびそれ以外の国からの論文とは独立して掲載するようになり、そのスタイルが第三四巻（一九三七年）まで続く。これには理由があるだろう。

第三二巻（一九三五年）までのヴァインライヒとニルソンの二人体制の期間では、論文寄稿者とそのテーマについて目立った大きな変化はない。しかし、ユンギンガーによれば、国家社会主義に迎合した研究を掲載すべきという意見はすでに一九三三年に出版元のトイブナーから出されていたという[6]。そしてその結果として第三三巻（一九三六年）から三人での編集体制となった。そしてこの新しい編集体制になると、古代ゲルマン宗教に関する論考が急に増加する。巻頭は新たに編者に加わったフィシュターの論文「ゲルマン諸民族の宗教と信仰、およびその宗教指導者」(Die Religion und der Glaube der germanischen Völker und ihrer religiösen Führer)である。「指導者Führer」という語からもナチスの影響が感じられる。また第一部のドイツと海外の寄稿者の論文では、一二編中、五編が古代ゲルマン・北欧をタイトルに掲げている。これはその前年一九三五年の九編中二編、さらにその前年一九三四年の八編中一編と比べれば、異常な増加である。フィシュターがそうしたゲルマン関係の論文を意図的に優先したのか、あるいは研究者が意図的にゲルマン・北欧宗教をテーマとして選ぶようになったのかはさらに詳細な検討が必要だろう。さらにフィシュターは巻頭論文のほかにも報告(Berichte)を三つ掲載している。ニルソンは論文一つ、ヴァインライヒは報告三つだけだから、三人の編者の中で新参のフィシュターが最も多くの頁を占めている。

同じような検討を第三五号（一九三八年）にしてみると、第一部の一六編中、ゲルマン・北欧に関わる論文は七編であり、フィシュターは報告を二つ、ニルソンは論文を一つ、そしてヴァインライヒは論文一つである。こうした傾向の示す意味はいうまでもないだろう。スウェーデン側が自分たちの論文を切り離した背景には、ナチスの学問への干渉に抵抗しようとする意志が感じられる。

しかしアーネンエルベとヴュストはこれではまだ不十分と感じたらしく、ついには自らARWを乗っ取ってしまう。第三六巻（一九三九年）になるとスウェーデンとの関係は解消され、当然ニルソンの寄稿はない。そして編者を解任されたヴァインライヒ（とフィシュター）の寄稿もない。この巻で目立つのはヴュスト自身の論文が三つあることである。その中でも「インド・ゲルマンの宗教性について——その意味と使命」（Von indogermanischer Religiosität: Sinn und Sendung）はゲルマン・北欧の枠を超えたアーリア人種の宗教性を論じていて、ナチス的である。またこれまで一度もARWに登場していなかったが、ハウアー（J. W. Hauer, 1881-1962）とヴュストと同じくアーネンエルベに属するフース（Otto Huth, 1906-98）の論文があること、そして全二三論文中、ゲルマン・北欧を中心とするのは三編と少ないが、ほかに「ニーチェの運命と業績」とか、インド、インド・ゲルマン、イランなどに関わる論文が七編あることなどが特徴だろう。

ハウアーはインド学者でチュービンゲン大学教授であり、領域はヴュストと重なる。両者の関係は良好とは言い難かったらしいが[7]、ヴュストが原稿を依頼すればハウアーが執筆するくらい、そしてそのハウアーの原稿をヴュストは自分の原稿の前、つまり巻頭に置いて敬意を示すというくらいの近さではあったのだろう。フースは一九四二年にはストラスブルク大学教授となるが、アーネンエルベでは「インド・ゲルマン精神史ならびに信仰史」（Indogermanische Geistes- und Glaubensgeschichte）部門の長で、つまりはヴュストの部下であった[8]。

ヴュストは古代インド宗教が専門であり、ゲルマンとインドはインド・ゲルマン民族（アーリア民族）として共通性があり、その偉大な民族の両端に位置すると考えていたらしいから、インド・ゲルマン宗教というテーマもナチス的と考えてよいだろう。

最終第三七巻（一九四一―四二年）には二一編の論文があるが、そこにはヴュストの論文もない。インド・ゲルマン宗教が一編、インド宗教が一編、ゲルマン宗教が二編である。しかしアーネンエルベは世界中にアーリア民族の痕跡を探していたから、アーネンエルベの御用誌となる以前のようにゲルマン・北欧宗教を取り上げる必要もなかったのかもしれない。

四　ドイツ圏の研究

次にドイツ圏における場合を検討する。しかし古代の神話と宗教、その中でも先に述べたようにファシズム期に特に研究の対象となった、一括してインド＝ヨーロッパ語族と称される文化集団の古代神話・宗教群（ギリシア、ローマ、北欧、インド・イラン）に範囲を限定してもやはり膨大な点数があり、全体を概観するだけでも容易ではない。このため、ここでは対象をより絞り込み、ファシズム期の特徴が最も鮮明に現れる戦士集団（Männerbund）の神話と儀礼に関する研究に限定したい。

戦士集団は北欧神話において「狼戦士」「熊皮を纏った者」と呼ばれていた。また、ローマ神話ではルペルキと呼ばれる狼を語源とする祭祀若者集団が知られている。さらにゲルマン神話とローマ神話と共通の宗教文化を持つインド神話では、『リグ・ヴェーダ』においてインドラとマルト神群が戦士として讃えられている。こうした戦士集団についてのイメージとそれに関する研究こそ、ファシズム期における古代宗教史研究の変化を最も端的に示すものと思われる。それこそが、その当時の全体主義的政治体制の在り方を過去の時代に遡る正当なものと位置づける効果を持つと信じられていたからである。意外なことに、戦士集団を取り扱った研究書はイタリアとドイツには見当たらず、むしろドイツ圏とフランスに代表的なものがある。はじめにドイツ語圏（オーストリア）、ドイツ文化圏（北欧、オランダ）での研究を、ついでフランスの研究を見ていく（日本での展開については第1章平藤論文を参照）。

オットー・ヘフラー

第二次大戦終了までヨーロッパにおけるドイツ系の住民の居住地は現在の東欧やロシアの一部までかなりの広がりがあり、ドイツ語はかなり広く流通していた。また学術語としても、フランス語ほどではなくとも、ドイツ語はドイツ以外にオーストリア、オランダ、北欧、東欧などでかなりの位置を占めていた。第二次大戦以前のこれらの地域における経済や文化においてドイツが占める位置は大きく、学術論文もほとんどがドイツ語で書かれていた。

ドイツ語圏であるオーストリアの民族学者オットー・ヘフラー（Otto Höfler, 1901-1987）は、一九三四年に『ゲルマン人の祭祀秘密結社』を出版した(9)。ゲルマン語圏を中心にヨーロッパ各地の民間信仰にはワイルドハント（Wild Hunt, Wilde Jagd, Chasse sauvage, Mesnie Hellequin, Wüetisheer, Odensjakt）と呼ばれる、猟師、死者、妖精が大挙して移動していくという観念があった。ヘフラーはわけても北欧に見られるオーディンに率いられた「死者の軍勢」（Totenheer）の伝承に注目し、これが最古の形態を留めるものであり、こうした観念の背景には歴史的な事実として、若い男子戦士の秘密結社があり、彼らの祭祀儀礼の記憶がワイルドハントの民間信仰として残っていると論じた。こうした見方は男性結社がゲルマン民族の伝統であり、ナチスが突撃隊、親衛隊といった男性結社によって国家形成を行うことに歴史的伝統を認め、その正当性を支持する役割を果たしたのである(10)。

ヘフラーは一九二八年から一九三四年までスウェーデンのウプサラ大学にドイツ語教師として勤めている(11)。下記のヴィカンデル(Stig Wikander. ウプサラ大学生)やデュメジル(Georges Dumézil, 1931-1933. ウプサラ大学フランス語教師)とのつながりはこの時にできたらしい。彼はオーストリア人であったためナチスの正式な党員とはならなかったが、ヒムラーに認められ、上述のナチスの研究機関アーネンエルベの一員となり、ミュンヘン大学教授となっている[12]。そしてドイツの敗戦後は生地であるウィーンに戻り、ウィーン大教授になっている[13]。

スラヴィク

同じくオーストリア人の日本民俗学者アレクサンダー・スラヴィク(Alexander Slavik, 1900-1997)は、一九三六年に「日本とゲルマンの祭祀秘密結社——比較研究」という論文を『ヴィーン文化史・言語学論集』に発表した[14]。スラヴィクは日本の民俗に関心を持ち、ファシズム期にヴィーンに留学していた岡正雄の博士論文『古日本の文化層』(Kulturschichten in Alt-Japan, 1933)の完成を援助したが[15]、その過程で日本とゲルマンの冬の仮面仮装行事やスサノオとオーディンの神話との類似に注目し、ユーラシアの東西における「来訪者」文化複合に注目し、さらなる比較研究の必要を指摘した。スラヴィクは当初はヘフラーの研究を知らず、知った後に書かれた本編でも、祭祀秘密結社は豊穣儀礼であるとの考えを保持し、軍事的組織とはみなしていない。

ヴィカンデル

ドイツの『宗教学雑誌』(ＡＲＷ)において、ある時期スウェーデン人のニルソンが編者を務めていたことに示されるように、北欧は伝統的にドイツ文化圏に属していた。スウェーデン人のインド・イラン学者スティグ・ヴィカンデル(Stig Wikander, 1908-1983)は一九二五年にウプサラ大学に入学し一九二九年にヘフラーに出会ってそのセミナーに参加し、その著書『ゲルマン人の祭祀秘密結社』に倣って[16]、一九三八年に『アーリア人の男性結社』を著した。ヴィカンデルは、インドのマルヤ marya- という語が「奔放な若者」を意味し、神々ではマルト神群、インドラ、アグニにのみ用いられること、そしてマルヤと元来同じ語であったイランのマイリョー mairyō が「ならず者」を意味することに着目し、インド・イラン語派においてもゲルマンの場合と同様に、これら二語が表すような成員による「男性結社」が存在し、死者儀礼に類似する加入儀礼を経た後に、死者たちや聖別された戦士の共同体に加わったと想定した。(17) 母国スウェーデンでの職を得られなかったヴィカンデルは、ヘフラーの推挙によりミュンヘン大学のスウェーデン語教師になり、またヘフラーの推薦もあって増補改訂版がアーネンエルベの出版部から刊行されるはずであったが、結局実現しなかった。(18) 彼の男性結社像は確かにヘフラーのものと近かったが、ナチズムへの共感はヘフラーほどではなかったようで、定職が得られなかったため、米国への移民さえ考えている。(19)

ヘフラーとヴィカンデルは、インド＝ヨーロッパ語族が原郷から東西に拡散し、各地で国家を形成する際に必要であったのは、若い戦士集団による征服的な移動であったという見方を共有していたらしい。(20) 彼らにとってナチスによるヨーロッパひいては世界全体の支配の理想に反対する理由は見当たらなかったのかもしれない。

デ・フリース

オランダも伝統的にドイツ文化圏に属する。オランダは一九四〇年にドイツの侵入を受け、占領された（一九四〇―一九四五年）。同国人のゲルマン学者ヤン・デ・フリース（Jan de Vries, 1890–1964. ライデン大学教授［一九二六―一九四八年］）はゲルマン語史、ゲルマン宗教史、民話の研究者として高名だが、一九四三年に親衛隊SSに入っている。彼は一九一九年以来、右翼政治活動に携わっていたが、それは特に目立って批判を受けたりするものではなかったらしい。しかし一九四〇年のナチス・ドイツによるオランダ占領以降、オランダでの協力者を求めるナチスに同調し、SSに加えてアーネンエルベにも加わり、オランダ国内での宣伝活動に協力した。一九四四年に連合軍がノルマンディーに上陸すると、彼はライデンからドイツのライプツィヒに逃れ、アーネンエルベのメンバーの庇護を受けた。その結果、終戦後の一九四六年、彼は捕えられ、一年間収監され、一九四八年の裁判ではナチスへの協力者として教授職と市民権を剥奪された[21]。しかしファシズム期に彼が特にゲルマン男性結社論を行ったという痕跡はないし、ヘフラーとヴィカンデルの著作の書評も行っていない[22]。デ・フリースの場合、ヘフラーやヴィカンデルとは異なり、政治的信念と研究とは必ずしも対応していないようだ。その後の彼は大学に復帰することは叶わなかったが、研究を続け、学術的名声は戦後も続いた。

五　フランスでの研究

フランスは一九四〇年以降一九四四年のパリ解放まで、ドイツに北部を占領され、南部のヴィシー政府の自由フランスも実質的にはドイツの支配下にあり、ユダヤ人迫害が行われた。

この時期に男性結社についての論考を著したフランスの研究者は二人おり、一人はインド＝ヨーロッパ比較神話学者ジョルジュ・デュメジル(Georges Dumézil, 1898–1986)、もう一人はインド学・仏教学者のジャン・プシルスキー(Jean Przyluski, 1885–1944)である。またこの二人のほか、直接的に男性結社を取り扱ってはいないが、デュメジルときわめて似た理論を提示していたユダヤ系研究者のエミール・バンヴェニスト(Emile Benveniste, 1902–1976)についても取り上げる。

デュメジル

デュメジルについては、ファシズム期に刊行したゲルマン神話研究、わけてもその中での戦士神や戦士結社の分析について、一九八〇年代になって、ナチスの思想の影響が強いという指摘がイタリアの古代史家アルナルド・モミリアーノ(Arnaldo Momigliano)、歴史家カルロ・ギンズブルグ(Carlo Ginzburg)、古代宗教史家クリスティアノ・グロッタネッリ(Cristiano Grottanelli)、アメリカのインド＝ヨーロッパ宗教史家ブルース・リンカーン(Bruce Lincoln)らによってなされ、大きな論争となった。

この論争であまり注目されていないのは、一九三九年の『ゲルマンの神話と神々』の前後のデュメジルの研究である。ファシズム期のデュメジルは同書刊行以前にも刊行後にもゲルマン神話についても戦士神話についても何ら著作も論文も著していない[23]。デュメジルは三機能的世界観が、それまで彼が存在を考えていたインド・イラン語派やローマだけではなく、ゲルマンにおいても確認できたと考えて『ゲルマンの神話と神々』を著したのであって、ナチズムに共感したから著したのではないだろう。確かにゲルマンに関心を向ける契機はナチスの主張や他国への侵攻といった現実であったかもしれないが、ナチスへの共感が動機であれば、前後での無関心さとは矛盾している。

またデュメジルは二〇年後の一九五九年に改定版の『ゲルマン人の神々』を著し、さらにその一〇年後の一九六九年には戦士神話についての『戦士の幸と不幸』を著している。もし、一九三九年の著作がナチズムへの共感の証拠とするなら、一九五九年の再度のゲルマンへの、そして一九六九年の再度の戦士への関心もまたナチズムへの共感となるのだろうか。そう考えている論者はいないし、これら二つの後の著作を問題としている論者も見当たらない。

プジルスキー

プジルスキーはデュメジルと同じく、ユダヤ系のインド学者シルヴァン・レヴィ（Sylvan Lévi, 1863–1935）に学び、主として東南アジア言語学、仏教学、インド学が研究の中心であったが、幅広い関心を持ち、女神研究やここで取り上げるインド＝ヨーロッパ語族の男性結社についての論考もある。(24) 彼はデュメジル、ヘフラー、ヴィカンデルを参照しつつ、インド＝ヨーロッパ語族の「狼男結社」を論じる。彼の論の特徴はその視野の広さにあり、ウェブスターが論じた「未開」社会における秘密結社から論を始め、その枠組みの中でギリシア、ゲルマン、インド、イランの男性結社わけても死者との交わりを儀礼の一部とし、人肉食や酩酊飲料の摂取によって「狼」に変身する結社がインド＝ヨーロッパ語族以前から存在していたと想定する。これまで見てきたような研究のような厳密さはそこにはない。しかしプジルスキーには同時代のデュメジル、ヘフラー、ヴィカンデルらの研究にナチズムへの共感を感知している風は見られない。またこれら三者のほか、ヴィカンデルの師のヘンリック・ニーバーグ（Henrik Nyberg, 1889–1974）、学友で同僚であったゲオ・ヴィーデングレン（Geo Widengren, 1907–1996）らの研究も取り上げて紹介している。プジルスキーにとって、これら五人にイデオロギー的背景があるかどうかは問題ではなかったらしい。

バンヴェニスト

もう一人、デュメジルと同時期に同じような研究を行っていたのがユダヤ系のエミール・バンヴェニストである。(25) 仮にデュメジルがナチスに共感していたとして、彼の理論が同じ分野の研究者であるユダヤ系のバンヴェニストと違いを示しているだろうか、という点に注目しながら、ファシズム期における両者の研究を比較してみたい。

バンヴェニストのファシズム期のインド＝ヨーロッパ語族研究のうち、対象がデュメジルと重なる論考は、「アヴェスター伝承における社会階層」(Les classes sociales dans la tradition avestique, 1932)、「社会階層についてのインド・イラン伝承」(Traditions indo-iraniennes sur les classes sociales, 1938)、「ギリシア・イタリアの祭儀における社会的シンボリズム」(Symbolisme sociale dans les cultes gréco-italiques, 1945)の三篇である。[26] バンヴェニストはデュメジルと同様に初めはインド・イラン語派、そして最後にはインド＝ヨーロッパ語族に三区分的世界観が存在すると認めた。確かにユダヤ系のバンヴェニストはそうした三区分的世界観のゲルマンにおける存在の問題については論じていない。しかし、ファシズム期のデュメジルとバンヴェニストの研究がきわめて近いところであたかも双子のように行われている事実を勘案するならば、デュメジルがゲルマンを取り上げ、バンヴェニストが取り上げなかったことは、むしろゲルマンに対する関心の大きさの違いの結果である可能性の方が高いだろう。[27]

六　おわりに

前半ではイタリアのＳＭＳＲそしてドイツのＡＲＷというそれぞれの代表的な宗教学研究誌をファシズム期以前とファシズム期以降の編者や掲載論文の変化を中心に検討したが、イタリアではファシズムによる思想的締め付けが表面的にはあまりはっきりは認められない一方で、ドイツではそれが非常にはっきりとしているという対照的な結果となった。

またドイツ圏の研究の検討では、戦士神話関係の研究がドイツ圏では盛んであったと確認できた。むしろドイツプロパーではなく、ドイツ圏においてゲルマン系そしてさらに遡るインド＝ヨーロッパ語族における戦士集団の神話研究は盛んであり、その結果がドイツにおいてナチスの兵士の理念型として採用されたという流れらしい。

ドイツ圏研究者たちのうち、オーストリアのヘフラー、スウェーデンのヴィカンデルについては、経歴と著作の両面からナチズムへの共感は明らかだが、オランダのデ・フリースの場合には、著作からはナチズムへの共感は明確には読み取れない。

フランス語圏ではデュメジルもまたファシズム期にはゲルマン神話における戦士神の研究を行った。しかしデュメジルの場合には研究結果の解釈がドイツ圏研究者とは微妙に異なっている。確かにデュメジルは一九三六年から三八年にかけて書かれた著作『ゲルマン人の神話と神々』においてゲルマン神話(北欧神話)には凶暴戦士(ベルセルケル)の活動が述べられており、神々全般には戦闘神化の傾向が見られることを指摘して、「第三帝国は独自の神話を作る必要はなかった。未曾有の不幸に見舞われ、驚くほど流動的になっていたドイツが、十九世紀になって復活したゲルマン神話によって、外観と精神と制度を与えられたという見方は、おそらく的を射たものだろう。アドルフ・ヒトラーは、ジークフリートの亡霊が跋扈する塹壕で苦しみを味わったからこそ、オーディンの伝統的な統治の時代以来、ゲルマンのいかなる支配者も経験しなかったような支配形態を考えつき、捏造し、行使するにいたったのであろう」(28)と述べている。ここで彼がゲルマン神話の時代とナチス・ドイツとの精神的連続性を認めているのは明らかだが、しかし同時に、ナチス・ドイツへの共感なしの批判であることも明らかであろう。前述のように、後になって一部の研究者(モミリアーノ、ギンズブルグ、グロッタネッリ、リンカーンら)がこの著作を根拠にデュメジルが親ナチスであったと主張したが、ここに引用した一部はもちろん、全体を通読しても批判こそ読み取れ、ナチス体制の正当化とは認めがたい(29)。

こうしたファシズム期のデュメジルのゲルマン神話研究については、同時代のフランスにおいて同じ領域の研究者であったプシルスキーもバンヴニストも過去と現在との連続性の指摘も含め、何らナチスと関係があるとみなしたり、批判したりはしていない。ファシズム期の神話研究の中には、ヘフラー、ヴィカンデルのようにファシズムの理念に共感し、神話から推測される古代社会の制度が現在まで存続しており、それに従って他民族を侵略し、支配する行動を取ることを正当化しようとする研究があったことは事実である。これらの研究者とその研究について判断が分かれることはない。しかし、デュメジルのように、上記の研究者たちと同じ研究対象を取り上げ、友人として交流も持ちつつ、ファシスト政権の理念や政策について表だった賛成も批判もせず、しかし、必ずしも上記研究者の解釈とは一致しない研究成果を発表していた場合となると、判断は分かれ、どちらか一方に決めがたい部分も残る(30)。賛同するにせよ、批判するにせよ、そしてはっきりした態度を表明しないにせよ、ゲルマンあるいはインド＝ヨーロッパ語族の男性結社・秘密結社・戦士結社の存在も、そしてそれとナチスのエリート戦闘部隊との連続性は当時の研究者にとっては当然であると受け止められていたのかもしれない。

少し視点をずらして考えると、八〇年代になって、デュメジルとナチズムの関係を指摘したのはイタリアのユダヤ系学者たちが最初で、それにアメリカの学者が加わった。ドイツ、フランス、イギリスの学者にはこれに賛意を示した者は管見の限りいない。そこでここからは憶測にすぎなくなるが、過去の文化との連続性を意識する環境にいる場合、たとえそれが近代になって捏造された自分たちの栄光の過去の文化であっても、意識的か無意識的かを問わないとして、過去と現在の連続性を認める傾向が強いのではないだろうか。そしてそれが自国文化優越観を伴う自国第一主義にまで肥大してしまうと、もちろんそれが唯一の要因ではなく、他の経済的・政治的要因と複合した結果であるが、ドイツ、イタリア、そして日本のようにファシズムに至るのではないか。独自の文化的価値体系を有するユダヤ教や過去といえば数百年しかないアメリカ合衆国の場合には、そうした自文化との連続性の実感あるいは幻想を抱けないか、抱かないか、抱く必要がないため、デュメジルに対しても自然にそうした連続性を想定してしまったとは感じられずに、連続性を否定しないのはナチズムに共感している証しであろう、とみなすのではないだろうか。

いうまでもなく、ある研究について、たとえ意識しなくても自分の持つ価値体系から評価してしまうことは避けられない。そうした価値体系とは果たして個人の個性だけなのか、それとも時代、文化による部分もあるのだろうか。本章で取り上げたファシズム期の神話研究の評価の問題においても、そうした人文系学問一般にも通じる問題点が垣間見える。

（1）ホブズボウム＋レンジャー編（一九九二）：Hobsbawm and Ranger (1983).
（2）Jenkyns (1980); Turner (1981); Vance (1997).
（3）目次は http://cisadu2.let.uniroma1.it/smsr/issues で閲覧可能。
（4）江川二〇一五。
（5）現在、Wikisource で第一巻（一八九八年）から第二一巻（一九二二年）がネット上で閲覧できる。https://de/Wikisource.org/wiki/Archiv_f%C3%BCr_Religionswissenschaft
（6）Junginger 2008b: 155 and n. 122.
（7）Junginger 2008b: 152.
（8）Junginger 2008b: 142.
（9）Höfler 1934.
（10）Zimmermann 1994.
（11）熊谷二〇〇〇：五〇。
（12）Arvidsson 2006: 210.
（13）河野二〇〇五：六九五―六九七。
（14）Alexander Slavik, Kultische Geheimbünde der Japaner und Germanen, *Wiener Beiträge zur Kulturgeschichte und Linguistik*, 4 (1936), 675-763.　スラヴィク一九八四に第二章として収録。
（15）現在は Oka 2012.
（16）Timus 2008: 208.
（17）Wikander 1938: 94；ヴィカンデル一九九七：一〇五。

(18) Arvidsson 2006: 216.
(19) Timuş 2008: 213.
(20) Arvidsson 2006: 222.
(21) Hofstee 2008: 544–548.
(22) Vries 1965: 395–409, 'Biblolgraphie'.
(23) Littleton 1982: 283；リトルトン一九八一：引用文献二五―二六；Rivière 1979: 240, 244–245.
(24) Przyluski 1940.
(25) 松村一九九四。
(26) Benveniste 2015: 47–59; 105–118; 151–160.
(27) デュメジルのゲルマンへの関心の高さについては、デュメジル＋エリボン一九九三：六五―六六を参照。これに対してバンヴェニストはイラン語派と一般言語学が専門であった。松村一九九四参照。
(28) Dumézil 1939: 156；デュメジル二〇〇一：一六七。
(29) スコット・リトルトン(Scott Littleton)、ウドー・ストラティンスキー(Udo Strytinski)、D・A・ミラー(Miller)らからの反論も含め、双方の論争については、Dumézil 1987, デュメジル一九八七、デュメジル＋エリボン一九九三、Eribon 1992, 松村二〇〇一、松村二〇一〇、松村二〇一六等を参照
(30) 田中二〇〇八：三二〇―三二六。

参考文献

ヴィカンデル、スティグ(檜枝陽一郎訳)一九九七『アーリア人の男性結社』言叢社。
江川純一　二〇一五『イタリア宗教史学の誕生』勁草書房。
熊谷知実　二〇〇〇「ナチズムとオットー・ヘフラーのゲルマン神話学」*Studia humana et naturalia*, vol. 34, pp. 47–57.
河野眞　二〇〇五『ドイツ民俗学とナチズム』創土社。
スラヴィク、アレクサンダー(住谷一彦&クライナー・ヨーゼフ訳)一九八四『日本文化の古層』未来社。
田中純　二〇〇八『政治の美学――権力と表象』東京大学出版会。

デュメジル、ジョルジュ（福井憲彦訳）一九八七「学問と政治」『思想』七五四号、一八二―一八八頁。

――――（松村一男訳）一九九三『ゲルマン人の神々』国文社。

――――（松村一男訳）二〇〇一『ゲルマン人の神話と神々』（デュメジル・コレクション2所収）、ちくま学芸文庫〔原著執筆は一九三六年から一九三八年〕。

デュメジル、ジョルジュ＋ディディエ・エリボン（松村一男訳）一九九三『デュメジルとの対話』平凡社。

ホブズボウム、エリック＋テレンス・レンジャー編（前川啓治＋梶原景昭他訳）一九九二『作られた伝統』紀伊國屋書店。

ポリアコフ、レオン（アーリア主義研究会訳）一九八五『アーリア神話』法政大学出版局。

松村一男　一九九四「エミール・バンヴェニスト」今村仁司編『現代思想ピープル101』新書館、一二二―一二三頁。

――――　二〇〇一「解題1『ゲルマン人の神話と神々』」、デュメジル二〇〇一所収、四〇五―四二七頁。

――――　二〇一〇「なぜ私は印欧語族研究を止めたか」竹沢尚一郎編『宗教とファシズム』水声社、三四九―三六七頁。

――――　二〇一六「ファシズム期の非イデオロギー的宗教研究」篠田知和基編『神話・象徴・儀礼3』楽瑯書院、一〇七―一二二頁。

リトルトン、C・S（堀美佐子訳）一九八一『新比較神話学』みすず書房。

Arvidsson, Stefan (2006) *Aryan Idols: Indo-European Mythology as Ideology and Science*, Chicago and London: the University of Chicago Press.

Benveniste, Emile (2015) *Langues, Cultures, Religions*, Limoges: Lambert-Lucas.

Dürkop, Martina (2013) *Das Archiv für Religionswissenschaft in den Jahren 1919 bis 1939. Dargestellt auf der Grundlage des Briefwechsels zwischen Otto Weinreich und Martin Persson Nilsson*, Berlin: LIT Verlag.

Dumézil, Georges (1939) *Mythes et dieux des Germains*, Paris: Presses Universitaires de France.

―――― (1985a) Science et politique. Reponse à Carlo Ginzburg, *Annales. Économies, sociétés, civilisations*, vol. 5, pp. 985–989.

―――― (1985b) Une idylle de vingt ans, in *L'Oubli de L'Homme et L'Honneur des Dieux*, Paris: Gallimard, pp. 299–318.

―――― (1987) *Entretiens avec Didier Eribon*, Paris: Gallimard.

Eribon, Didier (1992) *Faut-il brûler Dumézil?* Paris: Flammarion.

Jenkyns, Richard (1980) *The Victorians and Ancient Greece*, Oxford: Basil Blackwell.

Hobsbawm, Eric and Terence Ranger eds. (1983) *The Invention of Tradition*, Cambridge University Press.

Höfler, Otto (1934) *Kultische Geheimbünde der Germanen*, 1. Band, Frankfurt am Main: Verlag Moritz Diesterweg.

Hofstee, Willem (2008) The Essence of Concrete Individuality: Gerardus van der Leeuw, Jan de Vries, and National Socialism, in Junginger ed. 2008a, pp. 543–552.

Junginger, Horst ed. (2008a) *The Study of Religion under the Impact of Fascism*, Leiden: Brill.

Junginger, Horst (2008b) From Buddha to Adolf Hitler: Walter Wüst and the Aryan Tradition, in Junginger ed. 2008a, pp. 107–177.

Littleton, C. Scott (1982) *The New Comparative Mythology* (Third Edition), Berkley: University of California Press.

Oka Masao (2012) *Kultrschichten in Alt-Japan*, zwei Bände, Bonn: Bier'sche Verlaganstalt.

Przyluski, Jean (1940) Les confréries du loup-garous dans les sociétés indo-européennes, *Revue de l'Histores des Religions*, vol. 121, pp. 128–145.

Rivière, Jean-Claude (1979) *Georges Dumézil*, Paris: Copernic.

Timuş, Michaela (2008) Quand l'Allemagne était leur Mecque: La science des religions chez Stig Wikander (1935–1941), in Junginger ed. 2008a, pp. 205–228.

Turner, Frank M. (1981) *The Greek Heritage in Victorian Britain*, New Haven & London: Yale University Press.

Vance, Norman (1997) *The Victorians & Ancient Rome*, Oxford: Basil Blackwell.

Vries, Jan de (1965) *Kleine Schriften*, Berlin: Walter de Gruyter & Co.

Wikander, Stig (1938) *Der arische Männerbund: Studien zur indo-germanischen Sprache- und Religionsgeschichte*, Lund: Håkan Ohlssons Buchdrucherei.

Zimmermann, Harm-Peer (1994) Männerbund und Totenkult: Methodologische und ideologische Grundlinien der Volks- und Altertumskunde Otto Höfler 1933–1945, *Kieler Blätter zur Volkskunde*, vol. 26, pp. 5–27.

おわりに

ファシズム、という言葉は強い印象を人に与える。それは明るさや楽しさではなく、なにか陰鬱で難解で攻撃的なものにも感じられる。今から十五年ほど前、「ファシズムと神話学で何かやってみない？」と竹沢尚一郎先生（国立民族学博物館）に誘われたとき、なぜ、わたしにファシズムなのか、と不思議に思った。おそらく本書を手に取られた方のなかで、わたしがこれまでに刊行した書籍をご存知の方も、なぜファシズムなのか、と感じられたかもしれない。

竹沢先生の共同研究は「ファシズム期の宗教と宗教研究にかんする国際的比較研究」（日本学術振興会科学研究費補助金基盤研究B）と題するもので、二〇〇六年から二〇〇八年まで続いた。参加するときには、日本の神話学は、ファシズム期という時代の影響はあまり受けなかった、そこに他の国の宗教研究とは異なった特徴があるという結論になるだろうと思っていたが、実際は違った。戦前から戦後にかけて活躍した松村武雄や松本信広、三品彰英、そして岡正雄といった、昭和を代表する研究者たちは、一九三〇年代以降、時局を意識し、植民地主義に益するような神話研究を目指し、邁進していたのである。学問の客観性、独立性を素朴に信じていたころのわたしにとっては大きな驚きであり衝撃であった。

人は、時代と無関係には生きられない。研究もまた、時代の影響を受け、時代に寄り添っていく。もちろん、それが悪いというわけではない。現代でもわれわれは、自らの研究の社会的意義を言挙げし、存在意義を発信する必要に常に迫られている。そのときには当然のように時代の空気を読もうとする。価値観が変化した後の時代の人からみれば、批判されることもあるだろう。このときの研究を通して感じたことは、批判することが必要なのではなく、われわれが受け入れ、参考にしてきた研究や学説が、どういった背景のなかで、要請のなかで行われたのかを知ってはじめて、その研究や学説を理解できたことになり、それはいまのわれわれの立場性についても考えさせるものなのだということであった。

もう一つ学んだことは、比較研究の重要性である。日本の例だけでその時代状況を理解することはできない。研究活動も国際的であったし、外交問題は研究にも影響する。他の国の状況と比較していくことではじめて総合的にものが見えてくることがある。このときの比較研究の成果は竹沢尚一郎編『宗教とファシズム』(水声社、二〇一〇年)にまとめられた。

この共同研究に参加したメンバーのなかで、とくにファシズム期の文化的な事象に特化してさらに研究を展開したいと志す研究者を深澤英隆先生(一橋大学)が束ね、二〇一一年から一三年にかけて「ファシズムと宗教文化に関する地域・時代比較的総合研究」(科学研究費補助金基盤研究B研究代表・深澤英隆)と題する研究が行われた。この研究では、ファシズムについて、その前の時代状況との比較、そして地域的な比較が推し進められた。そしてそのなかでファシズム期において聖性を帯びる「古代」という問題が浮かび上がってきた。そこでファシズム期における「聖なるもの」と「古代的なるもの」をキーワードに、さらに研究を推し進めることとなり、「ファシズム期における古代理解に関する総合的研究」(科学研究費補助金基盤研究B研究代表・平藤喜久子)と題して二〇一五年から一七年にかけて共同研究が行われた。

比較研究にあたっては、もちろん研究発表があり、それを受けてそれぞれ知見を述べるというオーソドクスな方法も採られたが、われわれの手法に向いていたのは、旅をし、同じ物を見るなかで、それぞれの知見を述べ

合い、ディスカッションをするということであった。日本の国内で「ファシズム」というキーワードに関わる場所に赴き、その具体的な物を現場で確認しながら議論をする。その議論は当然夜まで続く。互いの知見を惜しみなく出し合い、吸収し合った。わたしの故郷でもある山形県庄内地方では、臼杵陽先生のご紹介のもと、大川周明の生家に赴き、当主の大川賢明氏の説明を受けながら大川周明がやりとりしていた手紙や北一輝の仕込み杖など、貴重な資料を拝見した。また石原莞爾の墓所では、晩年の石原と、ともに暮らした経験を持つ歌川博男氏(名付け親も石原である)の話を聞き、東亜連盟の活動や日蓮信仰者としての石原の姿などを知ることができた。個人的な話であるが、そこはわたしの祖父の家のすぐそばである。子供の頃からよく訪れていた土地に石原莞爾の描いたユートピアが広がっていたことを不思議に思うとともに、その歴史的存在を生々しく実感した。写真の石原莞爾の墓は、同行したメンバーがみな、感銘を受けたものである。

二本松、会津若松でも、少年隊、白虎隊の記念碑を巡りながら、福島という土地の問題にも議論が及んだ。白虎隊自刃の地に立つムッソリーニの塔では、イタリア語をシルヴィオ・ヴィータ先生が解説し、ドイツ人の碑文は深澤英隆先生が解説をするという、得がたい体験をした。

ほかにも島根、山口、宮崎など、各地でこのような知的な刺激にあふれた贅沢な研究活動をすることができた。同じ物をみて、議論をする。そのことによって深められた研究者の知見と絆が本書に詰まっている。お一人お一人のお名前は挙げないが、モラル・サポート、あるいはご意見番のような形で研究会や調査旅行に参加したり、さまざまなアドバイスを下さった方々もいらっしゃる。本書を上梓することで、その学恩に少しでも報いることができれば幸いである。

最後に、庄内調査にも同行して頂いたことのある櫻井義秀先生が、本書の意義を認めて下さり、北海道大学出版会理事長として刊行を引き受けて下さった。編者の力に余る大きな仕事に、予定より大幅に作業が遅れてしまっていたが、リーサルウェポンとして編集に竹中英俊氏（北海道大学出版会相談役）が加わり、後半は驚くほど密度の濃い編集作業となった。学術書の編集に必要なものは何か、その一端を学ばせて頂いた。お二人には心より感謝申し上げる。

二〇二〇年三月

編者　平藤喜久子

（付記）　本書は、科学研究費補助金「ファシズム期における古代理解に関する総合的研究」（二〇一五〜二〇一七年度、基盤研究B研究代表・平藤喜久子）による研究成果である。

執筆者・訳者紹介

平藤喜久子（ひらふじ・きくこ）　一九七二年、山形県生れ。國學院大学教授。学習院大学大学院人文科学研究科博士課程修了、博士（日本語日本文学）。神話学、宗教学専攻。『神話学と日本の神々』（弘文堂、二〇〇四）。『神の文化史事典』（共編著、白水社、二〇一三）。『いきもので読む、日本の神話』（東洋館出版、二〇一九）。『幸せ運ぶ！ニッポン神社めぐり』（ＮＨＫ出版、二〇一九）

鈴木正崇（すずき・まさたか）　一九四九年、東京都生れ。慶應義塾大学名誉教授。慶應義塾大学大学院文学研究科博士課程修了、文学博士。宗教人類学専攻。『神と仏の民俗』（吉川弘文館、二〇〇一）。『女人禁制』（吉川弘文館、二〇〇二）。『祭祀と空間のコスモロジー』（春秋社、二〇〇四）。『山岳信仰』（中央公論新社、二〇一五）。『熊野と神楽』（平凡社、二〇一八）

臼杵　陽（うすき・あきら）　一九五六年、大分県生れ。日本女子大学教授。東京大学大学院国際関係論博士課程修了。京都大学博士（地域研究）。中東現代史専攻。『大川周明――イスラームと天皇のはざまで』（青土社、二〇一〇）。『世界史の中のパレスチナ問題』（講談社現代新書、二〇一三）。『「中東」の世界史――西洋の衝撃から紛争・テロの時代まで』（作品社、二〇一八）。『日本人にとってエルサレムとは何か――聖地巡礼の近現代史』（ミネルヴァ書房、二〇一九）。『「ユダヤ」の世界史――一神教の誕生から民族国家の建設まで』（作品社、二〇一九）

Bernhard Scheid（ベルンハルト・シャイト）　ウィーンのオーストリア科学アカデミーの上級研究員。ウィーン大学博士課程修了、博士（日本文学）。神道史専攻。*Der Eine und Einzige Weg der Götter: Yoshida Kanetomo und die Erfindung des Shinto*（唯一神道――吉田兼倶と神道の発明、ウイーン、2001）. *The Culture of Secrecy in Japanese Religion*（M. Teeuwen と共同編集, 2003）. *Kami Ways in Nationalist Territory: Shinto Studies in Prewar Japan and the West*（K. W. Nakai と共同編集、2013）

Klaus Antoni（クラウス・アントーニ）　一九五三年生れ。テュービンゲン大学教授。フライブルク大学博士課程修了、博士（日本文化学）。ミュンヘン大学大学教員資格（日本文化学）。"Der Weiße Hase von Inaba: Vom Mythos zum Märchen"

(1982). "Miwa — Der Heilige Trank. Zur Geschichte und religiösen Bedeutung des alkoholischen Getränkes (sake) in Japan" (1988). *Kojiki — Aufzeichnung alter Begebenheiten — Übersetzung und Kommentar* (2012). "Kokutai — Political Shintô from Early-Modern to Contemporary Japan" (2016)

齋藤公太（さいとう・こうた）　一九八六年、東京都生れ。神戸大学大学院講師。東京大学大学院人文社会系研究科博士課程修了。博士（文学）。日本思想史・宗教史専攻。『「神国」の正統論——『神皇正統記』受容の近世・近代』（ぺりかん社、二〇一九）

Silvio Vita（シルヴィオ・ヴィータ）　一九五四年、ローマ生れ。京都外国語大学教授。イタリア東方学研究所研究企画代表。イタリア国立ナポリ東洋大学、アメリカ合衆国プリンストン大学で学位取得後、京都大学で研修。文学博士。文化史学、日欧交渉史専攻。*Buddhist Asia 1* (Kyoto: Italian School of East Asian Studies, 2003). *Buddhist Asia 2* (Kyoto: Italian School of East Asian Studies, 2010).「豊後キリシタンの跡をたどるマリオ・マレガ神父——マレガ文書群の成立過程とその背景」『国文学研究資料館紀要　アーカイブズ研究篇』第一二号（二〇一六）。「マリオ・マレガの執筆活動とその「文脈」」『国文学研究資料館紀要　アーカイブズ研究篇』第一四号（二〇一八）

月本昭男（つきもと・あきお）　一九四八年、長野県生れ。上智大学神学部特任教授、古代オリエント博物館館長兼務。東京大学大学院人文科学研究科博士課程中退、ドイツ・テュービンゲン大学文化学部修了（Dr. Phil.）。宗教史学、古代オリエント学、旧約聖書学専攻。『詩篇の思想と信仰（I〜VI）』（新教出版社、二〇〇三—二〇）。『古代メソポタミアの神話と儀礼』（岩波書店、二〇一〇）。『宗教の誕生』宗教の世界史第一巻（編著書、山川出版社、二〇一八）。『物語としての旧約聖書（上・下）』（ＮＨＫ出版、二〇一八）

新免光比呂（しんめん・みつひろ）　一九五九年生れ。国立民族学博物館准教授。東京大学博士課程修了、筑波大学博士（文学）。宗教学専攻。『比較宗教への途1　人間の文化と宗教』（保坂俊司、頼住光子、佐藤貢悦との共著、北樹出版、一九九四）。「農村の宗教対立を通してみた転換期のルーマニア社会」『博物館研究報告』二二巻一号（一九九七）。『比較宗教への途2　人間の社会と宗教』（保坂俊司、頼住光子との共著、北樹出版、一九九八）。「社会主義国家ルーマニアにおける民族と宗教——民族表象の操作と民衆」『国立博物館研究報告』二四巻一号（一九九九）。『祈りと祝祭の国——ルーマニアの宗教文化』（淡交社、二〇〇〇）

深澤英隆（ふかさわ・ひでたか）　一九五六年、東京生れ。一橋大学名誉教授。東京大学大学院人文科学研究科博士課程単位取得退学。宗教学専攻。『近代日本における知識人と宗教――姉崎正治の軌跡』（共編著、東京堂書店、二〇〇二）。『啓蒙と霊性』（岩波書店、二〇〇六）。『スピリチュアリティの宗教史　上下』（共編著、リトン、二〇一二）

久保田浩（くぼた・ひろし）　一九六五年、島根県生れ。明治学院大学教授。Eberhard-Karls-Universität Tübingen, Seminar für Indologie und Vergleichende Religionswissenschaft 博士課程修了、Dr. phil. (Religionswissenschaft). 宗教学（近現代ドイツ宗教史）専攻。*Religion and National Identity in the Japanese Context*（共編著　Lit, 2003). *Religionswissenschaftliche Religiosität und Religionsgründung* (Peter Lang, 2005). *The Study of Religion under the Impact of Fascism*（共著　Brill, 2007).『「呪術」の呪縛』上下巻（共編著、リトン、二〇一五、二〇一七）。*Religion, Politik und Ideologie. Beiträge zu einer kritischen Kulturwissenschaft*（共著　iudicium, 2018）

松村一男（まつむら・かずお）　一九五三年、千葉県生れ。和光大学教授。東京大学大学院人文科学研究科博士課程満期退学。神話学、宗教史学専攻。『女神の神話学』（平凡社、一九九九）。『神話思考I　自然と人間』（言叢社、二〇一〇）。『神話思考II　地域と歴史』（言叢社、二〇一四）。『神話学入門』（講談社学術文庫、二〇一九）。『はじめてのギリシア神話』（ちくまプリマー新書、二〇一九）

ファシズムと聖なるもの/古代的なるもの

2020年4月24日　第1刷発行

編著者　平藤喜久子
発行者　櫻井義秀

発行所　北海道大学出版会
札幌市北区北9条西8丁目 北海道大学構内(〒060-0809)
Tel. 011(747)2308・Fax. 011(736)8605・http://www.hup.gr.jp/

㈱アイワード

ISBN978-4-8329-6846-2